普通话口语交际

（第2版）

主　编　◎朱云富　殷遇骞　王传开
副主编◎冯晓民　谷庆丽　秦富利　孙　磊

北京理工大学出版社
BEIJING INSTITUTE OF TECHNOLOGY PRESS

版权专有　侵权必究

图书在版编目（CIP）数据

普通话口语交际 / 朱云富 , 殷遇骞 , 王传开主编 . -- 2 版 . -- 北京 : 北京理工大学出版社 , 2023.8 重印
ISBN 978-7-5763-0035-2

Ⅰ . ①普… Ⅱ . ①朱… ②殷… ③王… Ⅲ . ①普通话—口语—中等专业学校—教材 Ⅳ . ① H193.2

中国版本图书馆 CIP 数据核字 (2021) 第 267006 号

出版发行 / 北京理工大学出版社有限责任公司
社　　址 / 北京市海淀区中关村南大街 5 号
邮　　编 / 100081
电　　话 / (010) 68914775（总编室）
　　　　　 (010) 82562903（教材售后服务热线）
　　　　　 (010) 68944723（其他图书服务热线）
网　　址 / http://www.bitpress.com.cn
经　　销 / 全国各地新华书店
印　　刷 / 定州市新华印刷有限公司
开　　本 / 889 毫米 × 1194 毫米　1/16
印　　张 / 14　　　　　　　　　　　　　　　　责任编辑 / 陆世立
字　　数 / 264 千字　　　　　　　　　　　　　文案编辑 / 陆世立
版　　次 / 2023 年 8 月第 2 版第 2 次印刷　　　责任校对 / 周瑞红
定　　价 / 41.50 元　　　　　　　　　　　　　责任印制 / 边心超

图书出现印装质量问题，请拨打售后服务热线，本社负责调换

我国幅员辽阔、人口众多,拥有多民族、多语言、多方言,普及国家通用语言文字,是增进民族间、地区间交往交流,促进经济、文化等各项事业发展的必要条件。党的十八大以来,以习近平同志为核心的党中央高度重视推广普及国家通用语言文字,习近平总书记多次作出重要指示批示,强调要"推广国家通用语言文字,努力培养爱党爱国的社会主义事业建设者和接班人","要搞好民族地区各级各类教育,全面加强国家通用语言文字教育",强调"要认真做好推广普及国家通用语言文字工作",为新时代推广普及国家通用语言文字提供了根本遵循和行动指南。党的二十大报告也指出:"加大国家通用语言文字推广力度。"全面加强国家通用语言文字教育,是坚持以人民为中心的发展思想的内在要求,是铸牢中华民族共同体意识的重要途径,是推进全面依法治国的重要举措,是更好地融入新发展格局的重要保障。

普通话是现代汉语的标准语,是现代汉民族的共同语,是全国各民族通用的语言。普通话以北京语音为标准音,以北方话为基础方言,以典型规范的现代白话文著作为语法规范。1955年现代汉语规范问题学术会议规定:普通话是现代汉语的标准语。

职业教育的培养目标是向生产和服务第一线输送具有全面素质和综合能力的高级技术技能人才,培养的学生既要具备自身专业所需的各种专业能力,还应具备一定的口语表达能力。职业教育的普通话课程目标包括两个层面:一是基本层面,即提供学生的普通话水平,并能通过相应水平等级的普通话水平测试;二是较高层面,即提高学生的口语表达水平。本教材编写坚持了正确的政治方向和价值导向,以党的二十大精神为引领,全面贯彻党的教育方针,落实立德树人根本任务，培养德智体美劳全面发展的社会主义建设者和接班人。以学生发展为中心，提高学生对国家通用语言的了解，并使学生能更好的使用、运用国家通用语言。

　　本书共分为上下两部分：第一部分重点讲解普通话的训练和应用，分别包括普通话的由来和特点、汉语拼音方案、拼音的组成结构、发音方法、声母和韵母的发音规则及练习等，并在此基础上介绍了朗读的规则和技巧。第二部分重点讲解普通话口语交际，分别包括日常生活中人与人之间交流沟通的方法和原则，如何训练演讲技巧和辩论能力，人物景物的介绍方法以及解说的训练等。最后从实际应用的角度讲解了生活工作中的接待和商务洽谈、毕业生求职的语言技巧、心理压力的调解方法。

　　本书从普通话和口语交际运用的难点入手，将学习与实战相结合，重视各种语境下的实际口语技能的训练。同时穿插知识库、小锦囊、案例分析等栏目，不乏趣味性，突出新颖性，具有较强的针对性和实用性。

　　综上所述，本书具有很强的实操性，充分全面地解析了普通话在实际中的应用。希望能够成为广大中等职业学校学生及社会工作者的良师益友。

Contents 目录

第一章 概述 ... 1
- 知识点1 什么是普通话 ... 2
- 知识点2 汉语拼音方案简介 ... 7

第二章 拼音的基本结构 ... 13
- 知识点1 声调 ... 14
- 知识点2 声母 ... 17
- 知识点3 韵母 ... 30
- 知识点4 音节 ... 41

第三章 音变 ... 44
- 知识点1 轻声 ... 45
- 知识点2 变调 ... 46
- 知识点3 儿化 ... 49
- 知识点4 语气词"啊"的变化 ... 51

第四章 朗读 ... 54
- 知识点1 朗读的基本规范 ... 55
- 知识点2 朗读的表现方法 ... 59
- 知识点3 不同体裁作品的朗诵技巧 ... 65

第五章 交谈 ... 78
- 知识点1 委婉的铺垫——寒暄 ... 79
- 知识点2 得体的方式——交谈原则 ... 81
- 知识点3 魅力的展现——交谈技巧 ... 84
- 知识点4 日常的会话——电话交谈 ... 95

第六章 演讲和辩论　　102
知识点1　演讲的基本要素与特征　　103
知识点2　命题演讲　　109
知识点3　即兴演讲　　123
知识点4　辩　论　　129

第七章 介绍与解说　　147
知识点1　介　绍　　148
知识点2　解　说　　152

第八章 接待与洽谈　　159
知识点1　拜访和接待　　160
知识点2　洽谈和涉外谈判　　166

第九章 毕业生应聘技巧和心理调适　　188
知识点1　求职应聘　　189
知识点2　自我调节　　204

参考文献　　215

第一章

概 述

教学目标 ◀

　　本章主要介绍了普通话的基础知识：普通话的含义、普通话的语音特征、普通话的构成元素和汉语拼音方案的基本内容，为学生学好普通话奠定基础。

教学要求 ◀

认知：了解普通话的含义，着重记忆汉语拼音方案的基本内容。

情感态度观念：认识普通话在人们日常生活中的重要作用，自觉学好普通话。

运用：掌握普通话知识和汉语拼音方案，推广普通话，促进汉语规范化，以适应社会发展的需要。

第一章 概 述

知识点 1 什么是普通话

一、普通话的含义

普通话是现代汉民族的共同语，也是我国各民族之间的交际用语，还是联合国的六种工作语言之一。普通话在明朝、清朝称官话，在宋朝以前，普通话还被称作通语、凡语、雅言等。普通话和方言的差别主要表现在语音方面，因而人们狭义上指称普通话时，主要指普通话语音。**其内涵是：以北京语音为标准音，以北方话为基础方言，以典范的现代白话文著作为语法规范。**

普通话这个定义从语音、词汇、语法三个方面阐述了普通话的内涵。在语音方面，普通话以北京语音为标准，而不是"以京音为主，也兼顾其他方音"。同时，语音标准是就整体而言的，并非北京话中的每一个音都是规范的、标准的。在词汇方面，普通话以北方话（词汇）为基础，而不以北京话为基础，也不以北京话为标准。因为词汇的流动性大，相互渗透力强，系统性不如语音那么严整，所以它不能用一个地点的方言为标准或基础，若那样就太狭窄了。在语法方面，普通话是以典范的现代白话文著作为语法规范，典范的现代白话文著作是指现代优秀作家、理论家的优秀作品和国家发布的各种书面文件（如法律文本、通告、政令等）。

我们这里所讲的普通话训练着重指的是普通话的语音训练。

二、普通话的语音特征

与印欧语系相比，普通话语音有鲜明的特点：

（1）**音节结构简单，声音响亮。**普通话中，一个音节最多只有 4 个音素，其中，发音响亮的元音占优势，是一般音节中不可缺少的成分。一个音节内可以连续出现几个元音（最多 3 个），如 huài（坏），但普通话音节中没有复辅音，即没有像英语 lightning（闪电）、俄语 Встрец（遇见）那样几个辅音连在一起的现象。

（2）**音节界限分明，节律感强。**汉语的音节一般由声母、韵母、声调三部分组成，声母在前，韵母紧随其后，再带一个贯穿整个音节的声调，便有了鲜明的音节界限。从音素分析的角度观察，辅音和元音互相间隔而有规律地出现，给人周而复始的感觉，因而极便于切分音节。

（3）**声调抑扬顿挫，富于音乐性。**普通话声调变化高低分明，高、扬、转、降区分明显，听起来就像音乐一样动听。

三、普通话的构成元素

一般来说，普通话的构成由简单到复杂有以下几种：

1. 基本元素

（1）**语音。**语音是语言的物质外壳，是由人的发音器官发出来的，有表意义的功能。语音具有物理属性、生理属性和社会属性。物理属性表现为语音具有音高、音强、音长、音质四种要素。生理属性表现为语音通过人的发音器官的一系列运作形成，如肺部呼出气流，通过气管至喉头，作用于声带、咽头、口腔、鼻腔等，形成不同音质的语音。社会属性表现为用什么语音形式来表示什么意义，不由个人决定，而由社会约定俗成，比如称自己，汉语语音形式是 wǒ（我），英语语音形式是［ai］（I），俄语语音形式则是［iɑ］（Я）。

（2）**音节。**音节是语音最小的自然单位。一个汉字的读音就是一个音节，比如"老百姓"三个字，读出来就是三个音节：lǎo bǎi xìng。普通话有 400 个基本音节，加上声调，一共有 1 200 多个音节。从结构看，普通话音节由声母、韵母、声调组合而成，普通话音节可以无声母，但必须有韵母和声调。根据声母的有无，普通话音节分为有声母音节和零声母音节两类。从音色看，普通话音节由辅音音素和元音音素组成，一个音节可以无辅音，但必须有元音。普通话的一个音节至少由一个音素构成，至多由四个音素构成。

> **讨 论**
>
> 请用自己的语言总结一下音节与音素的区别。

（3）**音素。**音素是从音质角度对音节分析得出的最小语音单位。通常认为普通话共有 32 个音素（指的是音位性质的音素）。比如，音节 zhuan 包含了 zh、u、ɑ、n 四个音素。

（4）**元音。**元音是音素的一类，**普通话有 10 个元音：**ɑ、o、e、i、u、ü、ê、-i（前）、-i（后）、er。元音的发音特点：发音时，气流较弱，气流在咽头、鼻腔、口腔不受阻碍，发音器官各部位保持均衡紧张状态，声带振动，发音响亮。

（5）**辅音。**辅音是音素的一类，**普通话有 22 个辅音：**b、p、m、f、d、t、n、l、g、k、h、j、q、x、zh、ch、sh、r、z、c、s、ng。辅音的发音特点：发音时，气流较强，气流在咽喉、鼻腔、口腔要受到某部位的阻碍，发音器官形成阻碍的部位特别紧张，声带不一定振动，发音大多数不响亮。

第一章　概　述

2. 拼音结构

拼音是指把声母、韵母、声调拼合成音节。通常采用两拼法，要求声母念本音，快速与带声调的韵母连读拼出音节，声、韵母之间要一气呵成，不能停顿，如 d—uān→duān（端）。

（1）**声母**。声母是指音节开头的辅音。**普通话共有 21 个声母**：b、p、m、f、d、t、n、l、g、k、h、j、q、x、zh、ch、sh、r、z、c、s。声母由辅音充当，声母发音正确与否决定于发音部位和发音方法的正确与否。根据发音部位的不同，声母分为 7 类：双唇音（b、p、m）、唇齿音（f）、舌尖中音（d、t、n、l）、舌根音（g、k、h）、舌面音（j、q、x）、舌尖后音（zh、ch、sh、r）、舌尖前音（z、c、s）。根据发音方法的不同，声母分为 5 类：塞音（b、p、d、t、g、k）、擦音（f、h、x、sh、r、s）、塞擦音（j、q、zh、ch、z、c）、鼻音（m、n）、边音（l）。塞音和塞擦音内部，根据发音气流的强弱，分为送气音（p、t、k、q、ch、c）和不送气音（b、d、g、j、zh、z）两类。根据声带颤动与否，声母分为清声母（b、p、f、d、t、g、k、h、j、q、x、zh、ch、sh、z、c、s）和浊声母（m、n、l、r）两类。

（2）**韵母**。韵母是指音节后面的辅音和元音。**普通话共有 39 个韵母**：a、o、e、i、u、ü、ê、-i（前）、-i（后）、er；ai、ei、ao、ou、uai、uei、iao、iou、ia、ie、ua、uo、üe；an、ian、uan、üan、en、uen、in、ün、ang、iang、uang、eng、ueng、ong、iong、ing。韵母按音素组成的不同情况，可以分为单韵母、复韵母、鼻韵母三类。单韵母是由一个元音构成的韵母，共 10 个，其中 7 个是舌面元音：a、o、e、i、u、ü、ê，2 个是舌尖元音：-i（前）、-i（后），1 个是卷舌韵母：er。舌面元音发音时，舌面节制气流；舌尖元音发音时，舌尖节制气流；卷舌韵母发音时，舌面舌尖同时节制气流。复韵母是由 2 个或 3 个元音构成的韵母，共 13 个，其中 4 个是前响复韵母：ai、ei、ao、ou，4 个是中响复韵母：uai、uei、iao、iou，5 个是后响复韵母：ia、ie、ua、uo、üe。鼻韵母是由元音带上鼻辅音构成的韵母，共 16 个，其中 8 个是前鼻音韵母：an、ian、uan、üan、en、uen、in、ün，8 个是后鼻音韵母 ang、iang、uang、eng、ueng、ong、iong、ing。

韵母可以分成韵头、韵腹、韵尾三部分。一个韵母，可以有韵头、韵腹、韵尾，如 uai；可以没有韵头，只有韵腹、韵尾，如 ai；可以没有韵尾，只有韵头、韵腹，如 ia；也可以只有韵腹，没有韵头、韵尾，如 a。任何韵母都不能没有韵腹。韵头只有 i、u、ü 3 个，其位置在韵腹前，发音轻而短。韵腹比起韵头、韵尾来，声音清晰、响亮。韵腹是韵母的主干，10 个元音都可以充当韵腹。韵尾指韵腹后面的元音 i、u、(o) 或辅音 n、ng。

普通话有 39 个韵母，如果根据韵母开头的不同语音分类，可以分成四类，简称"四呼"，即开口呼、齐齿呼、合口呼、撮口呼。开口呼韵母，共 16 个，指没有韵头，且韵腹又不是 i、u、ü 的韵母。齐齿呼韵母，共 10 个，指韵头或韵腹是 i 的韵母。合口呼韵母，共 9 个，

知识点1　什么是普通话

指韵头或韵腹是u的韵母。撮口呼韵母，共4个，指韵头或韵腹是ü的韵母。

你知道吗

韵母发音小窍门

单韵母发音，可以从舌位的前后、高低和唇形的圆展三个方面来分析，发音时，舌头、嘴唇以及口的开闭，在整个发音过程中始终没有什么变化。复韵母和鼻韵母发音，舌头、嘴唇以及口的开闭，在整个发音过程中都是有变化的，它不是几个音素的简单相加，而是由一串音素复合而成，其过程存在着一个元音舌位向另一个元音舌位或另一个辅音部位滑动的过程，伴随着嘴形开合、唇形圆展的变化。在复韵母和鼻韵母中，各个成分的响度、强弱、长短不同，其中韵腹是复韵母或鼻韵母的重心，声音比较响亮、清晰，所占时间要长些，韵头和韵尾在音节中声音比较微弱、模糊，所占时间要短些。

（3）**声调**。声调是指能区别意义的音节的高低升降。声调的高低升降主要决定于音高，与音长也有关系。发音时，声带越紧，在一定时间内振动的次数越多，声音就越高；声带越松，在一定时间内振动的次数越少，声音就越低。声调的高低升降变化是相对的，不受因人因时的基调变化的影响。声调有两个重要概念：调值和调类。**普通话有四个调类：阴平、阳平、上声、去声（又称第一声、第二声、第三声、第四声）**，四个调类阴平、阳平、上声、去声对应的调值分别为：55、35、214、51，对应的调型分别为：高平、中升、降升、全降。

3. 拼写规则

《汉语拼音方案》使用y、w，主要是为隔音，分清音节界限。其规则如下：齐齿呼韵母自成音节时，使用y。若i作韵头，则把i改成y；若i作韵腹，则在i前加y，如ian→yan，in→yin。合口呼韵母自成音节时，使用w。若u作韵头，则把u改成w；若u作韵腹，则在u前加w，如uan→wan，u→wu。撮口呼韵母自成音节时，使用y。无论ü作韵头还是作韵腹，一律在ü前加y，同时去掉ü上两点，如üan→yuan，ü→yu。《汉语拼音方案》规定，以a、o、e开头的音节，连接在其他音节后面，如果音节界限发生混淆，就用隔音符号"'"（弯头小撇）隔开。如xī'ān（西安）。撮口呼韵母和j、q、x相拼时，为书写便利，规定ü上两点省略。iou、uei、uen三个韵母前面加声母时，规定写成它们的省写式：iu、ui、un，如miū（谬）、duī（堆）、dūn（敦）。用汉语拼音拼写普通话，应该按词连写。一个句子开头的首字母，诗歌每行的首字母，地名、国名等专有名词的首字母，姓名的姓和名的首字母，等等，都要大写。

第一章 概 述

你知道吗

什么是音变

一个音节在连续语流中互相影响，产生语音变化，这种语音变化叫音变。主要音变现象有：轻声、儿化、变调、语气词"啊"的音变。

1. 轻声

在由一串音节组成的词或句里，某些音节失去原有声调，读得比较轻短，这种现象叫轻声。轻声不是一种声调。一般声调的性质决定于音高，轻声则决定于音强和音长。轻声的特点是发音时音强弱，音长短。轻声有区别词义和词性的作用。在普通话中，助词读轻声，如走吧、去吗、行啊、我的、慢慢地、好得很、吃着、看过、跑了、你们；名词后缀"子、儿、头"读轻声，如桌子、木头、那儿；部分方位词读轻声，如家里、墙上、东边；趋向动词读轻声，如回来、收下、爬起来、冲出去；个别量词读轻声，如一个；单音节动词重叠的后一音节，如看看、想想；表称呼的叠音名词的后一音节，如妈妈、哥哥；部分双音节词的后一音节习惯读轻声，如月亮、早晨、已经、窗户、牌楼。

2. 儿化

后缀"儿－r"不自成音节，而和牵头的音节合在一起，使前一音节的韵母成为卷舌韵母，这一现象就叫儿化。卷了舌的韵母叫儿化韵。儿化的基本性质从语音角度分析就是卷舌作用，从词汇性质来说是后缀。拼写时只要在原来韵母之后加写一个r，如"信儿"写作xìnr。儿化有区别词义、词性和修辞的作用。

儿化发音的基本规则，取决于韵母末尾音素是否便于卷舌。便于卷舌的，一般是韵母末尾音素是舌位较低或较后的元音，如a、o、e、ê、u等，儿化时原韵母直接卷舌，如花儿、草儿、歌儿、月儿、头儿；不便于卷舌的，一般指舌面前高元音i、ü，舌尖元音-i（前）、-i（后），辅音韵尾n、ng。这种不便于卷舌的，具体儿化时情况要复杂一些：韵母是i、ü的，加er发音，如玩意儿、小鱼儿；去掉韵尾后，韵腹是i、ü的，先去韵尾，再加er发音，如皮筋儿、短裙儿；去掉韵尾后，韵腹是非i、ü的，先去韵尾，然后卷着舌头发韵腹，如小孩儿、花篮儿、好样儿（韵尾是ng的，去韵尾卷舌发韵腹时，韵腹还需要鼻化）；韵母是-i（前）、-i（后）的，将韵母置换为er发音，如没词儿、有事儿。

3. 变调

在词语或句子中，由于受邻近音节声调的影响，有些音节的声调往往要发生变化，这种声调变化现象叫变调。变调主要表现为"上声"变调和"一、不"变调。

上声在非上声前变成半上，即调值由214变为211，如"北京、语言、朗诵、老婆"

中的"北、语、朗、老"的调值都由214变读成211。上声在上声前面，前一个上声变成阳平，即调值由214变为35，如"美好、理想"中的"美、理"的调值都由214变读成35。三个上声连在一起，若词语格式为2＋1，如展览馆、管理组，则将前两字的声调变成阳平；若词语格式为1＋2，如柳组长、小老虎，则需在第一个字后稍作停顿，于是第一字读半上，第二字读阳平，第三字读原调。三个以上的上声字连在一起，按语音停顿情况来变，停顿前的上声读半上，最后一个上声读原调，其他上声变为阳平，如"养马场养有五百匹好马"中的"场、有、匹、好"读211，"养马、养、五百"读35，最后的"马"读214。

"一"在阴平、阳平、上声前，变为去声，即调值由55变为51，如"一生、一时、一手"中的"一"的调值统统由55变为51。"一"在去声前变为阳平，如"一定、一切、一律"中的"一"的调值统统由55变为35。"一"夹在词中读轻声，如看一看、想一想。

"不"在去声前变为阳平，即调值由51变为35，如"不但、不幸、不论"中的"不"的调值统统由51变为35。"不"夹在词中读轻声，如看不看、想不想。

4.语气词"啊"的音变

语气词"啊"单独念[a]，在句尾由于受到前面音节末尾音素的影响，读音会发生变化。这种变化都是在a前添加一个音素，规律如下：前面音节末尾音素是a、o、(ao、iao中的o相当于u)e、ê、i、ü时，"啊"读ya，如他啊、婆啊、哥啊、雪啊、吸啊、鱼啊；前面音节末尾音素是u时，"啊"读wa，如输啊；前面音节末尾音素是n时，"啊"读na，如看啊、天啊、人啊；前面音节末尾音素是ng时，"啊"读nga，如唱啊、听啊、动啊；前面音节末尾音素是-i(后)、er时，"啊"读ra，如事啊、儿啊；前面音节末尾音素是-i(前)时，"啊"读[z]a，如字啊、词啊、丝啊。

知识点 2 汉语拼音方案简介

一、汉语拼音方案的由来

汉语拼音方案诞生于1958年，几十年来为我们民族造福，为汉语、为学习和使用汉语的人们服务。由于它能科学、准确地记录汉语标准语，使汉字的注音方式实现了国际化，因而获得了广泛的国际认同，已经阔步走向世界。1977年9月7日，联合国第三届地名标准化

第一章　概　述

会议（雅典）认为汉语拼音方案在语言学上是完善的，推荐使用这个方案作为中国地名罗马字母拼法的国际标准。1979年6月15日，联合国秘书处发出通知，以"汉语拼音"的拼法作为在各种拉丁字母文字中转写中国人名和地名的国际标准。1982年8月1日，国际标准化组织发布国际标准 ISO7098《文献工作——中文罗马字母拼写法》，规定拼写汉语以汉语拼音为国际标准。

早在1605年（明朝万历三十三年），意大利传教士利玛窦用拉丁字母给汉字注音，写成《西字奇迹》，拉丁字母从此开始为汉语服务；法国传教士金尼阁（1625年）改进了利玛窦的方案，写成《西儒耳目资》。鸦片战争以后西方传教士为了传教，陆续给厦门、汕头、海南、客家、宁波、兴化、福州、莆田、上海、广州、台州、建瓯、温州、北京等至少十七种方言设计了拼音文字，称作教会罗马字。教会罗马字是外国传教士根据其母语文字设计的，没有很好地考虑汉语的特点。因此有必要研制新的适合于汉语的国际化的方案。在清末的切音字运动中，汉人开始自觉地利用拉丁字母，从那时算起，拼音方案的孕育期长达六十年。这六十年中出现了许多方案，影响大、较完善的有刘复、赵元任、林语堂、钱玄同、黎锦熙等于1926年制定的国语罗马字，瞿秋白、吴玉章、林伯渠、萧三、龙果夫等于1931年设计的北方话拉丁化新文字。

汉语拼音方案集中了以往各方案的优点，被认为是最佳方案。尽量不增加新字母，表示音素的双字母只有四个（zh、ch、sh、ng），其他音素分别只用一个字母表示。b、d、g 和 p、t、k 分别表示不送气音和送气音，z／zh、c／ch 和 s／sh 对应整齐，声母不变读。i 兼表韵母化的翘舌的 [r] 和平舌的 [z]。拼音方案的制定是慎重的，中国文字改革委员会于1956年2月发表拼音方案（草案）征求意见，1957年10月提出修正草案，同年11月1日国务院全体会议第60次会议通过，1958年2月11日第一届全国人民代表大会第五次会议批准。这样拼音方案就成了法定方案。方案包括字母表、声母表、韵母表、标调符号、隔音符号共五部分。汉语拼音方案不仅可以为汉字注音，还可以拼写汉语。方案有些规定超出了记音需要的范围，如规定字母名称和大写字母、手写体；规定 y、w 和隔音符号的用法；中弱三合元音 iou、uei、uen 在前面有声母的时候省略中间音写成 iu、ui、un；为了词形清楚，au、iau 作 ao、iao，iung 作 iong，ung 作 ong。

全国人大一届五次会议决议原则同意的中国文字改革委员会主任吴玉章提出的《关于当前文字改革工作和汉语拼音方案的报告》中指出，方案的用处是：

❶ 给汉字注音，以提高教学汉语的效率。
❷ 帮助教学普通话。
❸ 作为我国少数民族创制文字的共同基础。
❹ 翻译人名、地名和科学术语。

知识点2　汉语拼音方案简介

❺ 帮助外国人学习汉语。
❻ 编索引。
❼ 语文工作者可以用拼音方案来继续进行汉语拼音化的各项研究和实验工作。

二、汉语拼音方案的应用与推广

汉语拼音方案在多个领域的应用已取得了显著效果：多年来，方案已经广泛用于字典、词典和语文教学；"注音识字，提前读写"的实验获得了令人难以置信的可喜的成功，大大地提高了语文教学质量，促进了儿童智力的早期开发；方案稍作变通，可以用来拼写方言，1960年广东省为广州话、客家话（梅县）、潮汕话、海南话（文昌）制定了拼音方案，其中广州话拼音方案后来还做了修订；方案准确记录普通话语音系统，通过语文教学和工具书促进了普通话的推广。

有关方面以汉语拼音方案作为基础，分别给壮、布依、侗、水、黎、哈尼、傈僳、纳西、羌、白、土家、土、佤、布朗等十几个少数民族的语言设计了拉丁字母式民族文字，为景颇族创制了载瓦文，帮助拉祜、景颇等民族在原有文字的基础上改革了文字，为苗族设计了黔东、湘西、川滇黔和滇东北四种方言文字，为瑶族设计了勉和八排两种方言文字，为维吾尔、哈萨克、达斡尔、彝、独龙、怒等民族语言和壮语靖西话设计了拼音方案。以汉语拼音方案为基础的正式推行的新创文字目前只有壮文一种，值得推广的还有一些，例如以曲谷为标准点的羌文（孙宏开设计）受到十多万不会汉语而懂曲谷羌话的羌族和藏族的欢迎，这种羌文对那里的扫除文盲工作显然有着至关重要的意义。中国人名、地名应该怎样译成使用拉丁字母的别国文字，也有了明确的规定。

使用国际化的拉丁字母的文字容易走向世界，世界上学德文的比学日文的多便是证据。拉丁字母中外读音大半相同相近，有效地促进了对外汉语教学。教材用拼音字母注音，受到外国朋友的欢迎。拼音字母推动汉语走向世界，促进了国际文化交流。

现在有了一大批按汉语拼音字母顺序排列条目的工具书，如《现代汉语词典》《新华字典》《古汉语常用字字典》《新华词典》《新词新语词典》《汉语拼音词汇》《汉语成语词典》《汉语成语考释词典》《汉语成语小词典》《红楼梦成语辞典》《汉语惯用语大辞典》《歇后语词典》《警语名句词典》《现代汉语八百词》《现代汉语虚词例释》《古汉语虚词词典》《诗词曲语辞例释》《动词用法词典》《形容词用法词典》《语法学词典》《汉语语法修辞词典》《修辞学词典》《公文主题词表》《世界汉语教学主题词表》《汉英词典》《简明汉英词典》《汉法词典》《汉世小

> 讨论
>
> 大家通常比较普及使用的是什么工具书？

第一章 概　述

词典》《中国大百科全书》《简明不列颠百科全书》《北大人》等。音序排列的工具书在翻检时不用数笔画，因此用起来最方便，尤其是会普通话的读者利用率更高，最愿意购买和使用这种工具书。音序排列人名，顺序与国际惯例一致，检索非常方便，明显地优于按汉字笔画数排列。笔画排列，译成外文乱得很。《南开大学（个人）电话簿》三千多人按音序排列，井然有序，翻检极快。

汉语拼音有了正词法基本规则，只是分化同音词还没有统一的办法。拼音旗语和工业产品字母代号等问题也已解决。拼音输入已成为汉字信息处理的主要方法。

三、汉语拼音方案的基本内容

汉语拼音方案主要有字母表、声母表、韵母表、声调符号、隔音符号等方面内容，现分述如下：

1. 字母表

字母	名称	字母	名称	字母	名称	字母	名称
Aa	ㄚ	Bb	ㄅㄝ	Cc	ㄘㄝ	Dd	ㄉㄝ
Ee	ㄜ	Ff	ㄝㄈ	Gg	ㄍㄝ	Hh	ㄏㄚ
Ii	ㄧ	Jj	ㄐㄧㄝ	Kk	ㄎㄝ	Ll	ㄝㄌ
Mm	ㄝㄇ	Nn	ㄋㄝ	Oo	ㄛ	Pp	ㄆㄝ
Qq	ㄑㄧㄡ	Rr	ㄚㄦ	Ss	ㄝㄙ	Tt	ㄊㄝ
Uu	ㄨ	Vv	ㄞㄝ	Ww	ㄨㄚ	Xx	ㄒㄧ
Yy	ㄧㄚ	Zz	ㄗㄝ				

2. 声母表

b	p	m	f	d	t	n
ㄅ玻	ㄆ坡	ㄇ摸	ㄈ佛	ㄉ得	ㄊ特	ㄋ讷
l	g	k	h	j	q	x
ㄌ勒	ㄍ哥	ㄎ科	ㄏ喝	ㄐ基	ㄑ欺	ㄒ希
zh	ch	sh	r	z	c	s
ㄓ知	ㄔ蚩	ㄕ诗	ㄖ日	ㄗ资	ㄘ雌	ㄙ思

知识点2　汉语拼音方案简介

3. 韵母表

i 丨衣	u ㄨ乌	ü ㄩ迂	a ㄚ啊	ia 丨ㄚ呀	ua ㄨㄚ蛙		o ㄛ喔
uo ㄨㄛ窝	e ㄜ鹅	ie 丨ㄝ耶		eü ㄩㄝ约	ai ㄞ哀		uai ㄨㄞ歪
ei ㄟ诶	uei ㄨㄟ威	ao ㄠ熬	iao 丨ㄠ腰				ou ㄡ欧
iou ㄡ忧	an ㄢ安	ian 丨ㄢ烟	uan ㄨㄢ弯	üan ㄩㄢ冤	en ㄣ恩	in 丨ㄣ因	uen ㄨㄣ温
ün ㄩㄣ晕	ang ㄤ昂	iang 丨ㄤ央	uang ㄨㄤ汪	eng ㄥ亨的韵母	ing 丨ㄥ英	ueng ㄨㄥ翁	ong ㄨㄥ轰的韵母	iong ㄩㄥ雍

你知道吗

韵母表小常识

1. "知、蚩、诗、日、资、雌、思"等字的韵母用 i。
2. 韵母儿写成 er，用作韵尾的时候写成 r。
3. 韵母ㄝ单用的时候写成 ê。
4. i 行的韵母，前面没有声母的时候，写成 yi（衣），ya（呀），ye（耶），yao（腰），you（忧），yan（烟），yin（因），yang（央），ying（英），yong（雍）。u 行的韵母，前面没有声母的时候，写成 wu（乌），wa（蛙），wo（窝），wai（歪），wei（威），wan（弯），wen（温），wang（汪），weng（翁）。ü 行的韵母跟声母 j，q，x 拼的时候，写成 ju（居），qu（区），xu（虚），ü 上两点也省略；但是跟声母 l，n 拼的时候，仍然写成 lü（吕），nü（女）。
5. iou，uei，uen 前面加声母的时候，写成 iu，ui，un，例如 niu（牛），gui（归），lun（论）。

4. 声调符号

声调符号标在音节的主要母音上，**轻声不标调号，但在注音前加圆点。**

例如：桌子（zhuō·zi）。

i，u 同时出现时，调号标在后面的母音上。

例如：盔（kuī），酒（jiǔ）。

第一章　概　述

阴平	阳平	上声	去声
―	∕	∨	∖

声调符号标在音节的主要母音上，轻声不标。

例如：

妈 mā	麻 má	马 mǎ	骂 mà	吗 ma
阴平	阳平	上声	去声	轻声

5. 隔音符号

以 a，o，e 开头的音节连接在其他音节后面的时候，如果音节的界限发生混淆，用隔音符号"'"隔开，例如 pi'ao（皮袄）。

每章一练

1. 什么是普通话？
2. 普通话有哪些语音特征？
3. 简述普通话的拼写规则。
4. 试简述汉语拼音方案的形成。
5. 标注下列词语的拼音：

神舟五号　　　平安　　　知识　　　朋友

拼音的基本结构

第二章

教学目标 ◀

　　本章主要介绍了汉语拼音的基本结构：声调、声母和韵母，以及这三点要素共同组成的音节。其中，针对声母和韵母的难点为学生重点剖析和讲解，使学生一步步掌握汉语拼音的发音规律，在学好进行基本功的基础上，为后面口语技巧的学习打好坚实基础。

教学要求 ◀

认知：学习汉语拼音的构成，着重记忆相关知识。
情感态度观念：作为汉语语言的基础，学好拼音是掌握普通话的第一步。
运用：只有增进记忆、勤于练习、纠正发音，才能真正用好拼音。

第二章　拼音的基本结构

知识点 1　声　调

　　汉语是有声调的语言，汉语的每个音节都有着自己的声调。声调是指汉语中音节的高低升降变化，它能起到区别意义的作用。声调以音高作为主要特征，音长是次要的伴随性特征。
　　声调可以从调值和调类两个方面进行分析。

一、调值

1. 音高变化

　　调值指声调的实际读法，是音节高低、升降、平曲等变化形式。调值属于音高的变化，调值的不同不取决于绝对音高，而取决于相对音高。
　　（1）**绝对音高**。由发音时的频率所决定，一般来说女性和小孩的发音体声带比较小、比较薄，发音时的频率要高于成年男子，就是指绝对音高。
　　（2）**相对音高**。由发音时的音高变化幅度及其形式所决定，同是发阳平，女性的绝对音高要高于男性，但其变化的幅度与上升的形式是相同的，属于同一个声调。

2. 实际调值

　　现代语言学已经知道，构成汉语声调的第一要素是音节里音高的升降起伏，这种升降起伏被称为"调值"。
　　所以，声调的"实"主要是实际"调值"。现代语音学仿照音乐的音阶，用五度标记法来记录各种方言的实际调值。它把语音的高低分为1、2、3、4、5度，5是高音部，3是中音部，1是低音部；4是半高，2是半低。声调里五度的音域比音乐的音域要宽。
　　以普通话为例，它的四个声调实际调值为：
　　（1）**阴平**。念高平，用五度标记法来表示，就是从5到5，写作55。声带绷到最紧，始终无明显变化，保持音高。例如：

　　青春光辉　　春天花开　　公司通知　　新屋出租

　　（2）**阳平**。念高升（或说中升），起音比阴平稍低，然后升到高。用五度标记法表示，就是从3升到5，写作35。声带从不松不紧开始，逐步绷紧，直到最紧，声音从不低不高到最高。

例如：

 　　人民银行　　连年和平　　农民犁田　　圆形循环

（3）上（shǎng）声。念降升，起音半低，先降后升，用五度标记法表示，是从2降到1再升到4，写作214。声带从略微有些紧张开始，立刻松弛下来，稍稍延长，然后迅速绷紧，但没有绷到最紧。例如：

 　　彼此理解　　理想美满　　永远友好　　管理很好

（4）去声。念高降（或称全降），起音高，接着往下滑，用五度标记法表示，是从5降到1，写作51。声带从紧开始到完全松弛为止，声音从高到低，音长是最短的。例如：

 　　下次注意　　世界教育　　报告胜利　　创造利润

最理想的汉语声调调值如下：

阴平	高高	阳平	低低
阴上	中高	阳上	低中
阴去	高中	阳去	中低
阴入	高	阳入	低

你知道吗

声调名称的来历

阴者，女人声也，音轻，调高，为清音；

阳者，男人声也，音重，调低，为浊音。

平者，调无高低之变化也；

上者，若上升也，调渐高；

去者，若远去也，调渐低；

入者，促而止也。

这就是声调名称的本来含义。另外，这四个字本身的声调也与其所表示的声调一致，这也是其含义之一。这样的声调只有高、中、低三个音高，简单易发，易于把握，五音不全的人也能发得好。这样的汉语也一定十分悦耳动听。

第二章　拼音的基本结构

二、调类

调类是指声调的种类，将音高变化相同的字归在一起，就形成调类。汉语普通话有四个调类，汉语方言中最多的有 10 个调类。

1. 普通话有四个调类（四声）

阴平调	阳平调	上声调	去声调
一声	二声	三声	四声

2. 调形

调形是指音节的音高随时间而变化的形式，即声调的高低、升降、平曲的形状。

阴平调	阳平调	上声调	去声调
高平调（高而平）	中升调（中升高）	降升调（半低音先降到低音再升到半高音）	高降调（高降低）

调类	调值	调形	调号
阴平调	55	高平调	—
阳平调	35	中升调	/
上声调	214	降升调	∨
去声调	51	高降调	\

三、强化训练

阴平调练习	春、天、开、花、公、司、通、知
阳平调练习	河、流、长、存、人、民、银、行
上声调练习	彼、此、理、解、享、有、美、满
去声调练习	现、在、上、课、创、造、利、润
双音节词语的声调练习	分工、招生、轮流、言行、转播、爬山、象征 外观、坦白、口才、访问、幻想、蓝天、左右 支持、来宾、统筹、反常、注意、批评、同乡 特征、驾驶、欢迎、敏捷、感受、购买、普通 指南、构思、自发、问题、指标、紧急、时光 航空、场面、调查、创举、宣传、记者、录音 统一、稿件、领会、每天、广西、并且、解说

知识点2 声 母

你知道吗

传统音韵学的标调法

传统的音韵学中为汉字标调，采用的是在一个汉字的四个角上标注半圈的方式，其方法为：左下角为平声，左上角为上声，右上角为去声，右下角为入声。而区分阴阳则采用在半圈下加短横的方式，阴平、阴上等不加，而阳平、阳上则要加一短横。

也有采用数字标调类的方法，即在汉字或注音右上角加"1、2、3、4"等数字，表示其属于第几个调类。如：

$$chong^2 \quad mei^3$$

分别表示第二声和第三声。

最常见的标记声调的方法是五度标调法，采用标调值的方法，由赵元任先生所创立，将音高分成五度，分别为：

| 高5 | 半高4 | 中3 | 半低2 | 低1 |

如去声的调值为51，表示其读法为从高到低的下降调。

采用五度标调法记录声调，一般只记发音的起点和终点的音高，如普通话阴平的调值是55，就表示其起点和终点的音高都是5；如果中间有转折，则还要记录其折点的音高，普通话上声的调值是214，则分别记录了起点、终点和折点的音高。

知识点 2 声 母

一、声母的类型

声母是指音节开头的辅音。**普通话声母共有21个：** b、p、m、f、d、t、n、l、g、k、h、j、q、x、zh、ch、sh、r、z、c、s。声母由辅音充当，声母发音正确与否决定于发音部位和发音方法的正确与否。21个辅音声母的发音是由发音部位和发音方法决定的，因此，可以根据声母的发音部位和发音方法给声母分类。

第二章　拼音的基本结构

1. 按发音部位分类

发音部位指气流成阻的位置。按照发音部位，声母可分为三大类：舌尖音、唇音、舌面音。具体细分为 7 小类：

> ▶ **双唇音**：上唇和下唇阻塞气流而形成的音，有 b、p、m 3 个。
> ▶ **唇齿音**：上唇和下唇接近，阻碍气流而形成的音，只有 f 一个。
> ▶ **舌尖前音**：舌尖抵住或接近上齿背，阻碍气流而形成的音，有 z、c、s 3 个。
> ▶ **舌尖中音**：舌尖抵住上龈，阻碍气流而形成的音，有 d、t、n、l 4 个。
> ▶ **舌尖后音**：舌尖抵住或接近硬腭前部，阻碍气流而形成的音，有 zh、ch、sh、r 4 个。
> ▶ **舌面音**：舌面前部抵住或接近硬腭，阻碍气流而形成的音，有 j、q、x 3 个。
> ▶ **舌根音**：舌根抵住或接近软腭，阻碍气流而形成的音，有 g、k、h 3 个。

2. 按发音方法分类

发音方法指气流受阻方式。按发音方法分类，可以从以下三个方面着手：

（1）根据形成阻碍和排除阻碍的方式。可以把声母分为塞音、擦音、塞擦音、鼻音、边音五类。

> ▶ **塞音**。发音时，发音部位先形成闭塞，然后保持对气流的阻塞，最后让气流冲破阻碍，爆发成声。如 b、p、d、t、g、k。
> ▶ **擦音**。发音时，两个发音部位靠近，形成缝隙，然后让气流从窄缝中挤出，摩擦成声。如 f、s、sh、r、x、h。
> ▶ **塞擦音**。即先塞后擦的音。发音时，发音器官的相关部位先是闭合，阻塞气流，然后打开一条窄缝，气流从窄缝中挤出，摩擦成声。如 z、c、zh、ch、j、q。
> ▶ **鼻音**。发音时，口腔中阻碍气流的部位完全闭塞，软腭下降，打开鼻腔通道，气流振动声带，从鼻腔通过。如 m、n。
> ▶ **边音**。发音时，舌尖与上齿龈接触，舌头的两边留有空隙，气流从舌头两边通过。如 l。

（2）根据发音时气流的强弱。可以把声母中的塞音、塞擦音分为送气音和不送气音两类。

> ▶ **送气音**。发音时，口腔呼出的气流比较强。如 p、t、k、c、ch、q。
> ▶ **不送气音**。发音时，口腔呼出的气流比较弱。如 b、d、g、z、zh、j。

（3）根据发音时声带是否颤动。 可以把声母分成清音和浊音两类。

> ▶ **清音**。发音时，声带不颤动。如 b、p、f、d、t、g、k、h、j、q、x、zh、ch、sh、z、c、s。
>
> ▶ **浊音**。发音时，声带颤动。如 m、n、l、r。

二、舌尖音

声母发音的难点是舌尖音，这里将着重介绍舌尖音的发音。

〈 讨 论 〉

请试着比较舌尖前音、舌尖后音的各自收音特点。

1. 舌尖前音（平舌音）

舌尖与上齿背构成阻碍，舌头平伸。

学习舌尖前音：z、c、s（由于发音时舌头几乎平伸，又称平舌音）。

> ▶ **发音部位**：舌尖、上齿背。
> ▶ **发音方法**：
>
> **z**：发音时舌尖轻轻抵住上齿背，软腭上升，关闭鼻腔通道，声带不振动，气流较弱，首先冲开一条窄缝，然后从窄缝中挤出，摩擦成声。
>
> **c**：发音时舌尖轻轻抵住上齿背，软腭上升，关闭鼻腔通道，声带不振动，气流较强，首先冲开一条窄缝，然后从窄缝中挤出，摩擦成声。
>
> **s**：发音时舌尖接近上齿背，形成一条窄缝，软腭上升，关闭鼻腔通道，声带不振动，气流从窄缝中挤出，摩擦成声。

2. 舌尖中音

舌尖与上齿龈接触构成阻碍，舌苔最轻松。

学习舌尖中音：d、t、n、l。

> ▶ **发音部位**：舌尖、上齿龈。
> ▶ **发音方法**：
>
> **d**：发音时舌尖抵住上齿龈，形成阻碍，软腭上升，关闭鼻腔通道，声带不振动，气

第二章 拼音的基本结构

流较弱，一下冲破阻碍，爆发成声。

t：发音时舌尖抵住上齿龈，形成阻碍，软腭上升，关闭鼻腔通道，声带不振动，气流较强，一下冲破阻碍，爆发成声。

n：发音时舌尖抵住上齿龈，软腭下降，关闭口腔通道，打开鼻腔通道，气流振动声带，并从鼻腔冲出成声。

l：发音时舌尖抵住上齿龈（略后），舌头两侧要有空隙，软腭上升，关闭鼻腔通道，气流振动声带，并经舌头两边从口腔冲出成声。

3. 舌尖后音（翘舌音）

舌尖与硬腭前部构成阻碍，舌尖略翘。

学习舌尖后音：zh、ch、sh、r（由于发音时舌尖略翘，又称翘舌音）。

▶ **发音部位**：舌尖、硬腭前部。

▶ **发音方法**：

zh：发音时舌尖上翘，抵住硬腭前部，软腭上升，关闭鼻腔通道，声带不振动，气流较弱，首先将阻碍冲开一条窄缝，然后经窄缝摩擦成声。

ch：发音时舌尖上翘，抵住硬腭前部，软腭上升，关闭鼻腔通道，声带不振动，气流较强，首先将阻碍冲开一条窄缝，然后经窄缝摩擦成声。

sh：发音时舌尖上翘，接近硬腭前部，形成窄缝，软腭上升，关闭鼻腔通道，声带不振动，气流从窄缝中挤出，摩擦成声。

r：发音时舌尖上翘，接近硬腭前部，形成窄缝，软腭上升，关闭鼻腔通道，声带振动，气流从窄缝中挤出，摩擦成声。

你知道吗

怎样练好翘舌音

1. 发翘舌音时容易出现的三个问题

第一，舌头翘不起来，或者开始能翘舌，但是发音刚开始，又变成了平舌，发成平舌音。

第二，舌尖不到位，要么把舌尖放在上齿龈，发出的音与z、c、s接近；要么舌尖过于后卷，这个部位太靠后了，听起来不舒服，发起音来也比较费劲。

第三，舌头有摆动或者舌面有裹卷动作，加入其他音了。关键在于找准发音部位，可以先将舌尖前部上举，轻巧地接近或贴在硬腭前部，舌肌放松，不要紧张。有了良好的位置感后，发翘舌音就比较准确了。

2. 平舌音与翘舌音的区别

关键在于发音部位的不同：发平舌音时，舌尖与上齿背构成阻碍，舌头平伸；发翘舌音时，舌尖与硬腭前部构成阻碍，舌尖略翘。

三、发音方法难点突破

各地方言的声母跟普通话的声母不尽相同，方言区的人学习普通话，就需要特别注意方言中跟普通话相异的声母，以便纠正跟普通话不一致的地方。

1. 分辨 z、c、s 和 zh、ch、sh

在普通话语音里，舌尖前音 z、c、s 和舌尖后音 zh、ch、sh 是两组发音截然不同的声母。可是在许多方言区却只有 z、c、s，没有 zh、ch、sh，因而把"主力 zhǔlì"说成"阻力 zǔlì"，如上海话、苏州话、广州话、长沙话、汉口话、成都话等；还有少数方言区只有 zh、ch、sh，没有 z、c、s，因而把"粗布 cūbù"说成"初步 chūbù"，如湖北钟祥旧口话、湖北京山杨峰话；有的方言区虽然两组声母都有，但是各自管辖的具体字跟普通话不完全一致，如西安话部分 zh、ch、sh 的字念成［pf］、［pfʻ］、［f⁻］。

因此，方言区的人学习普通话，分辨 z、c、s 和 zh、ch、sh 很重要。分辨这两组声母的办法是：

（1）把握发音要领。这两组声母发音的主要差异是：z 组声母是舌尖平伸接触或接近上齿背，zh 组声母是舌尖上翘接触或接近硬腭前部。

（2）熟记常用字。记常用字，需要下一番苦功。

你知道吗

记忆法区分 z、c、s 和 zh、ch、sh

❶ **根据声旁进行类推**。汉字中形声字是主体，而同声旁的字往往声母相同。例如：

者：诸、猪、著、奢、署、煮、暑（都是翘舌）

次：瓷、茨、姿、咨、恣、趑（都是平舌）

第二章　拼音的基本结构

❷ **借助声韵调配合规律来分辨**。例如：

ua、uai、uang 只与翘舌声母相拼，所以，"抓、拽、庄、窗、双"等字只能是翘舌。

普通话只有 song，没有 shong，所以，"松、竦、宋、诵、送、颂"等字只能是平舌。

ze 只有阳平，ce、se 只有去声。记住这一点，碰到能根据声调的对应判定 ze、zhe 不是阳平，ce、che、se、she 不是去声时，便可以马上断定它们都是翘舌音。如遮、者、车、扯、奢、蛇、舍等。

❸ **记少丢多**。普通话中翘舌音较多，平舌音较少。因此主要只记平舌音的字，大量的翘舌字就可以放心地发翘舌音了。

❹ **记翘舌音字**由于汉语方言中平、翘不分的地方，主要是 zh、ch、sh 混入 z、c、s。所以直接记翘舌音字也是一种区分平、翘舌字的好办法。可先记住一部分最常用的，如十、上、是、这、吃、穿等，使 z、zh 声母的字能有所区别，然后再扩大翘舌音字的数量和范围，最终实现区分平、翘舌字的目的。

2. 分辨尖音和团音

汉语传统音韵学将平舌音 z、c、s 与 i［i］、ü［y］的韵母拼合的音节叫尖音；舌面音 j、q、x 与 i［i］和 ü［y］或 i、ü 开头的韵母拼合的音节叫团音。普通话没有尖音，只有团音，所以普通话不分尖团音。一些方言中有尖、团音的分别，如郑州、青岛、苏州、株洲等地。这些地方的人学习普通话时，要注意把尖音改成团音。下列各组字，每组前一字不应读成尖音：

　　　　　际—计　　齐—其　　洗—喜　　焦—交
　　　　　笑—孝　　节—洁　　酒—九　　津—今

根据发音部位和方法，可以把普通话的 21 个辅音声母的发音特点归纳成普通话辅音声母发音表。下面对普通话的 21 个辅音声母的发音方法逐一加以说明。

（1）b、p 的发音。发 b 时，双唇闭合，软腭上升，堵塞鼻腔通道，然后气流冲破双唇的阻碍，声带不颤动，气流较弱。发 p 时，除气流较强外，其他发音特点都与 b 同。例如下列词语的声母：

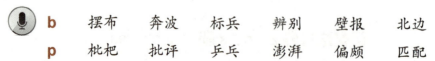

　　b　　摆布　　奔波　　标兵　　辨别　　壁报　　北边
　　p　　枇杷　　批评　　乒乓　　澎湃　　偏颇　　匹配

（2）m 的发音。发音时，双唇闭合，软腭下降，打开鼻腔通道，声带颤动，气流从鼻腔通过。例如下列词语的声母：

知识点2 声　母

　　m　　冒昧　　门面　　明媚　　命名　　买卖　　盲目

（3）f的发音。发音时，下唇接触或接近上齿，软腭上升堵塞鼻腔通道，然后气流从下唇和上齿之间的缝隙中通过，摩擦成声，声带不颤动。例如下列词语的声母：

　　f　　肺腑　　非凡　　芬芳　　丰富　　方法　　发福

（4）z、c的发音。发z时，舌尖与上齿背形成闭塞，软腭上升，堵塞鼻腔通道，紧接着松开舌尖阻碍的一道窄缝，然后气流从舌尖和上齿背之间的缝隙中挤出，摩擦成声，声带不颤动，气流较弱。发c时，除气流较强外，其他发音特点都与z同。例如下列词语的声母：

　　z　　宗族　　罪责　　自尊　　栽赃　　走卒　　枣子
　　c　　层次　　苍翠　　从此　　参差　　粗糙　　猜测

（5）s的发音。发音时，舌尖接近上齿背，形成一道缝隙，软腭上升，堵塞鼻腔通道，然后气流从舌尖和上齿背之间的缝隙中挤出，摩擦成声，声带不颤动。例如下列词语的声母：

　　s　　松散　　诉讼　　琐碎　　洒扫　　思索　　色素

（6）d、t的发音。发d时，舌尖抵住上齿龈，软腭上升，堵塞鼻腔通道，然后气流冲破舌尖的阻碍，声带不颤动，气流较弱。发t时，除气流较强外，其他发音特点都与d同。例如下列词语的声母：

　　d　　道德　　大胆　　等待　　奠定　　打断　　跌倒
　　t　　探讨　　淘汰　　天堂　　疼痛　　铁蹄　　妥帖

（7）n的发音。发音时，舌尖抵住上齿龈（在训练时，也让舌面前部靠住上齿龈），软腭下降，打开鼻腔通道，声带颤动，气流从鼻腔通过。例如下列词语的声母：

　　n　　男女　　农奴　　恼怒　　能耐　　奶牛　　泥泞

（8）l的发音。发音时，舌尖抵住上齿龈，软腭上升，堵塞鼻腔通道，然后声带颤动，气流从舌尖两边通过。例如下列词语的声母：

　　l　　劳累　　嘹亮　　拉拢　　冷落　　轮流　　领略

（9）zh、ch的发音。发zh时，舌尖上翘，接触硬腭前部，软腭上升，堵塞鼻腔通道，紧接着松开舌尖阻碍的一道窄缝，然后气流从舌尖和硬腭前部之间的缝隙中挤出，摩擦成声，声带不颤动，气流较弱。发ch时，除气流较强外，其他发音特点都与zh同。例如下列词语的声母：

第二章 拼音的基本结构

zh　　指针　　政治　　助长　　战争　　茁壮　　郑重
ch　　长城　　超产　　车床　　踌躇　　穿插　　驰骋

（10）sh、r 的发音。发 sh 时，舌尖上翘，接近硬腭前部，形成一道窄缝，软腭上升，堵塞鼻腔通道，然后气流从舌尖和硬腭前部之间的缝隙中挤出，摩擦成声，声带不颤动。发 r 时除声带颤动外，其他发音特点都与 sh 同。例如下列词语的声母：

sh　　沙石　　闪烁　　舒适　　神圣　　赏识　　生疏
r 　　仍然　　荣辱　　忍让　　如若　　柔软　　荏苒

（11）j、q 的发音。发 j 时，舌面前部接触硬腭前部，软腭上升，堵塞鼻腔通道，紧接着松开舌面前部阻碍的一道窄缝，然后气流从舌面前部和硬腭前部之间的缝隙中挤出，摩擦成声，声带不颤动，气流较弱。发 q 时，除气流较强外，其他发音特点都与 j 同。例如下列词语的声母：

j　　坚决　　经济　　家具　　军舰　　捷径　　阶级
q　　亲切　　全球　　欠缺　　群起　　情趣　　恰巧

（12）x 的发音。发音时，舌面前部接近硬腭前部，形成一道窄缝，软腭上升，堵塞鼻腔通道，然后气流从舌面前部和硬腭前部之间的缝隙中挤出，摩擦成声，声带不颤动。例如下列词语的声母：

x　　虚心　　小学　　现象　　新鲜　　宣泄　　星宿

（13）g、k 的发音。发 g 时，舌根（舌面后部）隆起，抵住软腭，软腭上升，堵塞鼻腔通道，然后气流冲破舌根的阻碍，声带不颤动，气流较弱。发 k 时，除气流较强外，其他发音特点都与 g 同。例如下列词语的声母：

g　　改革　　高贵　　拐棍　　灌溉　　巩固　　骨干
k　　可靠　　宽阔　　夸口　　慷慨　　坎坷　　刻苦

（14）h 的发音。发音时，舌根接近软腭，形成一道窄缝，软腭上升，堵塞鼻腔通道，然后气流从舌根和软腭之间的缝隙中挤出，摩擦成声，声带不颤动。例如下列词语的声母：

h　　好汉　　航海　　呼唤　　挥霍　　缓和　　花卉

除了以上 21 个辅音声母之外，普通话里还有一些音节没有辅音声母，如 ing、ang、ou 等，这类音节的声母，语音学上称为零声母。

3. 分辨 j、q、x 和 g、k、h

普通话中舌面音 j、q、x 和舌根音 g、k、h 是两组不同的声母。而在南方一些方言中

（如闽方言、粤方言、客家方言）却把普通话中一些 j、q、x 的字读成了 g、k、h。包括北方方言中的兰银官话和西南官话也在一定程度上存在着这类现象。如广州话（粤方言）、汉口话（西南官话）都把"间（jian）"说成 gan。

4. 分辨 zh、ch、sh 和 j、q、x

普通话中的舌尖后音 zh、ch、sh 中的一部分合口呼字，在一些方言区，如武汉话（西南官话）、长沙话（湘方言）念成 j、q、x。如把"准（zhun）""蠢（chun）""顺（shun）"分别说成 jun、qun、xun。有关地区要注意改读。

5. 分辨 h 和 f

普通话中的唇齿音 f 和舌根音 h 分得很清楚。我国南方湘、赣、客家、闽、粤等方言大都不能分清 f 和 h，北方方言的江淮官话、西南官话也不同程度地存在着类似现象。有的地方 f 与 h 分混的方式与普通话也有差异。多数地方是把部分 h 声母的字混入 f，如长沙话、南昌话、重庆话把合口呼的"湖"说成 fu；也有的地方把 f 混入 h，如厦门话、潮州话、湖北巴东话，把"飞""风"说成"灰""烘"。

这两个声母发音部位不同。分辨的重点应放在常用字的记忆上，弄清哪些字的声母是 f，哪些字的声母是 h。

比较下列几组词语的发音：

  仿佛—恍惚　　防风—黄昏　　花生—发生　　包饭—包换
　　　　　　会话—废话　　方地—荒地　　翻腾—欢腾　　公费—工会

6. 分辨 n 和 l

在汉语方言中，n、l 混读的现象相当普遍。如西南官话的大部分（如成都话、汉口话）、江淮官话的部分（如扬州话、南京话）、兰银官话的部分（如兰州话）都存在这一现象。南方湘、赣、闽等方言也有大片 n、l 混读的地区，如长沙话常把"南、兰"都说成 nan，南昌话却把"南、兰"都说 lan，而在厦门话里，n、l 同被并入浊音声母［d］中去了。

分辨这两个声母的方法是：

（1）**把握发音要领**。这两个声母发音的主要差别是：发 n 时，气流从鼻腔通过；发 l 时，气流从舌头两边出来。

（2）**记住一部分 n、l 声母的字**。汉语普通话中，鼻音 n 的字很少，边音 l 的字比较多。因此，只记常用的鼻音字比较省事，其余一般为 l 声母的字。常用的鼻音 n 的字可以分成两类记忆：

一类是能用声旁类推的。例如：

第二章 拼音的基本结构

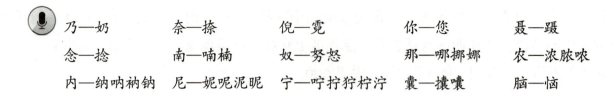

乃—奶　　　奈—捺　　　倪—霓　　　你—您　　　聂—蹑
念—捻　　　南—喃楠　　奴—努怒　　那—哪挪娜　农—浓脓哝
内—纳呐衲钠　尼—妮呢泥昵　宁—咛拧狞柠泞　囊—攮囔　脑—恼

另一类是不能类推的。例如：

男、女、牛、闹、拗、耐、尿、溺、凝、馁、挠、难、能、
弄、拟、年、腻、逆、暖、嫩、碾、黏、孽、娘、酿、拿等。

7. 分辨送气音和不送气音

普通话声母里有不送气音6个：b、d、g、z、zh、j；送气音6个：p、t、k、c、ch、q。各地方言中也有送气与不送气的对立，但归属不太一致。有些方言中把普通话的一部分不送气音念成了送气音，如广东梅县话把"部（bu）"念成pu，把"道（dao）"念成tao；福建长汀话把"在（zai）"念成cai，把"坐（zuo）"念成cuo；南昌话把"跪（gui）"念成kui，把"轴（zhou）"念成cou。有些方言中把普通话的一部分送气音念成了不送气音，如海口话。有类似情况的人，应熟记有关的字。

8. 分辨清音和浊音

普通话中浊辅音声母只有 m、n、l、r 这4个。但在有些方言中，如吴方言和湘方言中还保留着中古汉语的一些浊辅音，即有一套与清声母 b、d、g、zh、z、s 等相配的浊声母。如苏州话中"拜"（中古清声母"帮"）与"败"（中古浊声母"并"）有别，"冻"（中古清声母"端"）与"洞"（中古浊声母"定"）有别。这些方言区的人说普通话，就要把后边的浊声母字改成相应的清声母字。平声字一般要改读成送气清声母，念阳平；仄声字一般要改成不送气声母，念去声。

> **讨论**
>
> 请区分一下 j、q、x 和 b、p 两组字母发音的不同。

四、强化训练

1. 双唇音

（1）字的训练：　　b—把；

　　　　　　　　　　p—趴；

　　　　　　　　　　m—妈。

知识点2 声 母

（2）词的训练： b—标兵；

p—批判；

m—门面。

（3）绕口令： 八百标兵奔北坡，

炮兵并排北边跑，

炮兵怕把标兵碰，

标兵怕碰炮兵炮。

2. 唇齿音

（1）字的训练： f—发；

（2）词的训练： f—方法。

（3）绕口令： 化肥会挥发，

黑化肥发灰，灰化肥发黑。

黑化肥发灰会挥发；灰化肥挥发会发黑。

黑化肥发灰挥发会花飞；灰化肥挥发发黑会飞花。

3. 舌尖音

（1）字的训练： d—搭；

t—他；

n—哪；

l—拉。

（2）词的训练： d—担当；

t—贪图；

n—男女；

l—流利。

（3）绕口令： 调到敌岛打特盗，

特盗大力投短刀，

挡推顶打短刀掉，

踏盗得力盗打倒。

第二章　拼音的基本结构

4. 舌根音

(1) 字的训练：　　g—哥；

　　　　　　　　　k—科；

　　　　　　　　　h—喝。

(2) 词的训练：　　g—观光；

　　　　　　　　　k—刻苦；

　　　　　　　　　h—荷花。

(3) 绕口令：　　　哥哥过河捉个鸽，

　　　　　　　　　回家割鸽来请客，

　　　　　　　　　客人吃鸽称鸽肉，

　　　　　　　　　哥哥请客乐呵呵。

5. 舌面音

(1) 字的训练：　　j—加；

　　　　　　　　　q—千；

　　　　　　　　　x—香。

(2) 词的训练：　　j—进军；

　　　　　　　　　q—请求；

　　　　　　　　　x—详细。

(3) 绕口令：　　　七加一，七减一，

　　　　　　　　　加完减完等于几？

　　　　　　　　　七加一，七减一，

　　　　　　　　　加完减完还是七。

6. 翘舌音

(1) 字的训练：　　zh—知；

　　　　　　　　　ch—吃；

　　　　　　　　　sh—湿；

　　　　　　　　　r—日。

（2）词的训练：　　　zh—政治；

　　　　　　　　　　　ch—车床；

　　　　　　　　　　　sh—上山；

　　　　　　　　　　　r—仍然。

（3）绕口令：　　　　史老师讲时事，

　　　　　　　　　　　常学时事长知识，

　　　　　　　　　　　时事学习看报纸，

　　　　　　　　　　　报纸登的是天下事，

　　　　　　　　　　　常看报纸要多思，

　　　　　　　　　　　心里装着天下事。

7. 舌尖前音

（1）字的训练：　　　z—载；

　　　　　　　　　　　c—猜；

　　　　　　　　　　　s—三。

（2）词的训练：　　　z—自在；

　　　　　　　　　　　c—草丛。

　　　　　　　　　　　s—思索。

（3）绕口令：　　　　早晨早早起，

　　　　　　　　　　　早起做早操，

　　　　　　　　　　　人人做早操，

　　　　　　　　　　　做操身体好。

第二章 拼音的基本结构

知识点 3 韵母

韵母是指音节后面的辅音和元音。**普通话共有 39 个韵母：**a、o、e、i、u、ü、ê、-i（前）、-i（后）、er；ai、ei、ao、ou、uai、uei、iao、iou、ia、ie、ua、uo、üe；an、ian、uan、üan、en、uen、in、ün、ang、iang、uang、eng、ueng、ong、iong、ing。韵母按音素组成的不同情况，可以分为单韵母、复韵母、鼻韵母三类。单韵母是由一个元音构成的韵母，共 10 个，其中 7 个是舌面元音：a、o、e、i、u、ü、ê；2 个是舌尖元音：-i（前）、-i（后）；1 个是卷舌韵母：er。舌面元音发音时，舌面节制气流；舌尖元音发音时，舌尖节制气流；卷舌韵母发音时，舌面舌尖同时节制气流。复韵母是由两个或三个元音构成的韵母，共 13 个，其中 4 个是前响复韵母：ai、ei、ao、ou；4 个是中响复韵母：uai、uei、iao、iou；5 个是后响复韵母：ia、ie、ua、uo、üe。鼻韵母是由元音带上鼻辅音构成的韵母，共 16 个，其中 8 个是前鼻音韵母：an、ian、uan、üan、en、uen、in、ün；8 个是后鼻音韵母：ang、iang、uang、eng、ueng、ong、iong、ing。

你知道吗

什么是"四呼"

根据韵母开头元音的发音性质，可以把韵母分成开口呼、齐齿呼、合口呼、撮口呼四类，简称"四呼"。

开口呼：不是 i、u、ü 或不以 i、u、ü 起头的韵母属于开口呼。

齐齿呼：i 或以 i 起头的韵母属于齐齿呼。

合口呼：u 或以 u 起头的韵母属于合口呼。

撮口呼：ü 或以 ü 起头的韵母属于撮口呼。

判定"四呼"，不能以韵母开头字母的书写形式为依据，而要以韵母的实际发音为依据。"四呼"分类更深层次的原因是声韵拼合规律。也就是说，同呼的韵母，它们的拼合规律是大致相同的。比如，开口呼可与 b、p、m、f 相拼，合口呼（除 u 以外）不与 b、p、m、f 相拼。例如，韵母分类总表中的 ong 不归入开口呼，而归入了合口呼，是因为它的实际发音是 [un]；iong 不归入齐齿呼，而归入了撮口呼，是因为它的实际发音是 [yn]。

知识点3　韵　母

> 再如两个开口呼韵母舌尖前元音 -i（前）和舌尖后元音 -i（后）不能归入齐齿呼，也是以实际发音的口形为依据的。

一、单韵母

由一个元音构成的韵母叫单韵母，又叫单元音韵母。单元音韵母发音的特点是自始至终口形不变，舌位不移动。普通话中单元音韵母共有十个：a、o、e、ê、i、u、ü、-i（前）、-i（后）、er。

1. 舌面元音

a 发音时，口腔大开，舌头前伸，舌位低，舌头居中，嘴唇呈自然状态。如"沙发""打靶"的韵母。

o 发音时，口腔半合，舌位半高，舌头后缩，嘴唇拢圆。如"波""泼"的韵母。

e 发音时，状况大体像 o，只是双唇自然展开成扁形。如"歌""苛""喝"的韵母。

ê 发音时，口腔半开，舌位半低，舌头前伸，舌尖抵住下齿背，嘴角向两边自然展开，唇形不圆。如"鹅"的读音。在普通话里，ê 很少单独使用，经常出现在 i、ü 的后面，在 i、ü 后面时，书写要省去符号"^"。

i 发音时，口腔开度很小，舌头前伸，前舌面上升接近硬腭，气流通路狭窄，但不发生摩擦，嘴角向两边展开，呈扁平状。如"低""体"的韵母。

u 发音时，口腔开度很小，舌头后缩，后舌面上升接近硬腭，气流通路狭窄，但不发生摩擦，嘴唇拢圆成一小孔。如"图书""互助"的韵母。

ü 发音时，口腔开度很小，舌头前伸，前舌面上升接近硬腭，但气流通过时不发生摩擦，嘴唇拢圆成一小孔。发音情况和 i 基本相同，区别是 ü 嘴唇是圆的，i 嘴唇是扁的。如"语句""盱眙"的韵母。

2. 舌尖元音

-i（前）发音时，舌尖前伸，对着上齿背形成狭窄的通道，气流通过不发生摩擦，嘴唇向两边展开。用普通话念"私"并延长，字音后面的部分便是 -i（前）。这个韵母只跟 z、c、s 配合，不和任何其他声母相拼，也不能自成音节。如"资""此""思"的韵母。

-i（后）发音时，舌尖上翘，对着硬腭形成狭窄的通道，气流通过不发生摩擦，嘴角向两边展开。用普通话念"师"并延长，字音后面的部分便是 -i（后）。这个韵母只跟 zh、

第二章　拼音的基本结构

ch、sh、r 配合，不与其他声母相拼，也不能自成音节。如"知""吃""诗"的韵母。

3. 卷舌元音

er 发音时，口腔半开，开口度比 ê 略小，舌位居中，稍后缩，唇形不圆。在发 e 的同时，舌尖向硬腭轻轻卷起，不是先发 e，然后卷舌，而是发 e 的同时舌尖卷起。"er"中的 r 不代表音素，只是表示卷舌动作的符号。er 只能自成音节，不和任何声母相拼。如"儿""耳""二"字的韵母。

二、复韵母

复韵母的发音，舌位、唇形都有变化，即由一个元音向另一个元音的发音过渡。在过渡中，舌位、开口度、唇形等是逐渐变化的，同时气流要连贯，发音要形成一个整体。

> **讨论**
>
> 请列举出你所知道的复韵母。

韵腹是一个韵母的主干。复韵母的发音以韵腹为中心，根据韵腹在韵母中的位置，可以把复韵母分为前响、后响和中响三类。前响和后响都是二合的，中响是三合的。

1. 前响复元音韵母

其发音的共同特点是：开头的元音开口度大，收尾的元音开口度小，舌位由低向高滑动。开头的元音响亮清晰，收尾的元音轻短模糊。

例如：

ai	海带	折台	拍卖	采摘
ei	蓓蕾	配备	肥美	黑煤
ao	操劳	宝刀	骚扰	懊恼
ou	收购	丑陋	抖擞	绸缪

2. 后响复元音韵母

其发音的共同特点是：开头的元音开口度小，收尾的元音开口度大，舌位由高向低滑动。开头的元音音素不太响亮，比较短促，收尾的元音音素响亮清晰，舌位移动的终点是确定的。

例如：

知识点3　韵　母

ia	假牙	压价	夏家	恰恰
ie	贴切	结业	借鞋	谢谢
ua	挂花	耍滑	娃娃	呱呱
uo	硕果	阔绰	懦弱	蹉跎
üe	决绝	绝学	雀跃	约略

3. 中响复元音韵母

其发音的共同特点是：舌位从高向低滑动，再由低向高滑动，前后的元音都比较短促模糊，中间的元音响亮清晰。

例如：

iao	逍遥	巧妙	调料	缥缈
iou	悠久	优秀	求救	牛油
uai	外快	摔坏	怀揣	乖乖
uei	追随	摧毁	荟萃	愧悔

三、鼻韵母

鼻韵母发音时，发音器官由元音的舌位向鼻辅音的舌位逐渐移动，鼻音成分逐渐增加，最后完全变成鼻音。

1. 前鼻音韵母

韵尾 n 与声母 n 发音基本一致，所不同的是，作韵尾时，n 除阻碍气流阶段不发音外，舌尖（或舌尖的舌面部位）抵住上齿龈后，不是很快离开上齿龈，而是让这个动作成为整个韵母发音的收尾动作。

例如：

an	展览	谈判	参赞	烂漫
en	根本	沉闷	人参	愤恨
in	信心	辛勤	引进	濒临

33

第二章　拼音的基本结构

ün	均匀	军训	逡巡	醺醺
ian	惦念	简便	先天	前线
uan	贯穿	婉转	专款	软缎
uen	温存	论文	春笋	温顺
uan	全权	源泉	轩辕	圆圈

2. 后鼻音韵母

前鼻音韵尾 n 与后鼻音韵尾 ng 发音的主要差别在于阻碍气流的部位一前一后。前鼻音韵尾 n 是舌尖（或舌面前部）抵住上齿龈，后鼻音韵尾是舌根后缩抵住软腭。如"沾"与"张"的韵尾不同。普通话中辅音 ng 一般不作声母，只作韵尾。

例如：

ang	沧桑	帮忙	上访	螳螂
eng	整风	更生	逞能	丰盛
ing	宁静	评定	倾听	经营
ong	冲动	红松	总统	从容
iong	汹涌	穷凶	炯炯	熊熊
iang	想象	粮饷	强将	襄阳
uang	狂妄	状况	双簧	矿床
ueng	翁	嗡	蓊	瓮

四、发音练习

1. 单韵母字词训练

a

单音节	阿 巴 叭 妈 发 搭 他 拉 嘎 喀 哈 扎
双音节	发达　打靶　喇叭　砝码　大妈　哈达　爸爸　拉萨
四音节	八面玲珑　跋山涉水　茶余饭后　大有作为　大智若愚　飒爽英姿　马不停蹄

知识点3　韵　母

o

单音节	噢　泼　播　摸　佛　坡　破　博　勃　叵　摩　婆　迫　膜
双音节	薄膜　磨破　伯伯　婆婆　默默　菠萝　薄弱　破获　萝卜
四音节	莫名其妙　莫逆之交　默默无闻　模棱两可　博学多才　迫在眉睫　破涕为笑　破釜沉舟　迫不及待　博闻强记

e

单音节	哥　渴　喝　遮　车　奢　热　瑟　德　鹅　乐
双音节	特赦　折合　特色　客车　色泽　割舍　合格　苛刻　隔阂
四音节	责无旁贷　克己奉公　得心应手　歌舞升平　可歌可泣　和盘托出　和颜悦色　何乐不为　何去何从　隔岸观火　革故鼎新　各行其是

i

单音节	衣　戏　笔　器　稀　泥　低　比　鼻　批　梯　基　西
双音节	笔记　地理　机器　激励　霹雳　袭击　离奇　立即　秘密
四音节	立竿见影　地大物博　一技之长　避难就易　比比皆是　疲于奔命　低声下气　鸡犬不宁　疾言厉色　岌岌可危　急中生智　急起直追　济济一堂　既往不咎

u

单音节	布　促　出　肚　服　姑　苦　入　路　宿　主　突　祖
双音节	突出　互助　图书　出路　读书　糊涂　出租　孤独　补助　粗鲁
四音节	不共戴天　不动声色　不亦乐乎　不速之客　不在话下　不伦不类　不谋而合　不鸣则已　不劳而获　出类拔萃　顾此失彼　入情入理　如梦初醒

ü

单音节	迂　女　吕　虚　屈　居　拘　菊　巨　据　剧　取　鞠
双音节	沮丧　聚集　聚居　莴苣　语句　区域　豫剧
四音节	举目无亲　举棋不定　举世无双　举一反三　局促不安　据理力争　聚精会神　屈指可数　曲尽其妙　旭日东升　嘘寒问暖　虚有其表　与世无争

er

单音节	儿　耳　二　尔　而
双音节	儿女　而且　耳朵　儿戏　二十　二胡　儿童　尔后　耳语
四音节	耳目一新　耳濡目染　耳听八方　耳熟能详　耳闻目睹　接二连三　出尔反尔　取而代之

第二章　拼音的基本结构

2. 复韵母语音训练

ai

单音节	白　拍　买　柴　开　来　摘　该　海　拆　灾　晒　菜　载
双音节	彩排　开采　买卖　灾害　海带　白菜　晒台　拍卖
四音节	爱莫能助　爱屋及乌　塞翁失马　爱憎分明　拍手称快　开诚布公　开门见山　开天辟地

ei

单音节	杯　胚　内　非　贼　黑　北　累　飞　贝　媚　给
双音节	配备　肥美　蓓蕾　黑煤　妹妹　背煤　北美
四音节	黑白分明　飞黄腾达　飞沙走石　飞扬跋扈　费尽心机　悲欢离合　杯弓蛇影　背道而驰　背井离乡

ao

单音节	包　抛　猫　刀　掏　脑　老　考　绕　高　熬　耗　招　抄　烧　操　骚
双音节	报告　高潮　逃跑　高考　早操　号召　照抄　劳保
四音节	老而无功　老成持重　老生常谈　老态龙钟　报仇雪恨　草草了事　草木皆兵　操之过急　稍胜一筹　少见多怪　少年老成

ou

单音节	凑　搜　邹　柔　抽　收　舟　侯　沟　扣　偷　楼　兜　否　谋　欧　斗
双音节	收购　抖擞　欧洲　喉头　口头　丑陋　豆蔻　走漏
四音节	心口如一　一筹莫展　踌躇不前　臭名远扬　手疾眼快　手舞足蹈

ia

单音节	俩　家　恰　瞎　嗲　呀　甲　压　下　峡　哑　虾
双音节	假牙　加价　夏家　恰恰　下车
四音节	驾轻就熟　嫁祸于人　价值连城　物美价廉

ie

单音节	爹　铁　列　耶　些　贴　聂　茄　洁　别　撇　灭　斜　借
双音节	贴切　借鞋　结业　斜街　姐姐　节烈　铁鞋　谢谢　结节
四音节	铁面无私　别出心裁　锲而不舍　喋喋不休

ua

单音节	夸　挂　花　抓　蛙　刷　华　瓜　垮　耍　剐
双音节	花袜　耍滑　挂花　娃娃　瓜分　挂画　刷牙
四音节	画龙点睛　抓耳挠腮　华而不实　花好月圆　哗众取宠　夸夸其谈　寡见少闻　瓜田李下

知识点3　韵　母

uo

单音节	多　托　罗　郭　过　妥　垛　窝　阔　所　错　昨　说
双音节	着落　蹉跎　哆嗦　过错　没落　错过　活泼　硕果　夺取
四音节	脱颖而出　如火如荼　如获至宝　落井下石　落落大方　络绎不绝　脱口而出　过河拆桥　过目成诵　胡作非为　缩手缩脚　多多益善　多快好省　多愁善感

ue

单音节	决　缺　掠　虐　靴　雪　约　略　薛　岳　阅　月
双音节	月缺　乐章　悦耳　雪夜　学界　决策　跃进　月亮
四音节	绝无仅有　却之不恭　略胜一筹　血气方刚　血肉横飞　血肉相连

iao

单音节	飘　秒　挑　刁　交　巧　小　表　跳　敲　笑　叫
双音节	巧妙　苗条　逍遥　小鸟　教条　脚镣　娇小　吊桥　疗效　缥缈
四音节	表里如一　标新立异　雕虫小技　调兵遣将　交头接耳　焦头烂额　脚踏实地　挑肥拣瘦　跳梁小丑

iu

单音节	丢　牛　谬　刘　纠　秀　求　溜　修　优　秋　舅　扭　朽　久　有
双音节	绣球　牛油　悠久　舅舅　求救　优秀
四音节	丢卒保车　流芳百世　流连忘返　咎由自取　休戚与共　求全责备　救死扶伤　求同存异　袖手旁观　朽木粪土　有口皆碑　有声有色　有气无力　有始有终

uai

单音节	快　拽　揣　乖　槐　衰　怪　甩　拐　坏　踝　踹
双音节	怀揣　摔坏　乖乖　快拽　甩卖　率领　衰败　揣摩
四音节	拐弯抹角　快马加鞭　率由旧章　宽大为怀

ui

单音节	愧　规　推　堆　追　吹　悔　水　摧　嘴　威　回　退　悔　锤
双音节	回归　回味　摧毁　溃退　水位　翠微　垂危
四音节	对答如流　推陈出新　归心似箭　微乎其微　水乳交融　岁岁平安　灰心丧气　挥汗如雨　绘声绘色　回头是岸　回味无穷　威武不屈　危在旦夕

37

第二章　拼音的基本结构

3. 鼻韵母字词训练

an

单音节	三 散 山 兰 干 反 般 满 安 担 坎 寒 然 产 谗 餐 咱
双音节	汗衫 展览 散漫 漫谈 淡蓝 感染 反叛
四音节	安居乐业 暗箭伤人 按兵不动 暗送秋波 半信半疑 闪闪发光 昙花一现 三言两语 三位一体 攀龙附凤 磐石之固

en

单音节	恩 奔 本 喷 盆 门 芬 焚 阵 坟 粉 粪 跟 肯 痕 狠 疹 抻 尘 称 深 神 沈 肾 人 忍
双音节	深沉 认真 根本 愤恨 人参 振奋 分神 本分 审慎 沉闷
四音节	分门别类 耐人寻味 门户之见 门庭若市 分工合作 分秒必争 纷至沓来 奋不顾身 身不由己 身临其境

ian

单音节	烟 沿 眼 艳 扁 片 便 骗 棉 免 点 电 天
双音节	电线 简便 偏见 年限 鲜艳 牵连
四音节	年富力强 坚持不懈 颠沛流离 点石成金

in

单音节	音 阴 尹 印 滨 彬 拼 品 贫 民 抿 您 林 凛 赁 筋 仅 尽 紧 亲 芹 亲 琴 辛 信 寝 聘 吝 秦 谨 吟 引 薪 频 近 邻 敏 新 鬓 津 心
双音节	亲近 拼音 信心 濒临 尽心 亲信 殷勤 贫民 民心 音信 近亲 亲情
四音节	饮水思源 引人注目 引经据典 隐姓埋名 引古证今 彬彬有礼

uan

单音节	万 端 短 断 段 湍 团 暖 滦 乱 关 馆 贯 宽 款 环 欢 缓 焕 砖 转 川 喘 串 钻 算
双音节	贯穿 软缎 乱窜 专断 转弯 专款 转换 传唤 宦官 欢迎 专长 栓塞 软弱 钻石 团结 端正
四音节	欢天喜地 欢欣鼓舞 缓兵之计 官样文章 轩然大波 环环相扣 川流不息 穿云裂石 短兵相接 完璧归赵 管窥蠡测 宽大为怀 专心致志

38

知识点3 韵 母

uen

单音节	温 文 闻 稳 问 敦 盾 吞 屯 轮 棍 捆 昏 浑 谆 准 唇 蠢 吮 顺 润 存
双音节	春笋　馄饨　温顺　论文　温存　滚滚　吞吐　春色　村庄　困难　混淆　尊敬
四音节	茅塞顿开　浑然一体　混淆视听　温文尔雅　文过饰非　闻过则喜　滚瓜烂熟　寸草春晖　寸步不离　寸步难行　稳扎稳打

üan

单音节	员 全 卷 圈 宣 渊 远 原 娟 绢 犬 选 玄 楦 劝
双音节	源泉　圆圈　全权　渊源　愿望　捐献　劝说　宣传　选择　渲染
四音节	全力以赴　全神贯注　全心全意　卷土重来　鸡犬不宁　喧宾夺主　轩然大波　南辕北辙　怨天尤人　原封不动

ün

单音节	晕 云 允 蕴 孕 军 俊 群 裙 勋 熏 旬 寻 训 运
双音节	军训　均匀　云云　云雀　询问　熏陶　寻衅　运动　军队　功勋
四音节	循序渐进　寻根究底　群魔乱舞　群龙无首　运用自如　寻事生非　寻死觅活　寻章摘句　循规蹈矩　循名责实　循循善诱　训练有素

ang

单音节	昂 邦 帮 蚌 傍 乓 旁 胖 忙 蟒 方 妨 防 放 当 档 唐 躺 烫 狼 浪 刚 港 康 抗 厂 嗓 舱 脏 让 伤
双音节	长江　厂房　沧桑　帮忙　盎然　昂贵　肮脏　昂扬　烫伤
四音节	不卑不亢　不上不下　长歌当哭　长期共存　长生不老　胆大妄为　大张旗鼓　当机立断　当务之急

eng

单音节	崩 泵 蹦 捧 萌 盟 猛 孟 梦 风 丰 蜂 冯
双音节	风筝　猛增　更生　逞能　猛烈　增加　生产　丰收　丰盛　风声　鹏程
四音节	不成体统　不可胜数　不声不响　不胜枚举　成败利钝　成年累月　成人之美　承上启下　成竹在胸　乘人之危　称王称霸

ong

单音节	统 痛 浓 弄 龙 隆 功 公 巩 供 空 控 虹 哄 中 忠 种 重 崇 宠
双音节	笼罩　隆冬　洪钟　共同　隆重　苍龙　交通　农民　工作　中国　宗派
四音节	耸人听闻　洪水猛兽　百孔千疮　毕恭毕敬　博古通今　不动声色　不痛不痒　雕虫小技　动人心弦　功德无量　供过于求　来龙去脉　烘云托月　弄假成真　荣辱与共

39

第二章　拼音的基本结构

iang

单音节	央 秧 羊 养 恙 样 娘 酿 良 量 两 辆 江 讲 蒋 匠 腔 墙 抢 香 相 详 响 项 阳 凉 谅 强 乡 仰
双音节	想象　两样　向阳　将相　亮相　湘江　强将　像样
四音节	将功折罪　将错就错　将计就计　江河日下　量力而行　量入为出　两败俱伤　良药苦口

ing

单音节	英 丙 营 迎 影 映 硬 冰 饼 秉 病 平 瓶 名 明 命 敬 竟 净 静 青 轻 倾 靖 星 行 拼
双音节	宁静　倾听　晶莹　明星　英明　兵变　乒乓　聆听　青年
四音节	兵贵神速　兵荒马乱　冰清玉洁　并驾齐驱　听其自然　听天由命　明争暗斗　名不虚传　大庭广众　道听途说　倒行逆施　鼎鼎大名　顶天立地　定时炸弹　惊涛骇浪　惊天动地　兢兢业业　精打细算　井底之蛙　另眼相看　令人发指　萍水相逢　评头论足　平分秋色　情至义尽　应有尽有　应接不暇　迎头痛击

uang

单音节	汪 王 往 罔 旺 望 光 广 狂 况 荒 黄 幌 装 创 爽
双音节	状况　双簧　狂妄　黄光　双手　庄重　荒野　汪洋　往返　忘怀
四音节	痴心妄想　盖世无双　旷日持久　亡羊补牢　既往不咎　光怪陆离　望尘莫及　光可鉴人

ueng

单音节	翁 嗡 瓮 蓊
双音节	渔翁　老翁　嗡嗡　水蓊
四音节	瓮中捉鳖

iong

单音节	拥 庸 蛹 踊 迥 窘 穷 琼 凶 熊 勇
双音节	汹涌　熊熊　炯炯　穷困　兄长　雄壮　迥然　踊跃　永久
四音节	庸人自扰　穷则思变　用兵如神　汹涌澎湃

知识点 4 音 节

一、音节的组成

音节是听觉能感受到的最自然的语音单位，由一个或几个音素按一定规律组合而成。在普通话里，除个别情况外，一个汉字就是一个音节。

普通话音节由声母、韵母和声调三个部分构成，韵母内部又可分为韵头、韵腹、韵尾。

音节的结构特点

从《普通话音节结构表》可以看出，普通话音节结构有以下特点：

（1）每个音节最少要由三个成分组成，即声母、韵母、声调。它的声母可以是零声母，韵母中可以没有韵头、韵尾，但必须有韵腹。例如，"吴（ú）"由零声母、韵腹 u 和阳平声调组成。

（2）一个音节最多可以由五个成分组成，例如，"娟"（juān），由声母 j、韵头 ü、韵腹 a、韵尾 n 和阴平声调组成。

（3）音节中必须有元音因素，至少一个，最多有三个，而且连续排列，分别充当韵母的韵头、韵腹和韵尾。

（4）韵头只能由 i、u、ü 充当，韵尾由元音 i、o、u 或鼻辅音 n、ng 充当。各元音都能充当韵腹，当韵母不止一个元音时，由开口度较大、舌位较低、发音较响亮的元音充当韵腹。

（5）辅音音素只出现在音节的开头（作声母）或末尾（作韵尾），没有辅音连续排列的情况。

（6）单韵母（除舌尖韵母 -i 前、后外），腹韵母和鼻韵母（除 eng、ong 外）都能自成音节，其声母是零声母。

第二章 拼音的基本结构

二、普通话声韵配合规律

普通话音节有完整的系统。构成普通话音节的 21 个辅音声母和 39 个韵母，有机地拼合成 400 多个基本音节，加上 4 个声调的配合，则可组成 1 200 多个音节。普通话声韵调的配合，有一定的规律性，其中声母和韵母的拼合规律最为明显，主要表现在声母的发音部位和韵母的四呼关系上，依据这一关系，可将普通话声母和韵母的配合规律列成《普通话声韵配合关系表》（见下表）。

普通话声韵配合关系表

	开口呼	齐齿呼	合口呼	撮口呼
双唇音 b、p、m	有	有	有（只限 u）	无
唇齿音 f	有	无	有（只限 u）	无
舌尖中音 d、t	有	有	有	无
舌尖中音 n、l	有	有	有	有
舌根音 g、k、h	有	无	有	无
舌尖前音 z、c、s	有	无	有	无
舌尖后音 zh、ch、sh、r	有	无	有	无
舌面音 j、q、x	无	有	无	有
零声母	有	有	有	有

从表中可以归纳出普通话声韵配合的主要规律：

> ▶ **开口呼韵母**。除了不与舌面音 j、q、x 相拼外，能与其他各类声母相拼。
> ▶ **齐齿呼韵母**。不与唇齿音、舌根音、舌尖前音、舌尖后音相拼。
> ▶ **合口呼韵母**。不与舌面音 j、q、x 相拼，可以与其他各类声母相拼，但与双唇音和唇齿音相拼时，只限于单韵母 u。
> ▶ **撮口呼韵母**。只与舌尖中音 n、l 和舌面音 j、q、x 相拼，不与其他各类声母相拼。

上述四条规律中，凡属某类声母与某类韵母不能相拼的，概无例外；能相拼的，则并非指全部能相拼，还可以存在特殊情况。例如，一般来说，开口呼韵母能与舌面音以外的声母相拼，但其中的 ê、er 这两个韵母就不与任何辅音相拼，还有 -i（前）、-i（后）这两个韵母分别不与舌尖前、舌尖后以外的辅音声母相拼。

1. 什么是韵母？韵母共有多少个？请分别写出。
2. 简述单韵母的舌面元音、舌尖元音、卷舌元音的发音口形规则，并举例说明。
3. 简述鼻韵母的前鼻音韵母和后鼻音韵母的发音口形规则，并举例说明。
4. 找一位搭档，对下列词语进行发音练习。

　　注水　　出入　　初春　　树木　　刷洗
　　专业　　时间　　船夫　　主厨　　门栓
　　北漂　　拿来　　不便　　秘密　　让贤
　　层出不穷　　崇山峻岭　　投机取巧

5. 分别举例说明单韵母的舌面元音、舌尖元音、卷舌元音的发音口形规则。
6. 找一位同伴，对下列字词进行发音练习。

叉	沙发	煞有介事	墨	泼墨	博古通今	策	瑟瑟	刻骨铭心
地	起义	毕恭毕敬	木	扶助	不耻下问	鞠	序曲	举足轻重
洱	洱海	尔虞我诈	哀	拆台	哀鸿遍野	雷	贝类	废寝忘食
糟	报道	饱食终日	剖	漏斗	手忙脚乱	牙	假设	恰中下怀
瘪	趔趄	切磋琢磨	挖	抓紧	画饼充饥	若	作战	落花流水
学	约束	略见一斑	标	叫嚣	调虎离山	柳	妞妞	流言蜚语
脸	快乐	脍炙人口	虽	醉鬼	瑞雪丰年	占	难堪	半路出家
怎	本人	分道扬镳	面	减免	天造地设	劲	金银	引人入胜
酸	婉转	冠冕堂皇	村	昆仑	魂飞胆裂	眩	冤枉	旋乾转坤
匀	群体	群策群力	唱	当场	畅所欲言	封	乘风	瞠目结舌
孔	东西	不共戴天	降	强项	两全其美	柄	叮咛	病入膏肓
慌	光芒	狂风暴雨	胸	庸医	永垂不朽			

7. 音节构成的特点有哪些？

第三章

音 变

教学目标 ◀

通过对普通话中的语音变化——音变的讲解，使学生充分体会汉语拼音的发声、口形和气流变化，同时掌握标准、地道的普通话。

教学要求 ◀

认知： 音变现象较为特殊，但仍有一定的规律可循，应注重记忆和应用。
情感态度观念： 普通话的发音灵活不死板，掌握变音是学习口语技巧的基础。
运用： 准确吐字发音是学好普通话的条件，灵活运用音变是有效沟通的关键。

知识点 1 轻 声

一个音节在连续语流中互相影响，产生语音变化，这种语音变化叫音变。普通话的每个音节都有一定的声调。但在一定的语言环境中，有的音节失去原调，变成一种又轻又短的调子，这就是轻声。

轻声是音节连读时产生的一种音变现象，**轻声音节总是出现在其他音节后面，或是夹在词语中间，**一般不出现在一个词或句子的开头。所有的轻声音节都要失去它原来的调值，但是轻声音节在音的高低上又会受前面音节调值的影响而产生差异。一般情况下，前面的音节是上声，后面的轻声就稍高，例如，走着 zǒu zhe，紫的 zǐ de；前面的音节是阴平、阳平或去声，后面的轻声就低。

轻声使普通话语音变得更加丰富，有些轻声还具有区别词义或区分词性的作用。例如：

| 东西 | dōng xi（物体） | dōng xī（方向） |
| 厉害 | lì hài（名词） | lì hai（形容词） |

普通话语音有以下几种情况常读轻声：

▶ **结构助词**：的、地、得。例如：

　　　　我们的　　愉快地　　写得好

▶ **时态助词**：着、了、过。例如：

　　　　笑着　　哭了　　学过

▶ **语气助词**：吗、吧、啦、呀、嘛、哇、啊等。例如：

　　　好吗　　去吧　　行啦　　好啊

▶ **名词或代词的后缀**：子、头、们等。例如：

　　桌子　　石头　　他们

▶ **名词或代词的方位词**：上、下、里、边、面等。

例如：

　墙上　　地下　　家里　　左边

轻声是不是就是不发音？

第三章 音 变

▶ **动词或形容词后面的趋向动词**：来、去、起来、下去等。例如：

 　　　　进来　　出去　　站起来　　请进来

▶ **某些量词**：个、些、封等。例如：

 　　　　　　一个　　有些　　写封信

▶ **叠音词的第二个音节和重叠动词的第二、第四个音节**。例如：

 　　　　爸爸　　看看　　讨论讨论　　研究研究

▶ **作宾语的人称代词**：你、我、他。例如：

 　　　　　　请你　　叫我　　找他

▶ **口语中有一批双音节词第二个音节习惯上读轻声**。例如：

 　　　　　　　　葡萄　　玻璃

强化训练（一）

抽屉	胳膊	客气	功夫	脑袋	脾气	包袱	窗户
阔气	耳朵	亲戚	溜达	便宜	喇叭	亮堂	俏皮
惦记	桌子	故事	合同	妈妈	拳头	什么	他们
尾巴	衣服	月亮	外甥	新鲜	热闹	星星	扑克

知识点 2　变 调

音节连续发出时，有些音节的调值会发生变化，就是变调。普通话主要有上声的变调，"一""不"的变调和重叠式形容词的变调。

1. 上声的变调

（1）**两个上声字相连**。前面一个上声字变成阳平。例如：

　　　　　　　　　很好　　理想

（2）三个上声字相连。前面两个上声字变成阳平。例如：

演讲稿　　展览馆

（3）三个以上的上声字相连。按词或语气划分为两个或三个字一节，然后按照上述方法变调，例如：

我很 | 了解你。

请你 | 给我 | 着手 | 整理好。

（4）声在非上声（阴平、阳平、去声）。前变为半上（调值由214变为21）。例如：

北方　　火车　　满足　　朗读　　宝贵　　宇宙

（5）上声在轻声音节前。变成半上或近似阳平。

▶ 上声与本调是阴平、阳平、去声的轻声字相连，变为半上。例如：

比方　　讲究　　枕头　　老实　　口气　　脑袋

▶ 上声与本调是上声的轻声字相连，变为近似阳平。例如：

打手　　小姐

▶ 上声重叠表示亲属称谓的词，变为"半上+轻声"。例如：

姥姥　　姐姐

强化训练（二）

晃眼	口水	拇指	理解	鼓掌
广场	勇敢	彩礼	水桶	本领
老领导	洗脸水	好产品	手写体	
岂有此理	永远友好	辅导小组		
海军	祖宗	演出	许多	早操
脸盆	党员	伟人	羽毛	企鹅
法律	果树	解放	美术	宝贵

2. 重叠式形容词的变调

重叠式形容词的三种形式，即 aa 式、aBB 式和 aaBB 式。

第三章 音　变

（1）aa 式。一般不变调。例如，快快地、长长的。只有带儿化韵尾时第二个叠字才变成阴平。例如：

　　　　　　　　慢慢儿地　　暖暖儿的

（2）aBB 式。后面的两个叠字都变成阴平。例如：

　　　　　　　　热腾腾　　甜蜜蜜

（3）aaBB 式。第二个字变轻声，第三、第四个字变阴平。例如：

　　　　　　　　漂漂亮亮　　明明白白

上述几种重叠式形容词，如果念得缓慢而又清楚，不变调也可以。至于一部分书面语言中的重叠式形容词，则不能变调。

3. "一"的四种声调

▶ 单念，在词句末尾，表示序数、基数或后面跟着别的数词时，读本调阴平。例如：

　　　　　一　　始终如一　　第一　　一九九五年

▶ 在去声字前读阳平。例如：

　　　　　　　　　一定　　一切

▶ 在非去声字（阴平、阳平、上声）前，读去声。例如：

　　　　　　　一心　　一年　　一起

▶ 夹在重叠的词中间读轻声。例如：

　　　　　　　　看一看　　尝一尝

强化训练（三）

一天　　一群　　一笔　　一样　　一切　　一斤
一家　　一组　　想一想　　听一听　　试一试
一来二去　　一了百了　　一落千丈　　一脉相承
一毛不拔　　一劳永逸

4. "不"的三种声调

▶ 单念，在词句末尾或去声（阴平、阳平、上声）前读本调去声。例如：

不　　我决不　　不说　　不谈　　不写

▶ 在去声前读阳平。例如：

　　　　　　　　不错　　不看

▶ 夹在词语之间读轻声。例如：

　　　　　　　　信不信　　差不多

强化训练（四）

不去　　不想　　不看　　不行　　不惜　　不来
不要　　不忍　　说不定　　来不及　　买不起
不卑不亢　　不义之财　　不三不四　　不拘一格　　不伦不类　　不即不离

知识点 3　儿　化

在普通话里，卷舌元音 er 自成音节时，只有"儿、耳、而、饵、尔、二"等几个字。普通话的 er 可以同其他韵母结合起来（写成 r），构成卷舌韵母（儿化韵），这种现象就是儿化。

普通话的韵母除 er、ê 之外，都可以儿化。儿化韵里的 er 不能念成 er，只在前面韵母的元音上附加一个卷舌动作，是那个韵母带上卷舌的声音。例如：

　　　歌儿　　　　　　gēr　　　　　　花儿　　　　huār

1. 儿化的作用

（1）**区别词义**。例如：

　　　　头 tóu（脑袋）　　　头儿 tóur（领头的人）
　　　　后门 hòu mén（后面的门）　　后门儿 hòu ménr（非正当途径）

（2）**确定词性**。例如：

　　　　画 huà（动词）　　　画儿 huàr（名词）
　　　　破烂 pò làn（形容词）　　破烂儿 pò lànr（名词）

第三章 音 变

（3）表示细小、轻微的意思。例如：

小脸儿　　门缝儿　　树枝儿

慢慢儿走　　说说贴心话儿

（4）表示温婉的语感。例如：

山歌儿　　好玩儿　　女孩儿

2. "儿化韵"的发音变化规律

儿化韵的发音根据韵母卷舌的难易程度发生变化（详见下表《儿化韵发音变化规律表》）。卷舌顺利则不变，卷舌不便利甚至不能卷舌的，就要有相应的变化。但是儿化韵的拼写，只需在音节末尾加一个 r，不必表示出韵母实际读音的变化。

儿化韵发音变化规律表

原韵或尾音	儿化	实际读音
韵母或尾音是 a、o、e、u	不变，加 r	号码儿（hào mǎr）

（1）尾音是 a、o、e、u，加 r。例如：

花儿（huār）　　粉末儿（fěn mòr）　　书桌儿（shū zhuōr）
草帽儿（cǎo màor）　　麦苗儿（mài miáor）　　唱歌儿（chàng gēr）
眼珠儿（yǎn zhūr）　　小猴儿（xiǎo hóur）　　打球儿（dǎ qiúr）

（2）尾音是 i、n 丢 i 或 n，加 r。例如：

盖儿（gàr）　　一块儿（yí kuàr）　　刀背儿（dāo bèr）
味儿（wèr）　　心眼儿（xīn yǎr）　　弯儿（wār）
花园儿（huā yuár）　　窍门儿（qiào mér）

（3）尾音是 ng（ing 除外），丢 ng，加 r。例如：

电影儿（diàn yǐr）

帮忙儿（bāng már）元音鼻化

> 讨 论
>
> 除了书上列举的儿化例子，你能列出一些吗？

（4）韵母是 i、u，不变，加 er。例如：

玩意儿（wán yìer）　　毛驴儿（máo lǘer）

（5）韵母是 ui、in、un、ün，丢 i 或 n，加 er。例如：

麦穗儿（mài suèr）　　干劲儿（gàn jièr）
飞轮儿（fēi lúer）　　花裙儿（huā qúer）

（6）韵母是 ing，丢掉韵尾加鼻化。例如：

　　　　　　打鸣儿（dǎ míngr）

强化训练（五）

　　　　奔头儿　冰棍儿　大伙儿
　　　　刀把儿　电影儿　调号儿　
　　　　调门儿　粉末儿　兔儿

知识点 4　语气词"啊"的变化

"啊"用在语句末尾时，由于受前面音节末尾音素的影响，常发生不同的音变现象，主要有以下几种情况：

（1）前面的音素是 a o e ê i ü 时，读 ya，可写作"呀"。例如：

① 她怎么不回家呀？
② 怎么给我这么多呀？
③ 多漂亮的天鹅呀！
④ 那是谁的鞋呀？
⑤ 桂林的山真奇呀！
⑥ 会不会下雨呀？

（2）前面的音素是 u（包括 ao、iao）时，读 wa，可写作"哇"。例如：

① 她会不会跳舞哇？
② 这个小朋友真好哇！
③ 花篮做得多精巧哇！

（3）前面的音素是 n 时，读 na，可写作"哪"。例如：

① 投得真准哪！
② 你是哪里人哪？

第三章 音 变

（4）前面的音素是 ng 时，读 nga。例如：

① 河水真清啊！
② 大家唱歌啊！

（5）前面的音素是 -ǔ（后）、rǔer 或儿化韵时，读 ra。例如：

① 她真是一位好老师啊！
② 歌声多么悦耳啊！
③ 多可爱的小狗儿啊！

（6）前面的音素是 -i（前）时，读 za。例如：

① 要好好练字啊！
② 你可要三思啊！

强化训练（六）

朗读下列句子，注意"啊"的音变。

ia	你怎么还不回家呀（jiā ya）！
o	他是你大伯呀（bó ya）！
üe	好大的雪呀（xuě ya）！
ai	你发什么呆呀（dāi ya）！
uei	你看对不对呀（duì ya）！
ü	漓江的水真绿呀（lǜ ya）！
ou	这么多够不够哇（gòu wa）！
iou	这是什么酒哇（jiǔ wa）！
ao	实习老师对我们多好哇（hǎo wa）！
ian	这孩子真可怜哪（lián na）！
üan	你快点选哪（xuǎn na）！
eng	这几天真冷啊（lěng na）！
ong	电话打不通啊（tōng na）！
-i	办学要舍得投资啊（zī [za]）！
-i	要实事求是啊（shì ra）！
	明天是三月二十二啊（èr ra）！

52

知识点4　语气词"啊"的变化

1. 音变现象主要有哪几种?
2. 普通话语音常有哪几种常读轻声情况?请举例说明。
3. 儿化的作用有哪些?

第四章 朗 读

教学目标 ◀

通过朗读的训练,使学生既能充分挖掘作品蕴涵的思想,又能陶冶个人情操。在"普通话水平测试"中,朗读是对应试者普通话运用能力的一种综合检测形式。

教学要求 ◀

认知:应认识到朗读水平的提高,是个人表现力的提升。
情感态度观念:在对优秀作品的再塑造过程中,往往能品味出新的、不一样的感受。
运用:在日常朗读活动中,好的朗读者能感染现场气氛,甚至启发和鼓舞他人。

知识点 1 朗读的基本规范

普通话朗读是一门学问。它除了要求应试者忠于作品原貌，不添字、漏字、改字外，还要求朗读时在声母、韵母、声调、轻声、儿化、音变以及语句的表达方式等方面都符合普通话语音的规范。朗读一篇作品，如果连普通话都读不准确，甚至读错了，那就会影响听众对原文的理解，甚至会闹笑话。要使自己的朗读符合普通话的语音规范，必须在以下几方面下功夫：

1. 注意普通话和方言在语音上的差异

普通话和方言在语音上的差异，大多数的情况是有规律的。这种规律又有大的规律和小的规律，规律之中往往又包含一些例外，这些都要靠自己去总结。单是总结还不够，要多查字典和词典，要加强记忆，反复练习。在练习中，不仅要注意声韵调方面的差异，还要注意轻声词和儿化韵的学习。

2. 注意多音字的读音

一字多音是容易产生误读的重要原因之一，我们必须十分注意。多音字可以从两个方面去注意学习：第一类是意义不相同的多音字，要着重弄清它的各个不同的意义，从各个不同的意义去记住它的不同的读音；第二类是意义相同的多音字，要着重弄清它的不同的使用场合。这类多音字大多数情况是一个音使用场合"宽"，一个音使用场合"窄"，只要记住"窄"的就行。

3. 注意由字形相近或由偏旁类推引起的误读

由于字形相近而甲字张冠李戴地读成乙字，这种误读十分常见。由偏旁本身的读音或者由偏旁组成的较常用的字的读音，去类推一个生字的读音而引起的误读，也很常见。所谓"秀才认字读半边"，闹出笑话，就是指的这种误读。

4. 注意异读词的读音

普通话词汇中，有一部分词（或词中的语素），意义相同或基本相同，但在习惯上有两个或几个不同的读法，这些被称为"异读词"。

第四章 朗 读

你知道吗

普通话读音规范

为了规范普通话词汇的读音，国家于20世纪50年代就组织了"普通话审音委员会"对普通话异读词的读音进行了审定，历经几十年，几易其稿。1985年，国家公布了《普通话异读词审音表》（简称《审音表》），要求全国文教、出版、广播及其他部门、行业所涉及的普通话异读词的读音、标音，均以这个新的审音表为准。在使用《审音表》的时候，最好是对照着工具书（如《新华字典》《现代汉语词典》等）来看。先看某个字的全部读音、义项和用例，然后再看审音表中的读音和用例。比较以后，如发现两者有不合之处，一律以审音表为准。这样就达到了读音规范的目的。

作品的基调是指作品的基本情调，即作品的总的态度感情、总的色彩和分量。任何一篇作品，都会有一个统一完整的基调。朗读作品必须把握住作品的基调，因为作品的基调是一个整体概念，是层次、段落、语句中具体思想感情的综合表露。要把握好基调，必须深入分析、理解作品的思想内容，力求从作品的体裁、作品的主题、作品的结构、作品的语言，以及综合各种要素而形成的风格等方面入手，进行认真、充分和有效的解析，在此基础上，朗读者才能产生出真实的感情、鲜明的态度，产生出内在的、急于要表达的律动。只有经历这样一个复杂的过程，作品的思想才能成为朗读者的思想，作品的感情才能成为朗读者的感情，作品的语言表达才能成为朗读者要说的话。也只有经历这样一个复杂的过程，朗读者才能从作品的思想内容出发，把握住基调。无论读什么作品，这"案头上的工作"都不能少。

一、发音吐字要到位

1. 发音

发音的关键是嗓子的运用。朗读者的嗓音应该是柔和、动听和富于表现力的。为此，首先，要注意保护自己的嗓子，不要长期高声喊叫，也不要食用高温或过于辛辣的东西而刺激嗓子。其次，要注意提高自己对嗓音的控制和调节能力。声音的高低是由声带的松紧决定的，音量的大小则由发音时振动用力的大小来决定，朗读时不要自始至终高声大叫。再者，还要注意调节共鸣，这是使音色柔和、响亮、动听的重要技巧。人们发声的时候，气流通过声门，振动声带发出音波，经过口腔或鼻腔的共鸣，形成不同的音色。改变口腔或鼻腔的条件，音色就会大不相同。例如舌位靠前，共鸣腔浅，可使声音清脆；舌位靠后，共鸣腔深，可使声音洪亮刚强。

2. 吐字

吐字的技巧不仅关系到音节的清晰度，而且关系到声音的圆润、饱满。要吐字清楚，首先要熟练地掌握常用词语的标准音。朗读时，要熟悉每个音节声母、韵母、声调，按照它们的标准音来发音。其次要力求克服发音含糊、吐字不清的毛病：一是在声母的成阻阶段比较马虎，不大注意发音器官的准确部位；二是在韵母阶段不大注意口形和舌位；三是发音吐字速度太快，没有足够的时值。朗读跟平时说话不同，要使每个音节都让听众或考官听清楚，发音就要有一定力度和时值，每个音素都要到位。平时多练习绕口令就是为了练好吐字的基本功。

二、理解作品的思想内涵

首先要熟悉作品，从理性上把握作品的思想内容和精神实质。只有透彻的理解，才能有深切的感受，才能准确地掌握作品的情调与节奏，正确地表现作品的思想感情可以从以下几方面入手。

> - 了解作者当时的思想和作品的时代背景。
> - 深刻理解作品的主题，这是深刻理解作品的关键。
> - 根据不同作品不同基调的特点，熟悉作品的内容和结构。

对于抒情性作品，应着重熟悉其抒情线索和感情格调。对于叙事作品，应着重熟悉作品的情节与人物性格。对于论述文，需要通过逐段分析理解，抓住中心论点和各分论点，明确文章的论据和论述方法，或者抓住文章的说明次序和说明方法。总之，只有掌握了不同作品的特点，熟悉了作品的具体内容，才能准确地把握不同的朗读方法。

你知道吗

朗读设计方案

就是在深刻理解作品内容的基础上，设计如何通过语言具体形象地把原作的思想感情表达出来。

第四章　朗　读

> 1. 要根据不同文体、不同题材、不同语言风格，以及不同听众对象等因素，来确定朗读的基调。
> 2. 对整个作品的朗读方案应有总体考虑。例如作品中写景的地方怎么读，作品的高潮在什么地方，怎么安排快慢、高低、重音和停顿等。

三、富有感情的朗读

一篇课文假如能够被声情并茂、恰如其分地运用感情朗读，那么说明学生对课文已经理解了，不需要再做烦琐和不必要的分析。假如朗读一旦成为学生的快乐，那么阅读也随之被学生所深爱，成为他们无限的乐趣和不断的追求。因此有感情地朗读课文，这种感情不是外界强加给学生的，而是学生自悟、自得的。同学们要尽量入境、入情，充分体会课文的情感因素，并在动情的基础上，通过朗读表达出自己体会到的感情。

那么如何调动自己的情感，走进文中，入情入境，有感情地朗读呢？以下几种方法可供同学们参考。

1. 换位促读法

换位促读法就是创设情景，变换角色，让自己身临其境，以不同的身份来朗读课文。例如创设以下几种情景：

（1）我是"导游员"。这种方法可用于写景的课文。如同学们在阅读《花园果园》一文时，就可以创设这样的情景：在我们眼前的就是那山脚下漂亮的小乡村，是否去游览呢？那要看导游的本领了。我们要请导游来为我们做介绍，介绍词就是《花园果园》中的内容。

（2）我是"解说员"。这种方法适用于介绍性或叙述性的课文。如在阅读《画家乡》一文时，同学们就可创设这样的情境：今天展览馆的领导要来我们班招聘解说员，对解说员的素质要求是不仅能把要讲述的内容清楚流利地讲给听众，而且要有声有色，声情并茂。

（3）我是"故事大王"。这种方法适用于故事性较强的课文。如阅读《手捧空花盆的孩子》一文时，同学们就应将自己当成一个故事的讲述者进行朗诵。

（4）我是"诗人"。这种方法适用于诗歌体的课文。如阅读《柳树醒了》一文时，同学们就可以想象在满目翠绿的春天里，漫步郊外，寻找春天，在柳枝上找到了春天，想到春天是怎样来到柳枝上的，于是脱口而出做出了一首小诗。

类似这样的换位形式有许多，如"我是记者""我是播音员""我是主持人"……总之，根据不同的课文内容，可设计出不同的换位朗读方式。

2. 媒体促读法

多媒体直观生动的画面、悠扬舒缓的音乐，能唤起同学们无穷的乐趣，使他们进行配乐朗读，给动态的画面配音，听电脑里的卡通人物点评朗读效果。如朗诵《漂亮的小路》一课，在练习有感情朗读，理解课文时，就可采用给画面配音的方法。播放课文动画时，同学们可以对照课文给画面配音，能尝试一下做配音演员的乐趣，在轻松快乐中同学们读出了文中的美、文中的趣、文中的情。

3. 表演促读法和评选促读法

表演促读，就是通过表演的形式来加深对文章的理解，可充分挖掘学生的表演天赋，边表演边朗读。这不仅调动了学生的朗读爱好，而且培养了学生的创新意识。特别是对于故事性较强的一类文章，可采用此种方式在读中理解、在读中领悟。评选促读法是通过评比来加强朗诵能力的一种重要方式。

除上述方法外，关于激发学生朗读爱好的方法还有许多，如设疑促读法、角色促读法等。总之，在实际朗诵训练的时候，同学们可以不断地更换调味品，以不断获得新感觉，这样就能在朗读的过程中真正做到自读自悟、入情入境，通过朗读来表达自己体会到的情感。

知识点 2 朗读的表现方法

常用的基本表现方法有：节奏、语气、连停、重音。

一、节奏

节奏是指朗读过程中由声音的抑扬顿挫、轻重缓急而形成的回环往复的形式。常见的节奏类型大体有：

1. 舒缓型

这种节奏语速较缓，语势较平稳，声音轻柔而不着力，常常用来描绘幽静的场面和美丽的景色，也可以表现舒展的情怀。例如：

第四章 朗 读

🎙 大海上一片静寂。在我们的脚下，波浪轻轻吻着岩石，像朦朦胧胧欲睡似的。在平静的深谙的海面上，月光劈开了一款狭长的明亮的云汀，闪闪地颤动着，银鳞一般。

2. 强疾型

这种节奏语速较快，多扬少抑，声音强劲而有力，常用来表现紧张急迫的情形和抒发激越的情怀。例如：

🎙 在苍茫的大海上，狂风卷集着乌云。在乌云和大海之间，海燕像黑色的闪电，高傲地飞翔。一会儿翅膀碰着波浪，一会儿箭一般地直冲向乌云，它叫喊着，就在这勇敢的叫喊声里，乌云听出了欢乐。

3. 轻快型

这种节奏语速较快，多扬少抑，多轻少重，声轻不着力，词语密度大，有时有跳跃感。多用来描绘欢快、诙谐的情志。例如：

🎙 我爱看天上的一片云，那片白白的、会变的云。瞧它一会儿变成只小黄狗，摇着尾巴，追着太阳跑；一会儿变成只小灰羊，在草原上撒欢儿跳高。

4. 沉稳型

这种节奏语势沉缓，多抑少扬，多重少轻，音强而着力，词语密度疏，常用来表现庄重、肃穆的气氛和悲痛、抑郁的情感。例如：

🎙 灵车队，万众心相随。哭别总理心欲碎，八亿神州泪纷飞。红旗低垂，新华门前洒满泪。日理万机的总理啊，您今晚几时回？

以上四种节奏类型，只是大体的分类，每一种还可以再分小类，不再一一列举。在实际的朗读过程中，一篇作品的节奏不一定是单一的，往往随着内容情节的变化，节奏也会相应发生改变。因此在朗读过程中，节奏必须因文而异，切忌死板单一，一统到底。

> **讨论**
> 试说说四种不同的节奏分别表达什么样的感情。

二、语气

语气是体现朗诵者立场、态度、个性、情感、心境等起伏变化的语音形式，它是思想感情、词句篇章、语音形式的统一体。有了恰当的语气，才能讲出一连串声音符号，生动、正确地反映出朗诵者的本意。语气具有综合性，既包括声调、句调，还包括语势。在下面的声音技巧里面，我们会讲到，语气是多种多样的，朗诵时要根据表情达意的需要来选择语气。这里，我们从语言的基本单位——语句出发，以实际运用的角度来练习不同情况下的不同语气。

知识点2　朗读的表现方法

1. 从语句的句型来分

从语句的句型来分，有陈述句、疑问句、感叹句、祈使句四大类。因而在朗诵时，相应有陈述语气、疑问语气、感叹语气和祈使语气的区分。

我准备明天到北京出差。	这句话显然是个陈述句，读这句话，要用平铺直叙的陈述语气。
你怎么还没有去上班呀？	这句话是个疑问句，读这句话，要用疑惑不解、由衷发问的语气。
香港终于回到了祖国的怀抱！	这句话是感叹句，读这句话，要带有真实情感，用有感而发的感叹语气。
放下武器，把手举起来！	这句话是祈使句，读这句话，要声色俱厉，用命令这种祈使语气。

2. 从语句表情达意的内容来分

从语句表情达意的内容来分，有表意语气、表情语气、表态语气三种类型。

（1）**表意语气**。通过这种语气，向听众表达自己的意见、意思。用这种语气讲话，句子中通常有相应的语气词，它或者独立成小句，或用于小句末尾，或用于整个句子的末尾。如：

对此，你的意见如何呢？	（反问）
你真的事先一点也不知道吗？	（质问）
你不要一意孤行，执迷不悟啊！	（提醒）
排长，敌人上来了，打吧！	（催促）
您把那本书借给我看几天吧！	（请求）
站住！否则我就开枪啦！	（命令）
你上哪？	（询问）
你昨天怎么旷课啊？	（责备）

（2）**表情语气**。通过这种语气，向听众表达自己的某种情感。句子中通常也有相应的语气词。

哎呀，这下子可好了。	（喜悦）
他真是坏透了。	（愤恨）
这位才华横溢的作家死得太早了。	（叹息）
这一仗打得真漂亮啊！	（赞叹）
哦！我终于弄明白了。	（醒悟）
呸！你这个无耻的叛徒！	（鄙视）

（3）**表态语气**。通过这种语气，向听众表达自己的某种态度。句子中有时也用语气词。

他确实尽了最大的努力。	（肯定）
这件事恐怕难以办到。	（不肯定）
我不希望看到那样的结果。	（委婉）
你认为这样做行吗？	（商量）
这种意见是错误的。	（否定）

此外，从表达方式来说，又有叙述、描写、抒情、议论、说明等不同的方式，它们各自的语气也不一样。还有，从所表达的内容和其中蕴涵的表达者的思想感情来说，更是千差万别，因而所用语气的平转急缓、张弛高低也各不相同、变化万千。

三、停连

停连是指朗读语流中声音的中断和延续，是停顿和连接的合称。停连是一个过程。这个过程依次是句读—顿歇—停顿—停连。无论是从朗读者还是从听众方面来看，停连都是传达或接受作品时生理和心理的双重需要，其中心理需要起主导作用。

1. 停连的类型

停连的位置恰当才能取得良好的朗读效果，按位置分，停连一般有以下几种类型：

（1）**区分性停连**。这是对不按词语分隔、只有线性连写的汉字按语义进行创造性的划分和组合的停连类型，它使语义更清晰、更准确，不出现歧义和误解。如"闯王一边一个亲兵持枪而立"这句话，如果在"一边"的后面安排一个停顿，说明是一个亲兵；如果在"亲兵"后面停，就有两个亲兵。

（2）**呼应性停连**。这是指加强语句内在联系（如主谓关系、动宾关系等，尤其是长句子中"呼"和"应"距离较远时）的停连类型。如"他＾十六岁上大学，二十岁读研究生，二［十三岁参加工作。"一句（＾为停顿符号，［为连接符号），"他"为呼，"十六岁"等是应。

（3）**并列性停连**。这是指在作品中属于同等位置、同等关系、同等样式的词语之间的停顿及各成分内部的连接。如"一切都像刚睡醒的样子，欣欣然张开了眼。山＾朗润起来了，水＾涨起来了，太阳的脸＾红起来了。"

（4）**分合性停连**。这是指为突出内容综合和分述关系而作的停连。如"这些石刻狮子，有的母子相抱，有的交头接耳，有的像倾听水声，＾千态万状，惟妙惟肖。"三个"有的"是分述，"千态万状""惟妙惟肖"是综合，中间的停顿是分合性的。

（5）**强调性停连**。这是指为强调某一词语而在其前后安排的停顿和其他词语之间产生的连接。这其实是重音表达手段的一种。如"拂晓的时候，战斗＾开始了"。

（6）**判断性停连**。这是指为表现思索和判断的内容、过程、状态等所作的停连。如"床前明月光，疑是＾地上霜。"

（7）**转换性停连**。这是指为表现内容的转折和反差所安排的停连，停顿时间一般较长。如"你丢下自己的小孙孙，把伤员背进了防空洞。当你再回去抢救小孙孙的时候，＾房子＾已经炸平了。"

（8）**生理性停连**。这是指表现因生理变化而引起的停连，像哽咽、语噎、垂危时的叮咛，气喘吁吁的报告，人物的口吃等，可不拘标点，灵活处理，并注意神似，点到为止。如"他蓦地抽回手去，深深地吸了一口气，用尽所有的力气举起手来，直指着正北方向：'好，好同志……你……你……你把它＾带给'"。

（9）**回味性停连**。这是指让听众品味词语特殊含义的停连。如"年轻时读向秀的《思旧赋》，很怪他为什么刚开头却又煞了尾，现在＾我明白了。"

2. 停连的一般性处理方法

停连的处理对于出现在一句话说完的时候和出现在一句话还没有说完时，其方法是不同的。

（1）**句子收尾时**。在一句话说完的时候，停顿要和句子的收势结合起来。这种收音的具体形态有以下几类：

❶ **急收**。收音音节实在、简短、干脆利落，显出果断、急促、迅速。如"这以后的路，卢进勇走得特别快。＾天黑的时候，他追上了后卫部队。"

❷ **缓收**。收音舒缓、松弛，甚至可以字字延长，表现深厚隽永的情感。如"让你感到像是进了连绵不断的画卷，真是'舟行碧波上，人在画中游。'"

❸ **强收**。收音音节用力声大，一字千钧、坚定豪迈。如"我希望每个人都成为具有共产主义风格的人。"

❹ **弱收**。收音音节用力小些，平稳而安适。如"我们乘着木船，荡舟漓江，＾来观赏桂林的山水。"

（2）**句子未完时**。在一句话还没有说完时的句中出现了停连，既有上句的收，又有上句的起，具体形态有以下几类：

❶ **停前扬收**。停前音节上行，造成起伏和推进感。如"抬望眼，仰天长啸，＾壮怀激烈。"

第四章 朗 读

❷ **停前徐收**。停前音节稍稍拖长，造成欲断还连的效果，使听者有所期待。如"记得楼前是一片园林，不是山。这到底是＾什么幻景呢？"

❸ **停后缓起**。停顿以后，后半句的开头音节慢慢出口。如"一口口的米酒千万句话，＾长江大河起浪花"一句中，"长江大河"缓缓送出，显出壮阔、旷远。

❹ **停后突起**。停后急吸气、急发声、快吐字。如"他下意识地把手插进裤袋里，＾意外地，手指触到了一点黏黏的东西"一句中，"意外地"突起，显出突然性。

❺ **连接的缓急**。与停顿时间长短密切相关的，还有个连接的缓急问题。有停顿，但时间很短，即使有标点也稍顿即走。句子之间、段落之间也可酌情使用，造成积极行进、一往无前的紧张气氛和较强的动作感，这称为"停而紧连"。如"团长一声令下：'团旗！上！'我＾跃出战壕，高举红旗，向敌人的阵地＾冲上去。"有停顿，但在停顿的空隙里填上延长的音节、吸气声，也可屏息，与后面词语连为一体，产生一种震撼人心的深沉呼喊的效果，称为"停而缓连"。如"你的人民＾世世代代想念你！想念你啊～～～，想念你，～～～想～～～念～～～你～～～"其中的浪线，即前一音节韵尾的延长和气声填充的"缓连"，然后是一个短暂的停顿。

四、重音

重音是指朗诵、说话时句子里某些词语念得比较重的现象。一般用增加声音的强度来体现。重音有语法重音和感情重音两种。

1. 语法重音

在不表示什么特殊的思想和感情的情况下，根据语法结构的特点，而把句子的某些部分重读的，叫语法重音。语法重音的位置比较固定，常见的规律是：

> ▶ 一般短句子里的谓语部分常重读；
> ▶ 动词或形容词前的状语常重读；
> ▶ 动词后面有形容词，动词及部分词组充当的补语常重读；
> ▶ 名词前的定语常重读；
> ▶ 有些代词也常重读。

如果一句话里成分较多，重读也就不止一处，往往优先重读定语、状语、补语等连带成分。例如：

我们是怎样度过这惊涛骇浪的瞬息的!
快把那炉火烧得通红。

值得注意的是,**语法重音的强度并不十分强,只是同语句的其他部分相比较,读得比较重一些罢了。**

2. 感情重音

感情重音指的是为了表示某种特殊的感情和强调某种特殊意义而故意说得重一些的音,目的是引起听者注意自己所要强调的某个部分。语句在什么地方该用强调重音并没有固定的规律,而是受说话的环境、内容和感情支配的。同一句话,感情重音不同,表达的意思也往往不同,例如:

> **讨 论**
> 请举一些例子说明语法重音和感情重音的使用和功能。

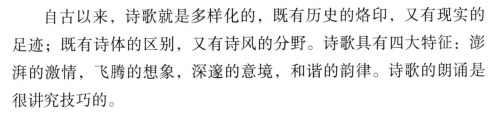

知识点 3 不同体裁作品的朗诵技巧

一、诗歌的朗诵

自古以来,诗歌就是多样化的,既有历史的烙印,又有现实的足迹;既有诗体的区别,又有诗风的分野。诗歌具有四大特征:澎湃的激情,飞腾的想象,深邃的意境,和谐的韵律。诗歌的朗诵是很讲究技巧的。

1. 格律诗朗诵

格律诗的格律是有严格要求的,但是由于声、韵、调的历史变迁,朗诵时不必拘泥于诗的格律的严格要求,而应在一定程度上冲破某些限制。朗诵格律诗应了解其以下特点:

(1)**字数一定**。五言、七言的绝句和律诗字数是一定的;宋词和元曲,有的要根据词牌填词,有的要根据曲牌作曲,字数也是一定的。

（2）语节一定。格律诗各句中词的疏密度大体相近。五言诗分为两个语节，即二、三格式。第一个语节可有延长音，第二个语节词密，后有停顿，不急促，又不必太拖。这样可以更好地展现意境，体味诗情，而且利于具体而灵活地处理。七言诗普遍地分为三个语节，即二、二、三格式，也有四、三的格式。语节特点的存在是格律诗的重要标志之一。朗诵时或断或连，或扩展或紧缩，要酌情灵活处理。例如：

春　晓

春眠｜不觉晓｜

处处｜闻啼鸟｜

夜来｜风雨声｜

花落｜知多少｜

（3）韵脚一定。没有韵脚就难称格律诗。格律诗中双句末的音节一般都是韵脚，第一句押韵的也较普遍。绝句、律诗等一般是一韵到底，古诗、乐府、歌行，有不少换韵的。词、曲大多也一韵到底。朗诵时必须给韵脚以呼应，在韵脚不是重音的诗句中也要适当地比其他音节读得响亮些。

（4）平仄一定。不同的格律诗有不同的格律，也就是包含着平仄问题。格律诗平仄相对应，语势就变得错落有致，节奏的抑扬就更加鲜明。在普通话中，平指汉语中的阴阳两个声调；仄指汉语中的上声、去声两个声调。古人作格律诗时，对平仄的要求相当严格，在朗诵时也非常重要。在五言诗中，第二、第四个字的平仄要求严格，七言诗中，"一三五不论，二四六分明"。

五言诗的平仄，如王之涣的《登鹳雀楼》：

　　白日依山尽，　　　　　　（平仄平平仄）

　　黄河入海流。　　　　　　（平平仄仄平）

　　欲穷千里目，　　　　　　（仄平平仄仄）

　　更上一层楼。　　　　　　（仄仄仄平平）

七言诗的平仄，如王昌龄的《出塞》：

　　秦时明月汉时关，　　　　（平平平仄仄平平）

　　万里长征人未还。　　　　（仄仄平平千仄平）

　　但使龙城飞将在，　　　　（仄仄平平平仄仄）

　　不教胡马度阴山。　　　　（平仄平仄仄平平）

（5）语无定势。格律诗有一定的规律可循，但是读好不易。要读出丰富的感情、深邃

知识点3　不同体裁作品的朗诵技巧

的意境，就要突破局限，读出变化来，读出个性来。要体会诗中的感情，读出诗歌的韵味。如苏轼的《江城子·乙卯正月二十日夜记梦》和《江城子·密州出猎》：

江城子
乙卯正月二十日夜记梦

十年生死两茫茫，不思量，自难忘。千里孤坟，无处话凄凉。纵使相逢应不识，尘满面，鬓如霜。夜来幽梦忽还乡。小轩窗，正梳妆。相顾无言，惟有泪千行。料得年年肠断处：明月夜，短松冈。

江城子
密州出猎

老夫聊发少年狂，左牵黄，右擎苍。锦帽貂裘，千骑卷平冈。为报倾城随太守，亲射虎，看孙郎。酒酣胸胆尚开张，鬓微霜，又何妨！持节云中，何日遣冯唐？会挽雕弓如满月，西北望，射天狼。

同是苏轼的词，一样的词牌名，然而表达的情感是不一样的。前者表现的是对已故妻子的深深怀念，朗诵时语速要慢，语调要低；后者表现的是苏轼豁达豪放的胸怀，朗诵时语速要快，语调要高昂。

2. 自由诗朗诵

（1）品味意境，由境抒情。不论是叙事诗、抒情诗还是讽刺诗，如果没有意境，就很难成为好诗。若表达不出意境，也就不算好的朗诵。无意境的朗诵，情浮意浅，无论声音怎样变化多端，也弥补不了这一根本的弱点。朗诵时尤其要注意那些句句比喻、处处象征的诗，万花筒般的变幻，往往使人眼花缭乱。

讨论

你认为朗诵最重要的一点是要把握好什么？

诗歌的语言极为凝练，在自由诗中显现出了万千气象。诗的语言具有跳跃性，更增加了诗的容量。如果不能把握跳跃中的内在联系，把一个个句子单摆浮搁地呈现给听者，意境当然就无从表达了。

（2）把握节奏，读出韵味。节奏是诗的生命，如果不把握节奏，那么就会只剩了"自由"而丢掉了"诗"。诗的韵味从节奏中来，自由诗朗诵的节奏，不但展现着意境美，而且显示着音韵美，诗味便如影随形地飘散出来。

3. 诗歌的背诵

朗诵诗歌的目的是加深对诗的体会，传达出诗的意蕴，给人以美感享受。

第四章 朗 读

（1）**要熟稔于胸**。全身心沉浸于诗的意境之中，让诗句在心中跳动，几欲脱口而出。无论是专业学习，还是业余爱好，多读、多背一些诗歌，实在是一种享受和陶冶情操，值得大力提倡。

（2）**要形于色**。眼、手、形、面部表情要准确传情达意，为表达原作服务。

（3）**要把精力花在理解作品、表达作品上**。我国是一个诗的国度，一般来说，千古传诵的佳作，都是脍炙人口的精品、特色鲜明的范本。要认真体会作品的内容，体会诗歌的意境，准确表达作品的思想内涵。

二、散文、记叙文、议论文和说明文的朗诵

散文分为许多种类，朗诵时要根据体裁的不同而区别对待。

散文具有线索清晰、立意具体、表达细腻、点染得体的特点。因此，朗诵散文时要把握作者的思想感情，确定文章的感情基调，捕捉文章的抒情线索。

记叙文是以记叙、描写为主要表达方式，兼以议论和抒情的文体，比较自然活泼，接近口语。朗诵时要注意层次分明，来龙去脉要交代清楚。语气要灵活生动，选择不同的语气进行表达，要富于变化，开头引人，结尾留有回味。

议论文以议论为主要表达方式，是用来分析事理、阐述观点的一种文体。问题要提得响亮清楚，论证要确凿有力，结论铿锵有力、掷地有声。

说明文是以解释说明为主要表达方式的文体。朗诵时应当客观清楚，以平朴质诚的语气，不加渲染地展现给听众，根据需要恰当地运用重音、停顿等技巧，以突出要说明的问题。

你知道吗

散文的朗诵技巧

朗诵散文时要注意以下问题：叙述要舒展，描写要实在，人物要写意化，声音要轻柔化。要注意文章的层次，把来龙去脉交代清楚。还要注意趣味性，语音要起伏跳跃。依据抒情的基调，确定朗诵声调的高低、语势的强弱、语速的快慢，这样才能恰到好处地传达出作品的思想感情。

知识点3　不同体裁作品的朗诵技巧

三、小说的朗诵

小说是综合运用语言艺术的各种表现手法，通过塑造人物形象，展开故事情节，描写具体环境来反映社会生活的一种文体。小说有情节，有人物，篇幅也较长，需调用多种技巧来朗诵。朗诵者的主要精力应放在刻画人物性格上，从外形与内心两方面去把握小说中的人物。朗诵的基调要尽量体现作者的题旨、志趣和文风。在朗诵人物对话时，要特别注意人物的个性、年龄、职业和当时的心理状态，语调要有区别，体现出人物的性格特征，但不要过分强调对话的表演性，要清楚我们朗诵的人物对话，是一种"转述"，而不是"扮演"。朗诵的任务就是告诉听众说了些什么，而不是怎样说的问题。所以在朗诵时，要有一定的声音造型，但绝不是扮演这个角色。

四、朗诵技巧示范

朗读下面的作品，注意各种朗读技巧的综合运用。

1.《乡愁》（余光中）

小时候
乡愁是一枚小小的邮票
我在这头
母亲在那头

长大后
乡愁是一张窄窄的船票
我在这头
新娘在那头

后来啊
乡愁是一方矮矮的坟墓
我在外头
母亲在里头

而现在
乡愁是一湾浅浅的海峡
我在这头
大陆在那头

第四章 朗 读

朗读建议：

（1）**注意感情**。作者将思乡、思国、渴望统一等几种感情糅合在一起，弥漫在诗歌的字里行间，朗读时应读出这种感情。

（2）**通篇语速应缓**。要注意停顿的处理，为更好地突出主题，应在"乡愁"后面做适当停顿，再接下面的比喻。而四个比喻的重音处理，应该放在"邮票""船票""坟墓"和"海峡"等词语上。

（3）**应变化有致**。表面看起来，四节诗差不多，其实不然：小时候不懂事，可适当低点处理；长大后懂事了，可适当快点、高点；第三段强烈思念妈妈，可慢点、高点处理；最后一句感情升华，是全诗感情的最高点，建议用重音慢读形式处理，以引人遐想。

2.《论美》（[英]培根）

美德好比宝石，它在朴素背景的衬托下反而更华丽。同样，一个打扮并不华贵却端庄严肃而有美德的人是令人肃然起敬的。

美貌的人并不都有其他方面的才能。因为造物者是吝啬的，他给了此就不再予彼。所以许多容颜俊秀的人却一无作为，他们过于追求外形美而放弃了内在美。但这话也不全对，因为奥古斯都、菲斯伯斯、菲力普王、爱德华四世、阿尔西巴底斯、伊斯梅尔等，都既是大丈夫，又是美男子。

仔细考究起来，形体之美要胜于颜色之美，而优雅行为之美又胜于形体之美。最高的美是画家所无法表现的，因为它是难于直观的。这是一种奇妙的美。曾经有两位画家——阿皮雷斯和丢勒滑稽地认为，可以按照几何比例，或者通过摄取不同人身上最美的特点，用画合成一张最完美的人像。其实像这样画出来的美人，恐怕只有画家本人喜欢。美是不能制订规范的，创造它的常常是机遇，而不是公式。有许多脸型，就它的部分看并不优美，但作为整体却非常动人。

有些老人显得很可爱，因为他们的作风优雅而美。拉丁谚语说过："晚秋的秋色是最美好的。"而尽管有的年轻人具有美貌，却由于缺乏优美的修养而不配得到赞美。

美犹如盛夏的水果，是容易腐烂而难保持的。世上有许多美人，她们有过放荡的青春，却迎受着愧悔的晚年。因此，把美的形貌与美的德行结合起来吧。只有这样，美才会放射出真正的光辉。

朗读建议：

（1）本文论述了作者对美的看法，论说性比较强，朗读时应该适当慢点，把作者的观点叙说清楚；朗读声音不用高，用较低较慢的处理，体现出娓娓而谈的讲理味道。

知识点3　不同体裁作品的朗诵技巧

（2）文章中牵涉很多人名，要注意重音的运用，把这些专有名词读清楚。

3.《半夜鸡叫》（高玉宝）

晚上，给周扒皮做活的伙计们从地里回来，都累得晃晃荡荡的。有的唉声叹气地说："困死我了！"有的骂起来："那公鸡真怪！每天晚上才睡着，它就叫了。鸡一叫，周扒皮就非喊咱们上山不可。到山上干了半天，天还不亮。"有的说："人家有钱，鸡也向着他。这真是命好哇。"刘万忠接过来说："什么命好命歹，为什么以前鸡叫得迟，现在叫得早呢？这里头一定有鬼。我非把那只公鸡打死不可。"为了多睡会儿觉，伙计们一吃完饭就躺下了。

玉宝这几天闹肚子，躺下没多久就起来去解手。他回来的时候，看见有个家伙手里拿根长木棍，轻手轻脚地走到鸡窝边。这是谁呢？晚上没有月亮，看不清脸面。玉宝心想："怕是来偷鸡的，我不吱声。有钱人的鸡，偷了活该。把鸡都偷走，就不能啼明了，我们还多睡会儿觉呢。"正想着，只见那人伸起脖子，用手捂住了鼻子。玉宝倒替他担起心来，心里说："小心点儿呀！叫周扒皮听见，把你抓起来就坏了。"玉宝怕惊动了偷鸡的人，就悄悄地在牛圈里藏了起来。谁知过了一会儿，喔喔喔！那人倒学公鸡啼起明来了。玉宝正在纳闷，只见那人直奔牛圈走来。玉宝连忙藏到草屋子里。那人走到牛槽边，划了根火柴，看看槽里有没有草，玉宝借火光一看："啊！原来是周扒皮。半夜三更鸡就叫，原来是老家伙搞的鬼！"周扒皮这一啼鸣不要紧，窝里的鸡叫唤起来，全屯的鸡也都叫唤起来。玉宝憋着一肚子气没敢吱声，周扒皮已经在破着喉咙喊："还不起来给我上山干活儿去？鸡都叫了！"说完，他自己回家睡觉去了。

玉宝走回屋一看，伙计们都气呼呼地说："才躺下鸡就叫了，这鸡真不叫鸡！"刘万忠问："不叫鸡叫什么？"伙计们说："叫催命鬼呗！我看这样干，再有几天就得累死。"玉宝心想："他们还不知道这是周扒皮搞的鬼呢！"就说："我可省事了，连衣服还没脱下来。"

大家披好衣服，扛着锄头上山。在路上，玉宝瞪着小黑眼珠，说："叔叔，你们再别骂鸡了。那不能怨鸡，该怨人啊。"大家奇怪地问："怎么回事？"玉宝就把周扒皮学鸡啼明的事全告诉了叔叔们。一听这话，伙计们火了，都气愤地说："半夜学鸡叫，这就是要扒我们的皮呀。"刘万忠气得瞪着眼睛，说："今天不干了，到地头睡觉去。"这个主意没有一个不同意的。走到了地头，大家放下锄头，打火抽了一袋烟，倒在地上就呼呼地睡了。人困得多厉害啊，那么大的雾水，湿了衣服，他们全都不知道。

伙计们躺在地头上睡得正香，忽然感到身上疼，就一骨碌爬起来。一看，周扒皮

第四章　朗　读

拿着棍子，正挨个儿狠狠地打他们。太阳出来有一人高了。周扒皮瞪着眼，说："你们吃我的饭，挣我的粮，就这样给我干活？今天上午不把这块地给我铲完，就别想吃饭。"回头对牛倌儿说："把饭给我担回去。"原来周扒皮早晨起来，见伙计们还没回家吃饭，他想："伙计们一定在给我干活呢，我何不叫人把饭给他们送去，叫他们在山上吃了，省得来回走耽误工夫，好多给我铲点儿地。"他就把放牛的老李头找来，给他担着饭往山上送。谁想一到山上，伙计们都在睡觉，一点儿活也没给他干。他叫老李头把饭担回去，又骂了一阵才气冲冲地回去了。

伙计们见周扒皮又打又骂，连饭都不给吃，有的要回去给他算账，有的当时就要回家。小丁干脆把锄头一扔，说："不干了，走！"刘万忠拉住他，问："往哪儿走？"小丁说："离开这个阎王殿，回家就是饿死也比在这儿强！"刘万忠说："日本鬼子和汉奸地主到处横行霸道，回家能有活路吗？再说，眼看秋收了，咱们这样一走，大半年的活就等于白干，正中了周扒皮的奸计。要走，也得想个办法治治这个活阎王再走。"

伙计们都沉思起来，想什么办法呢？玉宝坐在旁边想了一会儿，笑着说："叔叔，我有个办法，咱们大家出出气，把那老小子打一顿。"有人说："玉宝，你这孩子傻了怎的？人家有钱有势，儿子又当保长，咱们能动人家一下子吗？"玉宝说："叔叔，我没傻，保长不是说过，有贼必抓吗？"他笑着把自己的想法讲了一遍，又说："咱们就这么教训他一顿不好吗？"大家一听哈哈大笑起来，都说："好好，就这么办。"刘万忠笑道："这小家伙真有办法。"

过了两三天，伙计们把棍子全准备好了。吃完晚饭，把灯熄了，叫玉宝在门口偷看着。看了好一会儿，周扒皮蹑手蹑脚地出来了，刚到鸡窝门口，玉宝喊了声："有贼！"伙计们拿着棍子都跑出来，把周扒皮按倒就打。周扒皮说："别打呀，是我。"伙计们说："打的就是你！看你再来不来偷鸡！"玉宝跑到院子中间故意大声喊："保长啊，快起来，有贼啦！我们抓住一个偷鸡贼！"

保长这天晚上正好不在家，他老婆和儿子淘气在屋里听见了，慌慌忙忙地跑出来，说："别打了，他是老东家！"伙计们停住了手，说："老东家从没到鸡窝前边来过，为什么深更半夜的来捉鸡呢？快拿灯来看看。"淘气从屋里拿出灯来。大家一看，周扒皮好像山上的野鸡一样，顾头不顾腚，他头伸在鸡窝里，好像要吃鸡屎的样子。大家把他拉出来一看，满脸全是鸡屎，坐在那里直呼唤。伙计们满心高兴，又不好笑出来。刘万忠说："我们都当是贼呢？闹了半天是老东家，你为什么半夜来捉鸡呢？"周扒皮哭丧着脸，说："别提啦，我在屋里睡得迷迷糊糊的，也不知什么东西把我拉来了。"周扒皮倒霉丧气，一肚子的话说不出来。

知识点3　不同体裁作品的朗诵技巧

朗读建议：

（1）**本文主要讲述地主和长工的故事。**前半部分主要讲述地主残酷压迫长工，基调应沉重、愤懑，声音应较低，语速应稍慢。后半部分讲述长工们智斗地主，基调可适当轻快，声音提高，尤其是最后一段应读出解恨的痛快感。总的来说，声音处理是前低后高，前慢后快。

（2）**把握好小说的情节脉络。**按照故事情节的发展，全文主要可以分为三大部分来处理：第一部分（1~3自然段），玉宝发现周扒皮半夜学鸡叫逼长工下地劳动的事实，朗读时声音应低缓，有的应用气音；第二部分写长工们定计教训周扒皮，朗读时要用逐渐高昂的语调和逐步加快的速度来表现长工们觉醒的过程；第三部分写长工们教训周扒皮，要读得痛快淋漓。朗读时，应该注意段落间的停顿，灵活运用声音技巧，以清楚体现小说的结构层次。

（3）**要注意读好人物的对话。**不同人物，应用不同的声调处理：刘万忠觉悟较高，应用刚强有力的声音朗读；玉宝则应用稚嫩的声音，较快的语速读；其他长工则可根据说话的内容等灵活处理；打周扒皮时，长工们的话应读得高亢、响亮，让人听了拍手称快；周扒皮是反面人物，应用高而尖滑的声音、稍快的语速去表现。不过，他最后的倒霉话，应该用适当拉长的低音来表达。

五、强化训练

1. 诗词四首

蜀　相

杜　甫

蜀相祠堂何处寻，
锦官城外柏森森。
映阶碧草自春色，
隔叶黄鹂空好音。
三顾频烦天下计，
两朝开济老臣心。
出师未捷身先死，
长使英雄泪满襟。

第四章　朗　读

浪淘沙
李　煜

帘外雨潺潺，春意阑珊，罗衾不耐五更寒。梦里不知身是客，一晌贪欢。独自莫凭栏！无限江山，别时容易见时难。流水落花春去也，天上人间！

蝶恋花
苏　轼

花褪残红青杏小。燕子飞时，绿水人家绕。枝上柳绵吹又少，天涯何处无芳草！墙里秋千墙外道。墙外行人，墙里佳人笑。笑渐不闻声渐消，多情却被无情恼。

永遇乐
李清照

落日熔金，暮云合璧，人在何处？染柳烟浓，吹梅笛怨，春意知几许？元宵佳节，融和天气，次第岂无风雨？来相召，香车宝马，谢他酒朋诗侣。中州盛日，闺门多暇，记得偏重三五。铺翠冠儿，捻金雪柳，簇带争济楚。如今憔悴，风鬟霜鬓，怕见夜间出去。不如向帘儿底下，听人笑语。

2. 自由诗两首

我愿是一条急流
［匈牙利］裴多菲

我愿是一条急流，
　是山间的小河，
穿过崎岖的道路，
从岩石中间流过……
　只要我的爱人，
　　是一条小鱼，
　　在我的浪花里，
愉快地游来游去。
我愿是一片荒林，
　坐落在河流两岸，
　我高声呼叫着，
同暴风雨作战……

知识点3　不同体裁作品的朗诵技巧

只要我的爱人，
是一只小鸟，
停在枝头上鸣叫，
在我的怀里作巢。
我愿是城堡的废墟，
耸立在高山之巅，
即使被轻易毁灭，
我也毫不懊丧……
只要我的爱人，
是一根常青藤，
绿色枝条恰似臂膀，
沿着我的前额攀援而上。
我愿是一所小房，
在幽谷中隐藏，
饱经风雨的打击，
屋顶留下了创伤……
只要我的爱人，
是熊熊的烈火，
在我的胸膛里，
缓慢而欢快地闪烁。
我愿是一块云朵，
是一面破碎的大旗，
在旷野的上空，
疲倦地傲然挺立……
只要我的爱人，
是黄昏的太阳，
照亮我苍白的脸，
映出红色的光焰！

第四章 朗　读

致橡树

舒　婷

我如果爱你——

绝不像攀援的凌霄花，
借你的高枝炫耀自己；
我如果爱你——
绝不学痴情的鸟儿，
为绿荫重复单调的歌曲；
也不止像泉源，
常年送来清凉的慰藉；
也不止像险峰，
增加你的高度，衬托你的威仪。
甚至日光
甚至春雨。
不，这些都还不够！
我必须是你近旁的一株木棉，
作为树的形象和你站在一起。
根，紧握在地下，
叶，相触在云里。
每一阵风过，
我们都互相致意，
但没有人
听懂我们的言语。
你有你的铜枝铁干，
像刀、像剑、也像戟；
我有我红硕的花朵，
像沉重的叹息，
又像英勇的火炬。
我们分担寒潮、风雷、霹雳，
我们共享雾霭、流岚、虹霓。

知识点3　不同体裁作品的朗诵技巧

仿佛永远分离，
　却又终身相依，
这才是伟大的爱情，
　坚贞就在这里：
　　爱——
不仅爱你伟岸的身躯，
　也爱你坚持的位置：
　　脚下的土地！

1. 要使自己的朗读符合普通话的语音规范，必须注意哪几点？
2. 什么是朗诵节奏，它主要有哪些类型？
3. 在一句结束时，一般如何处理停连？
4. 朗诵格律诗时，应了解其哪些特点？

第五章 交 谈

教学目标 ◀

针对日常人们沟通最频繁的交流方式——交谈进行解析，帮助学生学习与掌握交谈过程中的原则与技巧，使学生在日常生活、工作、学习等各种场合学会交谈并善于与他人交谈，因为善于交谈的人，能够使谈话的气氛和谐、轻松，使他人感到身心愉悦，令自己更加受欢迎。

教学要求 ◀

认知：了解交谈的基本类型和原则，理解交谈要达到的目的。
情感态度观念：认识交谈在生活、工作中的重要性，使自身的言谈得以优化。
运用：用适当的交谈方式方法和他人沟通，提升自己的社交能力，增进与周边环境和氛围的和谐与融洽。

知识点 1　委婉的铺垫——寒暄

寒暄者,应酬之语是也,即问寒问暖,暄是温暖的意思。在一般情况下,都是作为交谈的"开场白"来使用的。寒暄主要的用途,是在人际交往中打破僵局,缩短人际距离,向交谈对象表示自己的敬意,或是借以向对方表示乐于多结交之意。所以,在与他人见面之时,若能选用适当的寒暄语,往往为双方进一步的交谈,做好铺垫。

一、寒暄的常见类型

1. 问候型

（1）**典型问候型**。典型的说法是问好。常说的是"你们好！""大家好！"等,这是近几十年来新型的问候语,也是交际过程中用得最多的一种问候语。

（2）**传统意会问候型**。传统意会型问候主要是指一些貌似提问,实际上只是表示问候的招呼语。如"上哪去呀？""吃过饭了吗？""怎么这么忙啊？"等。这一类问句并不表示提问,只是见面时交谈开始的媒介语,并不需要回答。它主要用于熟识的人与人之间。

（3）**古典问候型**。具有古代汉语风格色彩的问候语主要有"幸会""久仰"等。这一类问候语书面语风格比较鲜明,多用于比较庄重的场合。

2. 攀认型

攀认型问候是抓住双方共同的亲近点,并以此为契机进行发挥性问候,以达到与对方顺利接近的目的。与对方接触时,只要留心,就不难发现自己与对方有着这样或那样的共同点,像"同乡""自己喜欢的地方""自己向往的地方""自己认为的好去处"等就是与对方攀认的契机,就能与他人"沾亲带故"。如"您是广州人,我母亲出生在广州,说起来,我们算是半个老乡了。""大家都是昆明人,我也算是昆明人。我在昆明读了四年书,昆明可以说是我的第二故乡了。"

第五章 交 谈

3. 关照型

关照型寒暄主要是在寒暄时要积极地关注他人的各种需求，在寒暄过程中要不露痕迹地解决他人的疑问或疑难。

> **讨 论**
>
> 有人说，寒暄就是闲聊，对吗？

总之，无论是哪一种类型的寒暄，都要掌握好分寸，恰到好处。从交际心理学的角度看，恰当的寒暄能够使双方产生一种认同心理，使一方被另一方的感情所同化，体现着人们在交际中的亲和需求。这种亲和需求在融洽的气氛的推动下逐渐升华，从而顺利地达到交际目的。

二、寒暄的基本要求

1. 自然切题

寒暄的话题十分广泛，比如天气冷暖、身体健康、风土人情、新闻大事等，但是寒暄时具体话题的选择要讲究，话题的切入要自然。

2. 建立认同感

切入了自然而得体的寒暄话题，双方的心理距离就会有效地缩短，双方的认同感就容易建立起来了。

3. 调谐气氛

有了自然而得体的话题，有了认同感，再加上寒暄时诚恳、热情的态度、语言、表情以及双方表现出的对寒暄内容的勃勃兴致，和谐的交际气氛也就自然地创造出来了，这样就为下一步的交际打下了良好的基础。

三、寒暄的注意事项

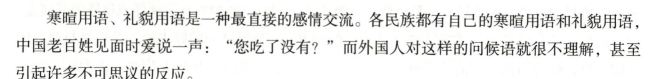

寒暄用语、礼貌用语是一种最直接的感情交流。各民族都有自己的寒暄用语和礼貌用语，中国老百姓见面时爱说一声："您吃了没有？"而外国人对这样的问候语就很不理解，甚至引起许多不可思议的反应。

中国人见面爱问"你上哪儿去""多大年纪""工资多少""在哪儿工作""成家了没有"等问题，而西方人对此则极不习惯，上述所谓个人私事一向被视为"禁区"，是不能随便询问的。

此外，应了解民族传统文化间的差异，在与不同民族的人交谈时，应竭力避免两种文化冲突所引起的言语误会。

知识点2　得体的方式——交谈原则

你知道吗

东西方文化差异对交谈的影响

一位在中国任教的英籍教师就曾说过，人们见面常问她："你吃了吗？"她起初感到奇怪，后来感到厌烦，心想：你们是不是说我钱不多，吃不上饭啊！时间长了，她才了解到这是中国人的问候习惯，是表达人与人之间相互关心的一种方式。

如果你问一个西方人"你上哪儿去？"或"你工资多少？"等问题，他会很反感，"我上哪儿去跟你有什么关系？""你干吗要知道我的工资呢？"这种不考虑对象的提问显然是很不礼貌、很不得体的。

知识点 2　得体的方式——交谈原则

俗话说："到什么山唱什么歌，见什么人说什么话。"孙武有句名言："知己知彼，百战不殆。"这些都可以作为我们人际交往谈话的指导原则。说话不看对象，不仅达不到谈话的目的，往往还会伤害对方。反之，了解了对方的情况，即使发表一些大胆的言论，也不会对对方造成伤害，从而达到自己的目的。

一、不要过于卖弄自己

夸海口、说大话、吹牛皮的人，常常是外强中干的，他们的目的不过是引起大家对他的关注，以满足自己的虚荣心。朋友、同事相处，贵在讲信用。自己不能办到的事情，胡乱吹嘘，会给人以华而不实的印象。卖弄自己，显示自己才华横溢、知识渊博，这也不利于交往。

二、在朋友痛苦无助的时候，不要谈自己得意的事情

"处在得意日，莫忘失意时。"朋友向你表露失落和痛苦，倾吐心腹事，本意是想得到你的同情和安慰，你若无意中把自己的自满自得同朋友的倒霉、失意相对比，无形中会刺激

第五章 交 谈

对方的自尊，他也会认为你是在嘲笑他的无能，误会很难消除，所以讲话的时候千万要谨慎。

三、不要谈对方不懂的话题

若所谈话题对方不懂，也没有兴趣，那么就请免开尊口。若滔滔不绝地介绍，则对方会认为你很迂腐，是在卖弄，是有意地在使他难堪。

四、不要随便地打断别人的谈话

别人讲话时，话题如果被突然打断，那么会让对方产生不满或怀疑，认为你不识时务、水平低、见识浅；认为你讨厌、令人反感；认为你不尊重人、没有修养。

五、不要只注重某个人而冷落了他人

在和多人交谈时，千万不要只关注某个人而冷落了其他人。最好是用一个话题唤起大家的兴趣，让每个人都发表自己的意见。

六、出现争辩时，不要把对方逼上绝路

当要陷入顶撞式的争辩旋涡时，最好的办法是绕开它，不去争论。针锋相对、咄咄逼人的争辩只能屈人口，不能服人心。被你的雄辩逼迫得无话可说的人，肚子里常会生出满腹牢骚、一腔怨言。不要指望仅仅以口头之争，便可改变对方已有的思想和成见。你争强好斗，坚持争论到最后一句话，虽可获得表演胜利的自我满足感，但并不能令对方产生好感，所以在交谈中必须坚持"求同存异"的原则，不要把自己的观点强加于人。

你知道吗

杜绝不文明用语

交谈中一定要用文明语言，绝对不能出现以下一些有失身份的语言：

粗话：口中吐出"老头儿""小妞"等称呼，是很失身份的；

脏话：讲起话来骂骂咧咧，是极度不文明的表现；

黑话：一说话就显得匪气十足，容易让人产生反感、厌恶情绪；

荤话：不分场合地把绯闻、色情、荤段子挂在口边，会使你显得趣味低级；

知识点2　得体的方式——交谈原则

> 怪话：说话怪里怪气、黑白颠倒，让人难生好感；
> 气话：说话时意气用事、发牢骚或指桑骂槐，很容易伤害人、得罪人。

七、不要喋喋不休发牢骚，向别人诉说自己的不幸

内心有烦恼、积怨、痛苦、委屈，虽需要找人诉说，但不能随便地在不太熟悉的人面前倾诉。一是对方可能对此没有多大兴趣；二是对方不了解你的实际情况，很难产生同情心；三是对方可能误以为你本身有毛病、有缺点，所以才有这么多的麻烦。这样你的发泄很容易招致对方的厌倦。因此，要保持心理上的镇定，控制自己，力争同任何人的谈话都有实际意义。

八、不要随意触及隐私

任何一个人在心灵深处都有隐私，都有一块不希望被别人侵犯的领地。现代人极为强调隐私权。朋友或同事出于信任，把内心的秘密告诉你，这是你的荣幸。但是你若不能保守秘密，则会使他们伤心，甚至怨恨。隐私是人心灵深处最敏感、最易被激怒、最易被刺痛的角落，无论是在当面还是在背后都应回避这样的话题。

九、不要用训斥的口吻去说别人

朋友、同事间的关系是完全平等的，不能自以为是、居高临下、唯我独尊。盛气凌人的训斥会刺伤对方的自尊心，这种习惯将使你成为孤家寡人。人类有一种共性，即没有谁喜欢接受别人的命令。

十、谈话时不要做一些不礼貌的动作

为尊重对方，首先要做的就是必须保持端庄的谈话姿态。抖腿、挖鼻孔、哈欠连天等都是不礼貌的动作行为。尤其是不要一直牢牢地盯住别人的眼睛，否则会使对方觉得窘迫不安；也不要居高俯视，否则会给人以高高在上的感觉；更不要目光乱扫，东张西望，否则会使对方觉得你心不在焉或是另有所图。

十一、保持身体距离

从保证健康的角度出发，两个人交谈的最佳距离为1.3米；并最好有一定角度，两人可

斜站，形成30°角为最佳，避免面对面。这个距离和角度，既无疏远之感，又文明卫生。另外，在交谈中，如偶然咳嗽要用手帕遮住口鼻，不要随地吐痰。

合理运用你和他人的空间，会使你取得意想不到的交际效果。

你知道吗

距离产生美

据统计，人在说话时可产生约170个飞沫，它会飘1米远，最远达1.2米。咳嗽时会排出约460个飞沫；打喷嚏时喷出的飞沫最多达1万个以上，最远可喷出9米远。飞沫中大部分是水分，还含有少量蛋白质，以及脱落的细胞和病菌。这些微小的飞沫从口腔排出后，一部分落于地面；较为细小的则因水分蒸发而形成更为细小的"飞沫核"，悬浮于空气中，传播疾病。

知识点 3 魅力的展现——交谈技巧

说话是一种简单的技能，但是要成为一个出色的口语表达者，是一件非常不容易的事。社交中，良好的谈话技巧可以帮助人们在各个领域取得成绩。

一、放松情绪，相信自己

在人与人谈话时，特别是和陌生人谈话时有些人常感到不知所措、障碍重重。这种情况主要是心理障碍造成的。借口诸如"我也不知道说什么好""有什么好说的""我真的不会说"等。解决的办法就是要树立自信心，克服内心的害羞，克服心理障碍，消除心理负担，敢于说话，相信人人都能做个善谈者。谈话并非都要说出警句或名言。其实，最佳的谈话者也会有50%的内容是没有意义的。应该相信，只要放松情绪，就会有佳句涌现。

要克服紧张情绪，平时就要注意积累说话内容。养成阅读的好习惯，多听收音机的谈话节目，观看电视纪录片、座谈、重要的新闻报道。要培养自己说话的兴趣，留心倾听良好的谈吐。只要持之以恒，日子久了便会有所感悟，逐步提高口语表达能力。

知识点3　魅力的展现——交谈技巧

二、抛砖引玉，启动谈话

每个人在谈话之初都有可能谈一些既缺乏机智又毫无意义的事情。其实，这种短暂的交谈也是十分必要的。任何谈话者都不能期望对方一开始就热情高涨、兴趣盎然，而总要等待对方有了说话的热情以后，才能逐渐把话题深入下去。

引入话题常见的方法有寒暄入话、直接入话、间接入话等形式。寒暄入话是常见的简洁入话的形式，比如一开始可以先谈谈天气、说说工作、问问祖籍等，以激起对方谈话的兴趣。其实没有谁会真正关心这些，但它确实能使谈话自如起来。直接入话一般在目的明确、时间紧迫的情况下，见面后就直接引入话题。间接入话是先不直接谈主题，采取迂回婉转的间接方式，营造出融洽的交谈气氛后，再逐步切入正题。

语言交际的基本形式是提问和回答，而提问在交际活动中占主导地位。不论是交际的开始，还是高潮的连续，不论是记者采访、医生问诊、教师讲课、市场交易，还是夫妇交谈、日常闲聊，要想获得好效果，首先必须善于提问。好的提问能引导对方讲话，给对方提供讲话的机会，打破讲话过程中的沉默局面，启发对方思考某个问题，了解对方在某个问题上的真实想法。提问并不是一件轻而易举的事，要阐明自己的主张，阐述自己的意见，让对方倾听自己的论述，使其理解、同情，进而接受、支持、帮助自己，无疑需要一些提问的技巧。人们就常用"查户口"的比喻来讽刺那些僵化的、一问一答的讲话。死板的、生硬的提问不仅不能起到任何作用，甚至会破坏讲话的气氛，使话题难以进行下去。在语言交际中，问什么，怎么问，会不会问，其中大有学问。提问要提得好、问得巧，对方才能答得好、答得妙。

1. 触景生"问"，一问双关

例如，有位老师给学生上语法课。他走进教室，看到讲台上写着许多粉笔字，放着好些杂物，就发问："我们教室里最脏的桌子是哪一张？"同学们先是一愣，接着看到了杂乱的讲台桌面，都笑着异口同声地答道："讲台！""你们有点偏心！自己用的课桌都擦得干干净净的，却让我用这最脏的桌子，这不是有点'虐待'老师吗？"老师故意把"最脏的桌子"五个字讲得很响。这话逗得全班同学哈哈大笑。笑声中，大家都感到有点不好意思。"我希望下一次你们不再用这种最脏的桌子来'虐待'老师。"老师依旧把"最脏的桌子"这五个字说得特别响。略停顿一下，老师又说："不过，我今天倒还要借用这'最脏的桌子'做一点文章呢！""什么？"同学们惊奇地瞪大眼睛，看老师一笔一画地在黑板上写下了"最脏的桌子"五个大字。"请大家分析一下，这里有几个词？""四个。"同学们不假思索地回答。"它们分别属于什么词性？哪个词是这个短语中最主要的部分？"同学们都一一作答。老师成功地讲授了这一节语法课。此后，这个班的讲台总是擦得干干净净的。

第五章 交 谈

解析：这种提问法就叫"触景生'问'，一问双关"，自然、巧妙，令人在不知不觉中产生深刻印象，能起到很好的效果。

2. 询问以礼，尊重对方

例如，营业员接待柜台前的顾客是以询问开始的。西方人通常的问法是"Can I help you？"中国高素质的营业员总是问："先生（女士），您要看什么？"这是尊重顾客的表现。如果问："……你要买什么？"那就太直接了，如果问"你要什么"或"你要干什么"则更不妥当，前者像是准备施舍他人，后者又变成了审问，容易引起顾客的反感。如果顾客反问一句"什么也不买。看看行吗？"营业员会陷入尴尬境地。教学过程也免不了问答。有经验的教师很少问学生，"你们懂不懂？"或"你们听明白了吗？"前一种像责问，后一种又有抱怨的意味。有经验的教师通常这样问："同学们，我讲清楚了吗？"不管怎样措辞，都必须注意询问以礼，尊重对方。

3. 以问代答，出其不意

1927年冬，朱家骅回浙江担任省政协委员兼民政厅厅长。为了"用新人，行新政"，于1928年至1930年先后举办了三次县长考试，并亲自主持面试。有一次，朱懋祺应试，笔试考完之后进行面试，考场上摆着"三堂会审"的架势，朱家骅西装革履，端坐正中，两边陪考也是衣冠楚楚。

先是陪考发问，朱懋祺知识渊博，思维敏捷，各类问题都对答如流。最后轮到主考官发问。朱家骅见他回答问题如此驾轻就熟，于是突发异想，抛开原定题目，出了一道偏题："《总理遗嘱》在朝会、纪念周都要诵读，大家无不烂熟，请你回答一共多少字？"这下把朱懋祺考住了，他暗想，主考出此题目，未免脱离常规。既然他有意刁难，那么录取必然无望。于是就不顾一切地大胆反问："主考官的尊姓大名，天天目睹手写，也已烂熟，请问共有几笔？"朱家骅想不到应考者竟会如此反问，一时愣住。陪考者听后大吃一惊，都瞪大眼睛，等待主考官如何发落。沉默片刻之后，朱家骅宣布："口试完毕，考生退场。"事后，朱家骅十分赏识朱懋祺的才能和胆识，于是亲批录用，派往奉化担任县长。

解析：朱家骅发问已存明显刁难之意，朱懋祺发觉对方问题的无理，就从朱家骅的问话里顺水推舟，合乎逻辑地模拟出一个同样的问题，以问代答，取得了很好的效果。

知识点3　魅力的展现——交谈技巧

4. 避开锋芒，侧面回答

一位厂长接受记者的采访，记者的问题非常尖锐，厂长的回答避开锋芒，迂回取胜。

记者：你有过感叹吗？

厂长：感叹是弱者的习气，行动是强者的性格。

记者：扬州大明寺一进门有尊大肚佛，两侧有副对联。上联是"大肚能忍忍尽人间难忍之事"，下联是"慈颜常笑笑尽天下可笑之人"。你能做到吗？

厂长：我如果能做到，我就成佛了。

记者：你有烦恼与痛苦吗？

厂长：越有追求的人，烦恼与痛苦越多。成功之后将是欢乐。

记者：实行厂长负责制以后，在你们厂是厂长大还是书记大？

厂长：你最好回家问问，在你们家里是你的爸爸大，还是你的妈妈大。

> **讨论**
>
> 遇到让你尴尬的问题，在回答时你是怎样处理的？

解析：答话者回答问题时，总是用迂回的方式来作答，语言浅显通俗，含义却让人咀嚼回味，如在回答"实行厂长负责制以后，在你们厂是厂长大还是书记大"时，答话者要对方回家问问"在你们家里是你的爸爸大，还是你的妈妈大"。用"爸爸"与"妈妈"的概念给对方以回答，虽然没有直接正面地回答，却使听者在咀嚼这段回答中体味到答话者的思想含义，这就是侧面回答的妙处。

5. 答非所问，蒙混过关

中野良子是中国人民非常喜爱的日本著名电影演员。有一次她到上海参加艺术活动时，中国朋友十分关注这位35岁还待字闺中的电影艺术家。有人问她准备什么时候结婚，中野良子笑容满面，十分友好而机智地回答："如果我结婚，就到中国来度蜜月。"

解析："何时结婚"是个人的私事，在一般情况下，应尊重其隐私权。对明星来说，"何时结婚"甚至可以成为一则新闻，因此，更要注意保密。中野良子关于她"何时结婚"问题的回答，既友好又机智。她把"在何时结婚"的问题转换成"在何地度蜜月"的问题，不仅避开了她不想公开正面回答的问题，还表达了友善的意愿和淳朴的感情。这一回答既爽朗又巧妙，听者无不为她的口才和风度而叹服。

第五章 交 谈

6. 谦虚作答，避免炫耀

> 世界球王贝利在20多年的足球生涯中，参加过1 364场比赛，共踢进1 282个球，并创造了一个队员在一场比赛中射进8个球的纪录。他精湛的球艺不仅令球迷如痴如狂，有时使场上的对手也禁不住拍手叫绝。他不仅球艺高超，而且谈吐不凡。当他打破了进球1 000个的纪录时，有人问他："您最漂亮的进球是哪一个？"贝利笑了笑，意味深长地说："下一个。"

解析："您最漂亮的进球是哪一个"，是指已进的1 000个球而言的，他巧妙地把完成时态变为将来时态，"下一个"的回答，既表达了自己的进取精神，又没有丝毫的炫耀之意，的确精彩至极。

7. 因情就势，顺水推舟

在交谈中，应时时留意双方的交谈氛围，尽可能言简意赅。但有时遇到不便回答的问题，则要靠智慧灵活应对。曲折地表达内容，可以让对方在回味中更好地理解己意，这种因情就势的表达，如果语言得体，就既能达到自己的目的，又可以增强语言的丰富性和生动性。

> 20世纪80年代初，王光英受命赴香港创办光大实业公司。未料一下飞机就被香港记者围住，其中一名记者问他："请问您这次到香港来办公司，您带来多少钱？"这一问题问得很棘手，肯定与否定的答复均不妥。王光英仔细一看对方是个女记者，便随机应变地作答："对女士不能问岁数，对男士不能问钱数，记者小姐，您说对吗？"此句妙答，既自然随意，又富有人情味和幽默感。

解析：在与人讨论时，对于对方可能提出的突如其来的要求，也不能一概回避，而应预先有所估计，特别是多假设一些难度较大的棘手问题来思考，并准备好应答策略；对没有清楚了解真正含义的问题，千万不要随意回答；对一些不值得回答的问题，或一些不便回答的问题，最好是"顾左右而言他"，而且要把握应答的范围，对只需作局部答复的问题，绝不"和盘托出"。

三、引而不发，随声附和

谈话者和汽车司机一样，必须随时留意红绿灯。红绿灯一方面是听众的反应；另一方面可能是自己的厌烦、急躁不安及挫败等不良情绪。

知识点3　魅力的展现——交谈技巧

1. 要善于让对方谈论自己

让对方谈论自己的高超之处在于启发、诱导对方讲话。如果能够激发起对方的谈话兴趣，并使之持续下去，那么对方就会对你更热心，更易于接受你的观点。谈话时要明确通过交谈想得到什么，是想表现和炫耀自己，还是与别人友好交往。如果是后者，就要把机会让给对方，那样你会得到更多的东西。在这方面，记者与被采访人的谈话体现得最充分。记者采访时一般是先提问，有时只一两句话，就能引发被采访人谈论自己。

> 一次，记者采访杂交水稻之父袁隆平。记者问："您这一生希望有多少资产？"袁隆平说："一个小棚子，下面一口小猪，足矣。"他的回答有些让人不解。袁隆平解释说："这是个'家'字嘛。这个棚子就是上面的宝盖头，下面这个'豕'，古代讲不就是猪吗？"记者恍然大悟。他接着说："有一首歌就是这样唱的，我想有个家，一个不大的地方……这是对的，家再大你也只能睡一张床，资产再多你每天也只能吃三顿饭，对不对？我对钱这个东西看得很淡，够用就行。"

2. 掌握谈论自己的时机

谈论自己的恰当时机是当你受到邀请或有人要求你讲自己的时候。当有人确实对你提出邀请让你谈论自己时，就不要保持沉默。但要记住，谈论自己不要过多，回答了对方提出的问题以后，就要把谈话的中心再集中到对方身上。

3. 学会多说"我也"

从心理学上讲，人都有被认同的需要。当对方告诉你一些事情，如果你能认同，就会与对方形成一种感情的亲近与融合。如果对方说："我非常喜欢这个城市。"你最好回答："我也是。"如果对方说："我是北京人。"你最好说："我出差到过那里，它真是一座美丽的现代化都市。"

你知道吗

学会倾听，切忌随便插嘴

打断别人的话是最无礼的举动，因此，交谈时要注意以下几点：

❶ 勿以不相关的问题打断别人的谈话；
❷ 勿以无关的言论打断别人的谈话；
❸ 勿以替别人说话而打断别人的谈话；

第五章 交 谈

④ 勿以帮别人说事而打断别人的谈话；
⑤ 勿以争辩不必要的细节而打断别人的谈话。

4. 学会用目光交流

在谈话中，除了语言交流之外，目光便是最重要的交流工具了。无论是一对一的交谈，还是集体谈话，目光的交流作用是毋庸置疑的。在交谈中，眼睛会告诉人们很多东西，人们可以通过对方眼睛流露出的内心的隐秘，去调整交谈的方向、节奏、基调；也可以通过自己的眼睛表达出丰富的内涵，增强讲话的效果。

四、以人为本，宽松和谐

1. 创造环境，调整心态

要想成为一个健谈的人，并且使人愿意与你交谈，其中一个技巧就是创造一种愉快、宽松的谈话环境。比如，朋友之间谈话要多选择轻松愉快的话题，通过谈话愉悦身心。一个悲观失望的人，或总是唠叨自己的麻烦和不幸的人，与任何人谈话都会破坏愉快的氛围。

2. 求同存异，达到目的

无论是朋友谈话还是工作会谈，想没有任何争论是不切实际的。可以争论，但如果不是原则问题，就不必兴师问罪，横加指责。即使是利益相悖、行为相左的谈话，也要平心静气，寻找共同点，求大同，存小异。一味地强调自己的观点，排斥他人，就会使彼此的鸿沟越来越深，最终难以调和。

当不能满足对方提出的要求时，应先迂回，再拒绝。

有一位语文教师，其弟因为民事纠纷，别人要与之对簿公堂。这桩案子恰好由这位语文老师昔日的得意门生处理。一天晚上，这位老师前往学生家，希望他能念及师生情谊，将"手腕"往自己弟弟这一边扳一扳。法官左右为难，一不能徇情枉法，二又不能得罪恩师。法官急中生智，说道："老师，从小学到大学毕业，您是我最敬佩的一位语文老师。"老师谦虚地说："哪里哪里，每个老师都有他的长处。"法官接着又说："您讲课抑扬顿挫，声情并茂。尤其是您给我们讲的《葫芦僧错断葫芦案》那一课，至今还记忆犹新。"语文老师很快就进入了角色："我不仅用嘴在讲，而且是用心在讲。薛蟠犯了人命案却逍遥法外，

知识点3　魅力的展现——交谈技巧

> 反映了封建社会官僚之间官官相护、狼狈为奸的黑暗现实。"法官接过话头，说道："是啊，'护官符'使冯家告了一年的状也无人做主；凶犯薛蟠居然逍遥法外，贾雨村徇情枉法，胡乱判案……记得当年老师您讲授完这一课后，告诫我们，以后谁当了法官也不要做糊涂官，判糊涂案！学生我一直把您这句话作为自己的座右铭呢！"

解析：听了学生的一席话，这位语文老师再也不好意思开口求情了，自动放弃了不合理的请求。这位法官先用一句赞扬话引导老师说出一番大道理，用迂回法拒绝了老师的不合理要求。

3. 和风细雨，润物无声

如果想通过谈话成为一个受欢迎的人，就要注意不要使用伤害别人感情的语言。有的人喜欢以挖苦、讽刺、取笑别人来调节谈话气氛，殊不知这样很容易造成误解和伤害。所以，与人谈话不要说刻薄的话，不揭别人的短处，应在润物无声的和风细雨中达到交流的目的。

> 陶行知先生当校长的时候，有一天看到一位男生用砖头砸同学，便将其制止并叫他到校长办公室去。当陶校长回到办公室时，男生已经等在那里了。陶行知掏出一颗糖给这位男生："这是奖励你的，因为你比我先到办公室。"接着他又掏出一颗糖，说："这也是给你的，我不让你打同学，你立即住手了，说明你尊重我。"男生将信将疑地接过第二颗糖，陶先生又说道："据我了解，你打同学是因为他欺负女生，说明你很有正义感，我再奖励你一颗糖。"这时，男生感动得哭了，说："校长，我错了，同学再不对，我也不能采取这种方式。"陶先生于是又掏出一颗糖："你已认错了，我再奖励你一块。我的糖发完了，我们的谈话也结束了。"

解析：陶行知看到男生用砖头砸同学后，并没第一时间上去指责、惩罚，而是用亲切、赞美的语言和给奖励的措施让男孩真正认识到了自己的错误，使他真心改错。陶行知能做到这一点，是他深知刻薄、指责的话并不能真正解决问题，只有用积极的语言和思维，才能在润物细无声中解决一场纷争，并给彼此心中留下美好的记忆！

4. 通俗简洁，精练生动

简洁、精练是实现交谈高效率的要求。应该培养自己思路清晰、观点鲜明地表述问题的能力。讲有内容、重实效的话，学会用恰如其分的词句表情达意，尽可能用精确、简练的语言表达出深刻的思想内涵。

第五章 交 谈

语言简洁、精练，表现在对句子长短的处理方面。应该少用长句，多用短句，这样可以使听者理解得快而准确。

> 英国物理学家罗兹博士，解释原子的大小时说：一滴水中的原子和地中海中的水滴一样多，一滴水中的原子数和地球上的树叶一样多。

解析：罗兹博士用对比的手法解释原子的大小和数量，他的语言非常简洁、深刻和生动。

> 晚年的爱因斯坦有一次是这样向青年学生们解释相对论的："当你和一位美丽的姑娘坐上两小时，你会感到好像坐了一分钟；但要是你和一个很丑的老头坐在一起，哪怕只坐上一分钟，你却感到好像是坐了两个小时。这就是相对论。"

解析：震撼世界的相对论，是科学发展史上划时代的里程碑。要用一句简洁的话将如此高深的理论说清楚显然不是一件轻而易举的事。

> 一位台湾同胞对"一国两制、和平统一"的政策不太了解，于是问我国驻外的一名工作人员："台湾与大陆有不同的社会制度，你们为什么想把两者统一起来呢？"
> 我国的驻外人员于是先给他讲了一个故事：
> 有一次，佛祖释迦牟尼给弟子们讲授禅理，他问道："如果想让一杯水永远不干掉，有什么办法呢？"一时全殿哑然，没有一个弟子能够回答出来。释迦牟尼淡淡一笑："把它放到大海里不就永远不会干掉了吗？"弟子们茅塞顿开，恍然大悟。驻外人员接着说："你想想，作为一个国家，不统一，四分五裂，怎么能在复杂的世界斗争中坚强站立呢？台湾是一个小岛，只有回归祖国的怀抱，才有光明的前途。"

解析：这位驻外人员用简洁的语言，以讲故事的方式来比喻台湾与大陆的关系，来解释"一国两制、和平统一"的政策，十分生动。

5. 模糊语言，装聋作哑

有时，别人所提的要求是自己不愿意或不同意的，别人所提的问题很难回答，甚至会使自己陷于困境。这时，可用模棱两可的语言来回答，摆脱困境，并保持友好关系。例如，《水浒传》中的鲁智深是个粗中有细的人物，他三拳打死镇关西后，为了逃避官府的追捕，只好到五台山削发为僧。在受戒时，法师对鲁智深提出了要求。

知识点3 魅力的展现——交谈技巧

> 法师：尽形寿，不近色，汝今能持否？
> 智深：能。
> 法师：尽形寿，不沾酒，汝今能持否？
> 智深：能。
> 法师：尽形寿，不杀生，汝今能持否？
> 智深：……（犹豫）
> 法师：（高声催问）尽形寿，不杀生，汝能持否？
> 智深：知道了。

解析：要叫鲁智深不近女人、不饮酒，他都能做到；但要他不惩杀世间的恶人，对于像他这样疾恶如仇的人来说是绝对办不到的。但他如果回答说"不能"，法师必不让他剃发为僧，他也就无处藏身了。于是他就来了个含糊其词的回答"知道了"。"知道了"可以理解为"知道必须这样做"，也可以理解为"知道有这样的要求，但不一定这么去做"。这样的回答，既在法师面前过了关，又不违背自己的本意，两全其美。

如果对方所提的要求或问题正是要回避的，只好假装没听见，不作答复。

> 伊斯美是土耳其著名的外交家，他个子矮小，耳朵还有点聋，但却十分精明。第一次世界大战刚刚结束，英国企图迫使土耳其签订不平等条约，并纠集了法、意、日、俄等国代表，共同与土耳其谈判。土耳其政府派出了以伊斯美为首的代表团参加谈判。尽管对方咄咄逼人，口出狂言，伊斯美始终从容镇定，毫无惧色，并且充分利用了耳聋这个缺陷来对付他们。对土耳其有利的发言，他都听得很认真，并极力表示赞赏；凡对土耳其不利的话，则听而不闻。对此，英国外交大臣克尊非常恼火，威胁他说："你若不在这条约上签字，我们五国将联合起来，踏平土耳其！"面对英国外交大臣克尊以及列强代表的恫吓和吼叫，伊斯美却无动于衷，正襟危坐。他不慌不忙地把身子移向克尊，将右手张开靠近耳边，十分温和地问道："你刚才在说什么？我还没听清楚。"气得克尊等人无言以对，最后不得不放弃不合理的要求。

6. 个性突出，幽默诙谐

个性化语言就是用自己的语言表达观点。谈话要以我口表我心，以我话传我情。谈话的语言不能过分俗套，而要有自己的个性。

讨论

请说出幽默在生活中的作用。

第五章　交　谈

幽默是一种很好的品格，幽默是充满智慧的，是魅力的表现。有时候，幽默是缓和气氛的良方，是说明问题的一种有效方式。有时候，幽默还是十分有效的防守武器，它能达到意想不到的效果。

> 有一位著名的作家，人们都传说他的风度非常好，从不对女士说难听的话。有一位妇人，长得十分丑陋，她存心想使那位作家说她长得难看，从而使他难堪，便特地跑来问："我是不是长得很美？"那位作家说道："其实每一位女性都是天上掉下来的天使，只不过有些脸先着地罢了……"

解析：这就是幽默的威力，有谁不为这位男士的机智所折服呢？有时候，适度的幽默可以缓和气氛，还容易让对方接受，同时还表现出谈话者的修养和风度。

有一种幽默，人们称之为冷幽默，是指用一本正经的、严肃的表情，非常正规的言语，平淡的语调传达一种幽默的信息，讲话者不露丝毫笑容，而听者往往捧腹大笑。

> 电影《不见不散》中，演员葛优有这样一段台词：
> "这是喜马拉雅山脉，它的南坡缓缓伸向印度洋，受印度洋暖湿气流的影响，这里气候温和，四季如春。它的北坡，气温陡降，气候寒冷，自然条件十分恶劣。"
> "不如我们在这里，开一条，甭多了，50公里宽的口子，直接把印度洋的暖空气引到这里，青藏高原从此摘掉贫穷落后的帽子不说，还能变出多少个鱼米之乡来呀……"

解析：在说这段话的时候，葛优脸上没有一丝笑容，语气也很诚恳，一副认真的样子，而观众却早已忍俊不禁、捧腹大笑了。这就是冷幽默的效果。

7. 学会说不

在人际交往中，有接受，也难免有拒绝。但是，拒绝别人，是一件令人难堪的事，如果不善于拒绝，就有可能得罪一位多年深交的朋友。因此，掌握和运用拒绝他人的语言技巧，力争把拒绝带来的遗憾缩小到最低限度，做到既不伤害对方的自尊和感情，又获得对方的谅解和支持。

（1）间接拒绝。对于别人提出的问题或要求，若不能满足，则要间接拒绝，以免刺伤他人的自尊心。

> 有位老教授给研究生作学术报告，从上午8时开始，整整讲了两个半小时，接着回答研究生的提问。有个研究生提出要求："请您谈谈当前这个学科研究的现状。"这个问题实在太大，不是短时间内能够讲得清楚的。于是老教授很幽默地接过对方的话题说："你，不让我回家吃饭了是不是？"一句话把大家都逗乐了，提出这个要求的那位研究生自然也乐于接受老教授的拒绝。

（2）巧妙退回。 有时，对别人提出的不恰当要求，若不能满足，又不好直接拒绝，则可以通过请对方自己处理来缓解。

> 某开发公司商品大量积压，因而资金周转困难。经理问会计："小王，能不能在账面上把经营情况反映得好一些，以便向银行贷款？"小王知道这样做是严重违反财务制度的犯罪行为，但她又不好断然拒绝。这时，小王灵机一动，计上心来，只见她平静地说："按财务制度，这样做有些难。经理，您说该怎么办？"小王提出财务制度，让经理明白这样做的严重后果，然后再提出一个反问，请经理来回答。经理明白了自己的责任，只好作罢。

（3）幽默规劝。 对于别人提出的要求若不能满足，则可以幽默地规劝他人主动放弃。

> 一位夫人对林肯有所请求："总统先生，您必须给我一张委任状，委任我的儿子为上校。我提这一要求，并不是求您开恩，而是我有权利这样做。总统先生，我祖父在列克星敦打过仗，我叔叔是布拉斯堡战役中唯一没有逃跑的士兵，我父亲在新奥尔良作过战，我丈夫在蒙特雷战中死了。"林肯听了夫人这一席话，很有礼貌地说："夫人，我想，你们一家为报效祖国已经做得够多的了，现在应该是把这样的机会给予别人的时候了。"

知识点 4 日常的会话——电话交谈

在社交活动中，电话使用频率相当高，掌握电话交谈的艺术十分重要。它包括两方面的内容：一是打电话；二是接电话。

第五章　交　谈

一、打电话

谁打电话，谁就是这次电话交谈的主动行为者，所以要打电话肯定是有目的和原因的，或是告知对方某事，或是有求于对方，或是节日问候等。

拿起听筒前，首先应明确通话后该说什么。如果内容多，就先打个腹稿。尤其给陌生者或名人、要人、上司打电话，应给对方以沉着、思路清晰的感觉。接通电话确认自己接通的电话号码准确无误时，应立即简要报明自己的身份、姓名及要通话的人名，当对方答应你"稍候"时应握着话筒静候。假如对方告诉你，要找的人不在时，切不可鲁莽地将话筒一下挂断，应道"谢谢"。

向对方发出邀请或通知对方时，应把话说得简单明确又符合礼仪规范。假如电话交谈的内容比较多，问明对方，应以商量的口吻再另约时间，或约对方过会儿再打来。

由于话筒传声与面谈有差异，因此，将话筒贴得太近或离得太远都不是好习惯，一般地说，音量以听清对方声音为标准，语速相对平时说话慢些，必要时，可用升调向对方投去友好的"微笑"，让对方感到亲切，但不可装腔作势，拿腔拿调。

在公共汽车上或其他公共场合打移动电话，要注意长话短说，不要喋喋不休、语调过响。

如何进行电话预约？

1. 电话预约的基本要领

在访问之前用电话预约，是有礼貌的表现。而且，通过电话事先预约，可以使访问更加有效率。打电话预约看似简单，有的人也许会说："不就是拿起电话，一拨号码，说几句话的事吗？"关键是如何说、怎么说和说些什么，这里面是有学问的。

打电话要牢记"5W"和"1H"：

❶ When 什么时候；　❷ Who 对象是谁；　❸ Where 什么地点；
❹ What 说什么事；　❺ Why 为什么；　❻ How 如何说。

电话拨通后，要简洁地把话说完，尽可能省时省事，否则易让对方产生厌恶感。

2. 电话预约的注意事项

（1）力求谈话简洁，抓住要点。

知识点4　日常的会话——电话交谈

（2）考虑到交谈对方的立场。

（3）使对方感到有被尊重、重视的感觉。

（4）没有强迫对方的意思。

成功的电话预约，可以使对方对你产生好感，也有利于彼此交流的进一步深入。

二、接电话

电话铃响，拿起话筒，首先以礼貌用语通报自己的单位名称，明确对方所找的人后，可立即回答，如遇要找的人不在，可婉转回答对方或告诉对方过会儿再打来，对方若有重要事需转告或要求应记录下来，其中的重点内容再复述一遍，以证实是否有误。

当电话交谈结束时，可询问对方，说些客套话，这既是尊重对方也是提醒对方，最后可说"再见"。一般是在对方放下话筒后再放下自己的话筒。交谈中（包括电话交谈）要使朋友做到"投机""合拍"收到良好的效果。

1. 接电话礼仪

接电话也是一门艺术。要想做一个合格的受话人，有许多礼仪要学。

▶ 要做好通话的准备，无论是私人电话还是公务电话，尤其是后者，应该在电话机旁准备好一些物品：电话号码簿、电话记录本和记录用笔。不要总是在需要时告诉对方"请等等，我去拿纸和笔。"这样既拖延了通话的时间，也是不礼貌的行为。

▶ 听到电话铃声，应尽快放下手中所做的事情去接电话。有些单位规定铃响三声内接电话，这是很有必要的。受话人所说的头一句话应是亲切地问对方："您好。"接下来便是说出自己的工作单位及姓名，这样做，不仅礼貌，还可帮助对方确认自己有没有拨错电话号码。

▶ 电话铃响时，如果自己正在与客人交谈，应先向客人打声招呼，然后再去接电话。如果发觉打来的电话不宜为外人所知，可以告诉对方："我身边有客人，一会儿我再给您回电话。"不要抛下客人，在电话中谈个没完，因为这样身边的客人会有被轻视的感觉。

▶ 无论在哪里接电话，都要仪态文雅、庄重，应轻拿、轻放，把电话机移向自己身边时，不要伸手猛拉过来。通话时，不要拿腔拿调的，应该声调适中，语气柔和沉稳。

第五章 交 谈

> ▶ 不要在听电话时与旁人打招呼、说话或小声议论某些问题,如遇接电话时房内有许多人正在开会、聊天,可先请他们停下来,然后再接电话。
>
> ▶ 在通话过程中,为了使对方知道自己一直在倾听,或表示理解与同意,应时不时地轻声说些"嗯""是""对""好"之类的短语。
>
> ▶ 通话完毕后,可以询问对方"还有什么事吗?"或者"还有什么要吩咐吗?"这一类客套话,既是表示尊重对方,也是提醒对方,请对方先放下电话,再轻放下自己的电话。

2. 代接电话的礼仪

还要注意代接电话时的态度。

> ▶ 有可能亲自接的电话,就不要麻烦别人。尤其是不要让自己的孩子奶里奶气地代替自己接电话。虽然他们对这种实践非常热衷,但也不提倡在这方面培养他们。
>
> ▶ 商务往来比较多的人,可请秘书代为处理电话,也可以本人不在时使用录音电话。不过本人在场时,一般是不合适使用录音电话的。
>
> ▶ 当需要用录音装置时,必须使自己预留的录音友好、谦恭。通常,预留的录音应为:"您好!这里是某某公司某某部。本部门工作人员现在因公外出,请您在信号声音响过之后留言,或者留下您的姓名与电话号码,我们将尽快与您联络。谢谢,再见。"
>
> ▶ 代接电话时,讲话要有板有眼。被找的人如果就在身旁,应告诉打电话者,"请稍候",然后立即转交电话,不要抱着恶作剧或不信任的态度,先对对方"调查一番",尤其是不允许将这类通话扩音出来。
>
> ▶ 被找的人如果尚在别处,应迅速过去寻找。不要懒于行动,连这点"举手之劳"都不愿意做,蒙骗对方说"人不在",或是大喊大叫"某人找某某人",闹得"世人皆知",让他人的隐私"公开化"。

3. 对打错电话要宽容

随着电话的普及,我们每个人都有过打错了电话或接到打错了的电话的经历。当我们按照朋友留下的号码拨打一个电话,接听方可能会告诉你:"没这个人,你打错了。"

还没弄清究竟错在哪呢,接听方就把电话挂断了。是朋友把电话号码写错了,还是他的电话号码变了,抑或我自己拨错号了?

> **讨 论**
>
> 当今电话诈骗风行,你认为应该怎样处理这样的电话?

知识点4　日常的会话——电话交谈

因为有急事要找这位朋友，只好提心吊胆地再拨打一次，问："您的号码是×××吗？"接听方可能并不答复你的问题，只是气愤地说："告诉你打错了！怎么还往这儿打！"

> 日前，我打错了一个电话，接听方的做法真让我感动。我家前两年买了个知名品牌的电热水器，想找厂家的维修部保养一下，除除水碱。我按照厂家留的维修部电话拨了过去。接听方告诉我："这里是私人住宅。"我连忙道歉。没料到对方还彬彬有礼地把电热水器维修部的电话号码告诉了我。我顺利地找到了那个维修部，得知他们因迁址变更了电话号码。
>
> 我想：这种电热水器在北京有那么多用户，这个私人住宅不知收到多少像我一样打错电话的人的"骚扰"，而他们是那么宽容，那么富于爱心……如果只告诉对方"你打错了"便挂断电话，不知有多少个打错电话的人还要再打过去。在感动之余，我萌生了这样一个念头：把这个小故事告诉大家。当我们接到打错的电话时，如能问一下对方欲拨打的号码，让他知道打错电话的原因，对人将带来方便，对己也将减少麻烦。

三、强化训练

（1）舍友王芳的朋友打电话来找王芳，但王芳当时恰好不在宿舍，应如何回答对方？请模拟这一情景。

（2）对方打错了电话，应如何应对？请模拟这一情景。

（3）自己拨错了电话，该如何应对？请模拟这一情景。

（4）你购买的产品在使用中出现了问题，通过热线电话反映情况，该说些什么呢？请模拟这一情景。

每章一练

1. 常见的寒暄类型有哪些？其基本要求是什么？
2. 请简述交谈的十一原则。
3. 电话预约的基本要领和注意事项是什么？
4. 代接电话的礼仪有哪些？
5. 请分析以下几则谈话的技巧。

第五章 交　谈

（1）问：跳舞是利多还是弊多？

答：跳舞会使人振奋，也会使人颓废，关键看你怎样起步。

问：你提倡青年人跳舞吗？

答：青年人喜欢的，你要禁止也禁不住；青年人不喜欢的，你再提倡也搞不起来。

问：有人说跳迪斯科扭屁股是颓废，你同意吗？

答：新疆舞可以扭脖子，蒙古舞可以扭肩膀，为什么迪斯科不可以扭屁股呢？不都是身体的一部分吗？

（2）陶行知先生在南京高等师范学校任教务主任时，在一次高师附中招考新生中，国民党政府一位高级官员为两个不学无术的儿子求情，被陶行知婉言拒绝了。

第二天，这位长官派自己的秘书亲自到学校找陶行知当面求情。这位秘书一见陶行知便说明来意，请陶行知在录取这位长官的两个儿子入学问题上高抬贵手。

陶行知郑重地告诉来者："敝校招考新生，一向按成绩录取，若不按成绩，便失去了录取新生的准绳，莘莘学子将无所适从。长官的两位令郎今年虽未考取，只要好好读书，明年还可再考嘛。"

秘书见陶行知毫无松口之意，便以利诱的口吻说道："陶先生年轻有为，又有留洋学历，只要陶先生在这件事上给长官一个面子，今后青云直上，何患无梯？眼下长官就会重重酬谢陶先生的。"说罢，从皮包里取出一张银票递了过来："这是长官的一点小意思，希望陶先生笑纳。"

陶行知哈哈大笑，推开秘书的手说："先生，我背一首苏东坡的诗给你听听：'治学不求富，读书不求官。譬如饮不醉，陶然有余欢。'请你上复长官，恕行知未能从命。"

秘书满脸通红，他站起来，收起银票，改用威胁的口气说："但愿陶先生一切顺利，万事如意，将来切莫后悔。"说罢，悻悻而去。

（3）美国小说家马克·吐温到某地旅店投宿，有人早已告诉他此地的蚊子特别厉害，他担心晚上不能安稳睡觉，想事先对服务员打招呼，又觉得这样做效果未必好，服务员不一定乐意接受。他在服务台登记房间时，一只蚊子正好飞过来。马克·吐温灵机一动，马上对服务员说："早听说贵地的蚊子十分聪明，果然如此，它竟然会预先来看我的房间号码，以便夜晚光临，饱餐一顿。"服务员听了不禁大笑起来，结果就记住了房间号码，并相应地采取了一系列防蚊措施，使马克·吐温这一夜睡得很好。

（4）我国北方沿海城市某一商团与日本一企业集团有长期的合作关系，日方在与中方签订新一轮合同时，想了解中方新一轮的订货情况，以便在谈判时讨价还价。日方代表在

知识点4　日常的会话——电话交谈

谈判前问中方代表："王先生，这次贵方订的货不少吧？"这实际上是一个两难的问话，中方如果说自己一方订的货少，对方就会抬高价格，因为你着急订货；如果说自己一方订的货已很多，这既违背了合作原则，使对方感到中方没有诚意，又让对方感到没有生意可做。中方代表随机应变地说："怎么说呢？跟去年相比，我们订的货是多一些，但从企业发展的前途来看，我们今年订的货也并不算理想。"中方的这一模糊回答，就使对方感到还有生意可做，也从心理上让对方打消抬高价格的企图。

第六章

演讲和辩论

教学目标 ◀

在公开场合中的演讲有许多形式,如开会演讲、求职演讲、竞选演讲和就职演讲等。一场精彩的演讲不仅能有效地传达自己的思想和理念,而且能够使听众受到启发并有所感悟,甚至行动起来。本章内容重在让学生了解衡量演讲好坏不仅体现为一篇好的演讲稿,个人的表现力、热情度和诚恳度也是十分重要的。辩论一般对口才和反应能力的要求较高,特别是辩论赛中一个优秀辩手的临场发挥是辩论才能的体现。当然通过本章学习,学生也要认识到,只要掌握一定的技巧和方法,再加上实战的锻炼,每个人都能拥有良好的演讲和辩论能力,为自己的人生增添一道靓丽的风景线。

教学要求 ◀

认知: 熟悉演讲和辩论的形式和特点,掌握演讲和辩论的方法和技巧。
情感态度观念: 认识演讲在生活、工作中的地位,了解能思善辩对于自我身心综合素质养成的重要性。
运用: 培养良好的演讲和辩论能力,是提高自身实力、增强竞争力的一个途径。

知识点 1 演讲的基本要素与特征

在古希腊，演讲被称为"诱动术"，含义是劝说鼓动听众。演讲有时也叫演说，是一种在公众场合就某一问题或事件发表自己的见解，从而说明事理，是一种借助于有声语言和态势语言表达思想的综合性口语形式。

正因为演讲是一种综合性的口语表达形式，因此，常常被当作口才训练中的一个必备环节。训练之前，最好能先把握好演讲与戏剧、影视、相声、评书、朗读等言态表达艺术之间的区别。朗诵等欣赏性的言态表达艺术，主要是通过有声语言和态势语言表达角色的思想观念，是"角色"的言态表达。而演讲是生活中"现实的人"的言态表达，任何演讲者的演讲都是以他的真实身份在从事现实活动中的讲话。

一、演讲的要素

演讲要素即构成演讲的主要因素。它包括演讲主体、演讲客体、演讲载体和演讲受体四个部分。这四个要素构成了演讲的整体，缺少其中的任何一个部分，演讲活动都无法进行。只有我们了解各要素的具体内容，才能使各要素的作用发挥得淋漓尽致，而各要素的有机统一才能使演讲达到理想效果。

1. 演讲主体

演讲主体即演讲者。他是演讲活动的中心，是演讲的内容和形式的发生者和体现者，是对演讲活动的成败起决定作用的因素。因此，选择和确定演讲者，是组织演讲活动的重要环节。

演讲者演讲的目的是教育人、启迪人，这就要求演讲者本人具有先进的思想，能高瞻远瞩，识前人所未知，讲前人所未讲。历史上许多著名的演讲家如德摩斯梯尼、林肯、马克思、列宁等，无一不是伟大的思想家。他们以先进而深邃的思想，把人们从黑暗引向光明，推动社会进步。

演讲者还必须具备高尚的品质。古人说：其身正，不令而行；其身不正，虽令不从。演讲者赞美的是真、善、美，传播的是精神文明，品质必须是高尚的。因此，在社会中任何一种行为都会直接或间接地与他人或社会发生关系并受到一定社会规范的限制和协调，演讲亦如此。作为演讲主体的演讲者，更应以一个具有高尚道德水准的形象出现在听众面前，带头恪守社会道德规范。

演讲者必须有丰富的学识。这不仅是"传道、授业、解惑"的需要，也是演讲成功的基

第六章 演讲和辩论

本条件。古往今来的演讲家无一不是才高八斗、学富五车的人。他们在演讲中往往能信手拈来经典名著，旁征博引，运用自如。这些都是以渊博的知识作为基础的。因此，演讲者必须不断学习，跟上文化发展的步伐，把自己培养成学识丰厚的人。这样，讲起来才能有说服力，才能起到提高精神文明的作用。

演讲者还必须具备良好的口头表达能力。没有良好的口头表达能力的人是不可能成为演讲者的。不管是哪一种类型的演讲，都要"讲"。"讲"必须做到清晰、流畅、抑扬顿挫。做不到这点，要想取得成功是不可思议的。

以上几点只是作为演讲主体的演讲者应该具备的最基本的几点。一个优秀的演讲者所应具备的能力远不止这些。总之，演讲者所具备的修养越高、能力越强，演讲成功的希望就越大。

2. 演讲客体

演讲客体，即演讲的内容。它是演讲要反映的客观事物以及这些事物在演讲主体心灵中所形成的意识成果。演讲的社会功能决定了对演讲客体的要求。

首先，演讲内容必须是正确的。内容正确包括立场坚定、旗帜鲜明、观点明确。

其次，演讲内容必须是真实的。唯其真实，才有价值，才能教育人、激励人。

最后，演讲内容必须符合时代精神。演讲既然是社会实践活动，理应为社会服务，为社会进步摇旗呐喊。不合时宜的演讲，甚至是逆历史潮流的演讲，只会遭到听众的唾弃和指责。

3. 演讲载体

演讲是以语言为载体的，它包括口头语言和态势语言。

演讲是语言的艺术。离开了口头语言，演讲者就如同打仗失去了手中的武器。语言运用得不好，演讲也难以成功。演讲要求吸收和借鉴各种语言表演艺术和各种语言表达形式的长处和特点。它既需要交谈式的亲切，也需要相声般的幽默风趣；既需要讲课、作报告式的条分缕析，也需要说评书般的跌宕起伏，以此来丰富和加强演讲的语言表现力。

演讲使用的不光是口头语言，而且有态势语言。所谓态势语言，是指在一定程度上表达思想感情的眼神、表情、姿态和动作。态势语言是有声语言的必要补充，如果运用得好，能使演讲增加感染力，增强演讲效果。

> **你知道吗**
>
> #### 体态语言对演讲的重要作用
>
> 言辞接于耳，姿态动作接于目。当耳朵听到的与眼睛看到的和谐统一时，演讲才能给

知识点1　演讲的基本要素与特征

人以美的感受。人的情态是人的思想感情在外形上的显现。它最敏感、最复杂、最精密、最微妙、最丰富多彩，因而它能表露演讲者用语言不能表露的细腻深刻的感情。喜则眉飞色舞，怒则切齿圆眼，怨则蹙额锁眉，乐则喜笑颜开。但演讲者在充分运用态势语言时，应注意适当地把握一个度，使人感到真实、自然、亲切，而没有人工雕琢的痕迹。

4.演讲受体

演讲受体要素即听众。听众是演讲必不可少的有机组成部分，没有听众便无所谓演讲。而且，听众并非信息的被动接收者，而是演讲活动的参与者。听众在整个演讲活动中是相当活跃的积极因素。听众在演讲过程中的作用大致有两个方面：

（1）能动地接收演讲信息。演讲者不会强迫听众接收输出的信息。对于演讲者所输出的信息是否接收，接收到什么程度，主动权完全在于听众。没有听众的参与，信息传输是无法进行的。

（2）对演讲信息的反馈。听众对于演讲的反应，通过表情、行动以及声音等渠道，反馈给演讲者。听众的反馈对于演讲者是十分重要的，因为它是演讲者调节内容和节奏的唯一依据。如果没有与听众的交流，演讲者就成了一台讲话机器，必然不能获得理想的效果。演讲的受体要素，要求演讲者不能不顾听众的实际情况，要求演讲者要有强烈的对象意识，要事先对听众进行调查研究，对听众的思想、文化、年龄、职业和情绪等做到心中有数，以便"因人制宜"，有的放矢。

二、演讲的特征

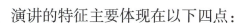

演讲的特征主要体现在以下四点：

1.以"讲"为主，"讲""演"结合

只有有声语言和态势语言珠联璧合、有机统一，才能构成完整的演讲载体，才能很好地完成表达演讲内容的任务。

顾名思义，演讲需要又"演"又"讲"。"讲"，即陈述，演讲者把自己的思想运用口语表达出来，它主要作用于听众的听觉器官；"演"，指为"讲"服务的态势语，它主要作用于听众的视觉器官。而两者的关系又不能平分秋色，各占一半，而必须以"讲"为主，以"演"辅之，两者互相交织，互相渗透，相得益彰。在演讲中，"讲"是起主导作用的决定因素，也就是说，口语表达是演讲者的主要手段，"演"必须建立在"讲"的基础上，服从"讲"的需要，处于从属地位。

第六章　演讲和辩论

只"讲"不"演",绝不是成功的演讲;以"演"为主,绝对是失败的演讲。只有以"讲"为主,"讲"与"演"有机结合的演讲,才有希望获得成功。

2. 公开性与真实性

公开性,是指演讲者必须在公众场合公开发表意见。演讲是一个人讲而多人听,其形式是公开的,演讲的内容也是公开的。演讲者必须胸怀坦荡,将自己的立场、观点、主张公之于众,以取得听众的共识,达到宣传教育的目的。

真实性,主要体现在三个方面:一是指演讲者所讲述的人或事是真实可靠的,不能虚构,不能无中生有。好的演讲之所以能使人信服,不能不归功于说真话的魅力。二是指演讲者的身份是真实的。演讲不属于表演艺术,演讲者是生活中真实的自我,台上台下一个模样;而演员在舞台上则是以角色的身份出现,台上台下两副面孔。三是指演讲者表达的感情是真实的。情贵在真,演讲者倾诉真情实感,才能打动听众。任何矫揉造作,都会引起听众反感,从而导致演讲的失败。正因为演讲者讲的是真人、真事,动的是真情,才使得演讲具有经久不衰的魅力。

3. 鲜明性与鼓动性

古今中外,任何形式的演讲,不管在什么场合,演讲者都要传播自己鲜明的思想和观点。我国历史上的盘庚(商代国王)演说,就是为了动员老百姓迁都而作的;伟大的革命先行者孙中山先生,1924年3月10日在广州对东路讨贼军的演说的目的,就是鼓舞士气,动员士兵"做敢死队,去拼死命","同心协力推翻曹锟、吴佩孚";邓小平同志1982年9月24日《我们对香港问题的基本立场》的讲话,就是明确地提出了"一国两制"的主张……可以说,不传播自己思想观点的演讲是没有意义的。

与这一特征相关的,另一特征就是演讲具有的鼓动性。传播自己思想观点的目的,在于唤起听众相信自己并付诸行动,这就必然会使演讲具有鼓动性。而演讲之所以能具有鼓动性,又是与它的前面几个特征分不开的。声情并茂的口语、优美有力的态势语,可以激发人的动机心理,唤起人的主动性、积极性;而真人、真事、真情,更能点燃听众的情感之火,在听众的心理上造成一种新的意境,行为上产生一种新的反映,从而接受演讲者的观点,履行演讲者的意愿。

4. 适应性与时间性

演讲适应性广,首先,表现在演讲的题材广泛,政治、军事、外交、法律、学术、道德及其他社会问题和人际交往,都可以作为演讲的题材。其次,从演讲者和听众来说,也具有很广的适应性,不受性别、年龄、职务、学历等限制,谁都可以讲,谁都可以听。最后,演

知识点1　演讲的基本要素与特征

讲的形式灵活简便，不需要过多的辅助条件和复杂的准备工作，礼堂、课堂、操场、赛场等都可以成为演讲场地。

演讲既然有很强的适应性，随之而来的就表现为时间性强的特征。时间性强包括两层含义：一是指演讲的时间是有限制的，有的还有明确的规定。一般来说命题演讲不超过十分钟，即兴演讲约为三分钟。就算没有明确的时间限制，过长的时间也会引起听众的厌烦和分心。因此，演讲者必须具有自觉的时间观念，既不能为了赶时间而损害内容的完整性，又不能随意拖延时间。演讲时间性强的第二层含义，是指演讲的时代色彩十分强烈。一般来说，演讲者都是以时代背景提出的任务、形势发展的要求和人民的迫切愿望作为自己的基本主题，义不容辞地去促进社会的进步。演讲的内容必须跟上时代的步伐，这是时代性演讲的生命力所在。从古希腊的演说家亚里士多德、德摩西尼、西塞罗，到我国先秦时代的演说家盘庚和诸子百家；从自然科学家伽利略、布鲁诺、居里夫人、爱因斯坦，到无产阶级革命家马克思、恩格斯、列宁、毛泽东、周恩来、李大钊等，他们的演说的内容都有着深刻的时代烙印。

你知道吗

理解演讲的适应性

女革命家秋瑾在一篇题为"演说的好处"的文章中，曾作了五个方面的归纳：一是"随便什么地方，都可以随时演说"；二是"不要钱，听的人也多"；三是"人人都能听懂，虽是不识字的妇女、小孩子都可说的"；四是"只需三寸不烂的舌头，又不要兴师动众，损什么钱"；五是"天下的事情，都可以晓得"（《秋瑾集》）。这五个方面确实道出了演讲适应性强的特点。

三、演讲的类型

演讲有很多类型，可以从以下两方面进行分类：

1. 从内容上划分

可以分为政治演讲、生活演讲、学术演讲和竞选演讲、法庭演讲和宗教演讲等。

（1）**政治演讲**。政治演讲，指为了一定的政治目的，出于某种政治动机，就某个政治问题以及与政治有关的问题而发表的演讲。它包括外交演讲、军事演讲、政府工作报告、政治宣传等。如丘吉尔的《第一次政治演说》。

第六章　演讲和辩论

（2）生活演讲。生活演讲，指演讲者就社会生活中存在的各种问题、风俗和现象而作的演讲。它表达了演讲者对这些问题的看法、见解和观点。这种演讲涵盖的内容更加广泛。如美国现代作家福克纳的《如果世界上真有天堂》。

（3）学术演讲。学术演讲，指演讲者就某些系统、专门的知识和学问而发表的演讲，一般指学校的专题讲座、学术报告、学术发言等。它必须具有内容的科学性、论证的严密性和语言的准确性三大要素。如法国著名物理学家皮埃尔·居里的《镭的发现和对镭的担忧》。

讨论

学术演讲需要投入感情吗？

（4）竞选演讲。竞选演讲，指在一定的组织形式中，竞争某一职务或某项工作的演讲。它实际上是一种自我推销。

（5）法庭演讲。法庭演讲，即指公诉人、辩护代理人在法庭上所作的演讲和律师的辩护演讲。法庭演讲的突出特征是公正性和针对性。如美国律师丹诺的《为宗教和信仰自由一辩》。

（6）宗教演讲。宗教演讲，指的是一切与宗教仪式、宗教宣传有关的演讲。它主要包括布道演讲和一些宗教会议演讲。

2. 从表达形式上划分

可分为三种类型：命题演讲、即兴演讲、辩论演讲等。

（1）命题演讲。即由别人拟定题目或演讲范围，并经过准备后所作的演讲。它包含两种形式：全命题演讲和半命题演讲。全命题演讲的题目一般是由演讲组织部门来确定的。某单位搞"让雷锋精神在岗位上闪光"主题演讲，为了让演讲员各有侧重，分别拟了《把爱送到每个顾客的心坎上》《练好本领，为民服务》《从一点一滴做起》三个题目，给了三个演讲者，要求以此组织材料，准备演讲。半命题演讲指演讲者根据演讲活动组织单位限定的范围，自己拟定题目进行的演讲。1986年，中央电视台和《演讲与口才》杂志社联合举办的"十城市青少年演讲邀请赛"命题演讲即是以"四有教育"为范围，具体题目自拟。命题演讲的特点是：主题鲜明、针对性强、内容稳定、结构完整。

（2）即兴演讲。即演讲者在事先无准备的情况下就眼前场面、情境、事物、人物临时起兴发表的演讲。如婚礼祝词、欢迎致词、丧事悼念、聚会演讲等。它的特点是：有感而发、时境感强、篇幅短小。它要求演讲者要紧扣主题，抓住由头，迅速组合，言简意赅。

（3）辩论演讲。即指由两方或两方以上的人们因对某个问题产生不同意见而展开的面对面的语言交锋。其目的是坚持真理、批驳谬误、明辨是非。比如，我们生活中常见的法庭辩论、外交辩论、赛场辩论，以及每个人都曾经历过的生活辩论等。它的特点是：针锋相对，短兵相接。辩论演讲较之命题演讲、即兴演讲更难些，要求演讲者必须具备：正确的思想、高尚的品质、严密的逻辑性、较强的应变性。

知识点 2 命题演讲

在日常的工作、生活中，最常见的一种演讲形式就是命题演讲，从小学生作文演讲，到中学生英文演讲，再到毕业生应聘求职演讲，等等。针对已经拟定好题目、内容和范围的演讲，一般需要我们进行充分的策划和准备，大量材料的筛选，演讲主题的确定，言辞用语的推敲，无一不需要花费心思和时间，只有事先经过精心准备的演讲，才可能带来预想的效果。

命题演讲，即由别人拟定题目或演讲范围，并经过准备后所作的演讲。它包含两种形式：全命题演讲和半命题演讲。我们所接触到的命题演讲中大多数是半命题演讲。对于全命题演讲来说，则可以直接围绕主体进行材料的搜集和准备。而半命题的演讲，则需要根据拟定的演讲范围确定演讲题目，一般可以按照以下流程和要求做演讲前的准备工作。

一、主题和题目的选定

俗话说："到什么山唱什么歌，对什么人讲什么话。"演讲也一样，选题要看所面对的是什么样的听众。所以，要先分析研究听众，然后确定一个适合的题目，确立一个正确的主题。

1. 拟定题目

拟定题目要注意：一是题意要明朗，不要含蓄，不要委婉，更不要含糊。美国著名演讲理论家查尔斯·格鲁纳提出了选择题目的法则是"自己熟悉""听众感兴趣""有教益或有娱乐性"，即选择适合自己、适合听众同时又要有用的题目。**二是题目用字要新颖易读**。

2. 确立主题

主题是演讲的灵魂，确定一个正确而有意义、有价值的主题是关键。"查尔斯法则"指出，关注当前社会生活中急需回答的问题，选择既是听众想了解的，又是自己有真知灼见的主题。此外，还要是正面的，代表正义、真理，反映真善美的主题，这样的主题才是有价值的主题。

第六章　演讲和辩论

> **林肯如何准备演讲？**
>
> 美国第十六任总统林肯经典的《在葛底斯堡国家烈士公墓落成典礼上的演说》，全文不足六百字，十句话，从上台到下台，用时三分钟，却足足用了两星期准备；美国第二十八任总统威尔逊在世时，有人问他："准备一份五分钟的演讲词，需要多少时间？"他回答："两星期。""三十分钟的演讲呢？""一星期。""两小时的呢？""现在就可以进行演讲。"可见，越是简短的演讲，就越需要做更多的准备。

二、材料的搜集

1. 围绕主题目标尽可能多地搜集材料

选择什么主题就必须搜集什么样的材料，对什么人讲就要尽可能多方面地寻找相关的"养料"，如有趣的事实、真实的故事、确凿的数字、相关的民谣谚语、格言名句、正面的案例、反面的案例，等等。大植物学家柏毕克说："我常常把植物的标本种植了几十万株，但仅仅选取一两株最优的，其他的劣种，我便完全抛弃不用。"搜集演讲材料也是如此，搜集得越多越好，这也是一种获得知识的过程，这对上台演讲也很有帮助。

2. 搜集第一手材料

第一手材料即自己亲身经历的，自己耳闻目睹的材料新鲜、真实、可信，用在演讲中最容易感动他人。

3. 搜集第二手材料

第二手材料即通过书本、杂志、报纸、电视、广播、网络等途径获得的材料。

三、演讲稿的编写

1. 拟演讲提纲

演讲提纲一般由开头、主体、结尾组成。例如：

知识点2　命题演讲

如何提高学习成绩？

具体目标：

我想让我的听众了解在大学提高成绩的三个技巧。

开场（引言）：

（1）我们都知道，无论我们要继续就读研究生，还是要寻找到一份好的工作，好成绩都是非常重要的。

（2）因为我是再次回校就读的学生，因此我要尽力学好每一门功课。

（3）我想与你们一起分享我在学习过程中所采取的三个提高成绩的办法。

主题句：在大学提高成绩的三个行之有效的技巧，即经常上课、建立积极的态度、有效率地学习。

正文：

（1）第一个技巧：经常上课。

❶ 比较成绩优秀的学生与成绩一般的学生的出勤率。

❷ 如你的学习动力不够，就计算一下你每天的课价。

（2）第二个技巧：建立积极的态度。

❶ 大脑对行动有支配性。充满自信地带着轻松的心情去上课。

❷ 想象考试取得好成绩。一旦潜意识接受了一个概念，就会执行。使用肯定的语言。

（3）第三个技巧：有效率地学习。

❶ 在每一节课前要从头到尾阅读一遍布置的作业。

❷ 将要在课堂讲授的知识分析一遍。

❸ 课后复习。

结论：

如果每节课你都出勤，有效率地学习知识，并且从精神上做好准备，那么你将获得好成绩作为报答。

2. 筛选材料

筛选材料的原则：一方面，以听众的兴趣为出发点，选择自己比较了解的，听众能理解的，能反映主题的、真实可信的、比较新颖的材料。如果是众所周知的材料，那么最好能有新的认识角度。另一方面，选择材料还要考虑是否符合演讲的环境，要做到观点材料相统一。

3. 编写讲稿

编写演讲稿时，观点要鲜明，要有理有据；赞成什么，反对什么，必须明确，不能含糊；论证时，不能强词夺理，要摆事实、讲道理；所用事例要典型、新鲜、恰当，引用材料要准确；语言要尽可能用短句、口语来写，把演讲稿写得通俗、易懂，还可适当地使用一些修辞手法，如反问、设问等，使演讲生动活泼些。

4. 选择主体结构的安排方式

主体部分的结构一般有三种方式，即并列式、递进式、对比式。并列式是指一个问题论述完，接着论述另一个问题，最后总结自己的观点；递进式是指一层一层地分析论述问题，由小到大，由浅到深，逐步把道理讲清；对比式是先对错误的观点进行批驳，在批驳中确立自己的主张，然后论证自己的主张的正确性。

四、有效利用试讲彩排

在没有真正上台演讲之前，反复练习演讲。必要时，可以用录音机把试讲的实况录下来，或用摄像机拍下来，再寻找缺点和不足，然后加以改正。如果是演讲比赛，这个方法就更有必要试试，因为比赛是要受时间限制的。

五、充分的心理准备

演讲者的心理素质决定着其演讲是否成功。俗话说，有备无患，意思是做好充分的准备是多么的重要。话虽这么说，一个从未在大场合做过演讲的人，虽然做了充分准备，但依然有备而有患。为了避免意外出现，最好在演讲前，进行一些心理准备和心理素质方面的训练。如请这方面的内行帮忙或自我训练都可以，但最重要的是必须培养自信、诚实、友善的心理素质。

首先，一个演讲者首先要对自己有信心，相信自己可以做得最好，要反复地在这方面给自己以鼓励。

其次，要诚实坦荡，确认自己所讲的都是可信的，对数据和材料都做了最大限度的核实。

最后，要从内心深处发出友善的信息，让听众觉得自己和演讲者是一个群体，彼此之间没有距离。要做到这一点，最好的做法是准备一个友善的开场白，以消除彼此之间的距离感。

六、演讲的口语表达技巧

1. 口语表达技巧

演讲是以口语表达为主、态势语表达为辅的一门艺术，两种表达都很重要，不得忽视。口语表达的总体原则是：语言要简洁准确，清楚明白，生动形象，通俗易懂。口语表达要把握以下的技巧。

（1）**多用简洁的短句。**

（2）**多用通俗易懂的词汇。**

（3）**多用流行的口头词语。** 不同的时期，有不同的流行语，在演讲中，恰当地选择使用，会使演讲更接近现代生活。

（4）**多用能表明个人倾向的词汇，不要模棱两可。** 演讲中，演讲者要明确告诉听众自己主张什么、批评什么、赞成什么、反对什么，那就必须使用能表明个人倾向的词汇，如"因此，我认为""在我看来""显而易见""坦率地说"等，这样能给人以坦诚、果敢的印象。

（5）**适当使用重复。** 演讲中使用重复，就是对主要观点或主要信息的强调，目的是让听众加深印象，以引起注意和思考。所以，适当使用重复，能提高演讲效果。例如，演讲的主要观点，在开场白提出之后，在演讲中用材料论证的时候可重复提及，在演讲就要结束时，再总结强调。这样可以使演讲的主题突出，但要注意不能太多重复，否则就会弄巧成拙，变得啰唆，这是演讲的大忌。

（6）**适当使用简略语。** 演讲中使用一些简略语，可以使演讲简练活泼一些，比如公共关系可以简称为"公关"，质量检查报告可以简称为"质检报告"，中央电视台简称为"央视"，南方航空公司简称为"南航"，消费者协会简称为"消协"，维护权益简称为"维权"，计划生育委员会简称为"计生委"，关心下一代工作委员会简称为"关工委"，等等。但要注意所用简略语必须是规范简称或大家熟悉的、约定俗成的词语，不能自造，否则人们会听不懂。

（7）**适当使用数字。** 数字是很好的论据，适当使用可增加演讲的说服力。使用数字时，可用约数，比如，999 999 元，可说成近百万元。

（8）**多用俗语。** 演讲中多使用常用成语、惯用语、谚语、格言、歇后语等，会使演讲通俗活泼。例如，戈尔巴乔夫和里根就削减战略武器的问题，曾有一段意味深长的对话。戈尔巴乔夫说："总统先生，你很喜欢俄罗斯谚语，我想为你收集的谚语里再补充一条，这就是'百闻不如一见'。"意在表示他们在削减战略武器上有所行动了。里根总统也不甘示弱，彬彬有礼地回敬："是足月分娩，不是匆忙催生。"意思是，美国政府不急于和俄罗斯达成削减战略武器等大宗交易的协议。戈尔巴乔夫担心美国言而无信，于是，用谚语提醒："言

第六章　演讲和辩论

不信，行不果。"里根也用一句谚语回过来："三圣齐努力，森林就茂密。"

（9）**灵活使用多种修辞手法**。演讲中适当地使用一些修辞手法，可以使演讲更为生动感人。使用设问，可引起人们的思考和注意。排比的使用，可使演讲气势磅礴，有排山倒海之势，效果甚佳，在演讲中几乎是不可缺少的手法。例如，马丁·路德·金的演讲《我有一个梦》，就八次使用了排比手法，使他的演讲非常有气势，很有感人的力量。比喻的使用，使演讲既通俗又形象。另外，夸张、对偶、对照等都可以使用。

（10）**掌握适当的音量、语调和语速**。演讲具有传声性。如需要强调的读重音；表达愤怒、喜悦、快乐的情感内容时，语调要高一些，语速要快一些；相反，表达哀伤、沉重、胆怯的情感内容时，语调要低一些，语速要慢一些。

你知道吗

演讲中语音的控制方法

亚里士多德在《修辞学》中指出，什么时候说得响亮，什么时候说得柔和，或者介于两者之间，什么时候说得高，什么时候说得低，或者不高不低……这都是关系到演说成败的关键问题。不管演讲者使用什么语言演讲，都要求语音要标准，至少要让懂这门语言的听众都听得懂。一是控制音量，二是控制语调和语速。

2. 演讲的开场技巧和常见问题

（1）**演讲的开场技巧**。俗话说："好的开头是成功的一半。"戴尔·卡耐基说："演说应该是一段有目的的旅程，必须事先绘好行程图。一个人不知从哪里开始，通常也就不知在何处结束。"所以，设计一个好的开场很重要，如讲一件有趣的事情，讲几句好听的话，美言几句当地的环境，讲一个滑稽的故事，或向听众提一个有趣的问题，等等。演讲没有固定的开场式，只要能吸引听众就行。

❶ **以幽默开场**。先讲一则幽默或笑话，会给人愉快轻松的感觉。例如：

> 某君应邀到一所中学做青少年心理保健知识演讲，当时正热播欧洲杯，他就以此为切入点，开始他的演讲："很高兴在这个'热情'的午后，和大家共同交流心理保健方面的知识。不少同学看上去面露倦容，想必是昨天通宵达旦坚持看欧洲杯的缘故。古人云，'道不同，不与相谋'，今天我荣幸地遇到了这么多的同道中人。本人也是一名铁杆球迷，从1994年世界杯开始入门儿，十年磨一剑，如今已达到了业余九段水平。"

| 知识点2　命题演讲

解析：以幽默开场，以谈球赛为切入点，演讲一开始就吸引了学生的注意力，并告知自己的爱好，增加了学生对演讲者的认同感，为主体演讲做了很好的铺垫。当然，这样的开场对某些成年人讲，效果可能一般，甚至相反，所以，一定要看对象。又如：

> 著名的好莱坞巨星施瓦辛格，当选州长后首次演说是这样开场的："今天早上，我女儿来找我，她在我耳边说，州长先生，咖啡已经好了！"话音未落，掌声四起，笑声一片。

解析：为什么这个开场会有如此好的效果呢？原来，施瓦辛格要面对的是债台高筑的加州政府，财政赤字庞大，要扭转困境谈何容易，虽然在竞选中胜出，却仿佛开始品尝咖啡的苦味。这个开场是一语双关，意味深长。

❷ <u>以故事开场</u>。先讲一个有趣的或跟演讲内容相关的故事，常常能唤起人们的兴趣。例如：

> 张智、张国刚的演讲《魂系"长城"创业人》的开场白："在座的各位，请让我先讲一个故事。在古希腊神话中，有一位名叫皮格马利翁的雕刻大师，他在将一根象牙雕成美女的时候，对这件作品产生了感情。于是，他对象牙美女倾注了自己全部的心血和爱，每天深情地雕呀、雕呀……最后，感动了上帝，上帝让象牙美女有了血肉，有了生命，有了感情，有了智慧，并让她和皮格马利翁结成了终身伴侣！"

讨论：写作的开头和演讲的开头有区别吗？

解析：这个演讲的主题就是介绍某个人物的先进事迹，开头讲的故事所揭示的执着精神，正是要讲的人物身上具有的。因此，以这个优美动人的故事开始，既具有强烈的感染力，又富有深刻的启示性。

❸ <u>以解释原因开场</u>。这是一种常用的演讲开场白，这种方法真实坦诚，目的明确，容易获得好感。例如：

> 以"爱情与美"为题的演讲，著名演讲家李燕杰是这样开头的："我不是研究爱情的，为什么会想到要讲这么一个题目呢？前年4月，北京一家公司的团委书记要我去做报告，我因教学任务紧张推托不去。这个团委书记恳切地说：'李老师，您一定要去，我们这次是请您去救命的。'我很纳闷。于是他掏出一卷纸，上面写着他公司所属工厂里的一批自杀者的名单，其中大多数人因为恋爱问题处理不好而轻生厌世，轻率走上绝路。这样，我便想到要与青年朋友谈谈'爱情与美'的问题。"

第六章 演讲和辩论

解析：这样的开场白可以引起听众的好奇。许多竞聘演讲就用这种形式。

❹ **以开门见山进入主题开场**。这种开场白不拖泥带水，直奔主题，也可以给人以深刻的印象。例如：

> 一位教育局的干部，在对师大毕业生作题为"西部欢迎你"的演讲时，开场就说："同学们，今天我是来向你们这些热血青年'煽风点火'的。我要煽起哪里需要就到哪里去的狂风；点燃起为振兴西部教育奉献青春的烈火！"

解析：他的话音刚落，会场上就响起热烈的掌声。这个开场，语言简洁，活用词语，也很有煽动性。

❺ **巧用名言警句或吟诗咏词开场**。这样的开场白能给听众留下难忘的印象。当然，所引用的名言警句或诗词要紧扣演讲主题，含义深刻。例如：

> 《信念永不倒》的开场："著名黑人领袖马丁·路德·金有这样一句名言：'这个世界上，没有人能够使你倒下，如果你自己的信念还站立的话。'是的，只要信念不倒，我们在任何不利的情况下，都不会趴下，都能闯出一条路来。"又如，《团结就是力量》的开场："俗话说得好：'一个篱笆三个桩，一个好汉三个帮'。今天我演讲的题目是……"

❻ **以自报家门的方式开场**。例如：

> 抗战时期，著名作家张恨水在成都中央大学的演讲开场："今天，我这个'鸳鸯蝴蝶派'作家到大学这里演讲，感到很荣幸，我取名'恨水'不是什么情场失意，我取名张恨水是因为我喜欢南唐后主李煜的一首词《乌夜啼》：'林花谢了春红，太匆匆，无奈朝来风雨晚来风，胭脂泪，留人醉，几时重，自是人生长恨水长东！'我喜欢的这首词有'恨水'二字，我就用它作为笔名了。"

解析 这种开场，真诚、坦率、有趣，能快速拉近演讲者与听众间的距离，使听众消除对演讲者的陌生感，为主题演讲打开场面。

❼ **以独特创新开场**。这种开场白别开生面，十分吸引人。例如：

> 20世纪80年代，某大学生的《大学生的责任》的演讲开场："同学们，我今天演讲的题目是'大学生的责任'。大家一定会说，这题目都让人讲烂了，你怎么还讲呢？

知识点2　命题演讲

是啊，我为什么还要讲呢？昨天，我在同学的笔记本上发现一首中英文结合的小诗，诗中写道：'人生本是 happy／何必苦苦 study／只求考试 pass／拿到文凭 go away／既然如此 lazy／何必天天 study／娶位漂亮的 lady／抱个胖胖的 baby。'读到这里，我的心在颤抖，难道我们80年代的大学生，只是为了考试 pass 和漂亮的 lady 吗？不，绝不！这可怜的百分之零点几，是不能代表我们百分之九十九点几的！为此，我今天要认真地讲一讲'大学生的责任'。"

（2）**演讲开场中常见的问题。**

❶ **过分谦虚**。在演讲的开头过分谦虚就会让人感觉演讲者缺少自信。例如：

某青年的《当代青年的风采》的演讲开场："在下姓张，很高兴今天有机会在这里演讲。不过，丑话说在前，由于本人学识疏浅，加上这段时间很忙，没时间好好准备，演讲中如有不对之处，请大家批评指正。下面，我演讲的题目是……"

解析：其实他是做了很充分的准备的，只是想谦虚一下，可是效果并不好。这样的开场对自己接下来的演讲非常不利。

❷ **过分卖弄**。例如：

某君被邀请到一所学校做演讲，面对几千名师生，他一上台，就一口气介绍了自己的十几个头衔，很令人反感。又如，有一名青年，一上台演讲就向听众介绍自己曾在什么大赛中获奖。这样只会适得其反，是不可取的。

3. 演讲的结尾技巧和常见的问题

（1）**演讲的结尾技巧**。好的演讲结尾既要做到言简意赅，又要余音绕梁，使听众振奋精神，并不断思考回味。演讲的结尾没有固定的模式。

（2）**以决心、誓言结尾**。即在演讲达到高潮时突然收场，这样就可以给听众留下深刻的印象。例如：

是故以北大之精神，牺牲于社会，对于全国，或以范围过大，尚须相当时日。若仅浙江一省，则改造之目的，诚可立而待也。欲使人民养成国家观念，牺牲个人而尽力于公，此北大之使命，亦即吾人之使命也。举凡战胜环境，改造人心，驱除此等奄奄待毙不负责任之习俗，诸君与当寅初共勉之！

第六章　演讲和辩论

> 解析：这篇题为《北大之精神》的演讲是马寅初先生在1927年于杭州北大同学会举行的29周年校庆集会上发表的，借此来阐述自己对于北大精神的感悟和见解。结尾处，作者提出了迫切的期望，希望人人都有国家观念，个人为国家牺牲一切，这不仅仅是北大的使命，也是我们每一个中国人的使命。从反面说明作者拥有牺牲之情，顾全大局，这是那个年代进步文人身上相同的品质。

解析：誓言说得斩钉截铁，威力无穷，话音刚落，全场愕然，随后就响起"拿起武器"的呼声。"不自由，毋宁死"则成为美国人民争取独立与自由的誓言。

（3）用诗词、名言结尾。 先讲几句富有感召力的话，接着引用名人名言来结尾，犹如画龙点睛，既深化了主题，又有鼓励行动的力量，给人强烈的印象。例如：

> 我国著名演讲家李燕杰常用这种方式结尾，他在《国家、民族与正气》的演讲中是这样结尾的："青年朋友们，爱我们的国家吧，爱我们的民族吧，同心协力，把我们民族的正气，把我们中华民族发愤图强的爱国主义精神极大地发扬起来……谁不属于自己的祖国，他就不属于人类。爱国主义的力量多么伟大呀！在它面前，人的爱生之念、畏苦之情，算得了什么呢！我无论做什么，始终在想着，只要我的精力允许我的话，我就要首先为我的祖国服务。真正的爱国主义不应表现在漂亮的话上，而应表现在为祖国谋福利、为人民谋福利的行动上。"

（4）总结式结尾。 这样的结尾能进一步深化主题，给听众留下深刻的印象。例如：

> 我国著名播音艺术家葛兰在"夏青播音成就研讨会"上的演讲的结尾说道："'业精于勤'，是他始终恪守的座右铭，也是他对青年播音员的要求；'读万卷书'，是他孜孜不倦的好习惯，也是他对后生晚辈的希望。至于什么名啊、利啊，在他看来只不过是虚幻泡影，'真才实学'才是衡量一个合格播音员的标准。几十年的相处，从夏青老师身上我深深地悟出了这个真谛。"

再如：

> 一位青年在《榜上无名，脚下有路》的演讲中是这样结尾的："朋友们，青春无权闲适，光阴无权荒废。要使人生放出光彩，只有不断攀登，才能'一览众山小'；只有以'苦作舟'的精神，才能到达理想的彼岸。一句话，叹息无出路，爱拼才会赢！"

解析：几个简洁的短句，总结演讲中心，给人留下深刻印象。

（5）呼吁号召式结尾。这是演讲常用的结尾方式，它以强烈的情感，向听众发出号召、呼吁，提出希望，以鼓舞斗志，促其行动。例如：

> 毛泽东的《论联合政府》的结尾："成千上万的先烈，为着人民的利益，在我们的前头英勇牺牲了，让我们高举起他们的旗帜，踏着他们的血迹前进吧！一个新民主主义的中国不久就要诞生了，让我们迎接这个伟大的日子吧！"

常用的结尾方式还有赞扬式、抒情式、感谢式、祝福式等。

（6）演讲结尾中常见的问题。

❶ **套话空话，令人生厌。**有的演讲人，明明已经讲完了，却还来几句客套话，以为这样做会给人好印象，其实不然。例如，"我之所以能取得这样好的成绩，全靠领导的栽培，谢谢了！""我讲得还不够成熟，还有不少错误，希望各位领导、同志批评指正！""我的话讲完了，由于时间太紧，准备不充分，讲得不好，请大家多多原谅。"

❷ **画蛇添足，多此一举。**有的演讲者，自己的演讲差不多结束，却又多添了一笔，倒成了画蛇添足。例如，"在结束演讲前，我想就某某问题，再补充几句……""请大家再耐心等一会儿，还有几分钟时间，我的演讲就要结束了，我想再谈谈……"等，这些都是不可取的，一定程度上影响演讲效果。

❸ **草草收场，不了了之。**收场不够醒目，不概括，不强调，突然说"我的讲话完了"，没给听众留下什么印象，也是一种失败的结尾。

4. 演讲的衔接技巧

除了微型的几句话演讲外，演讲都要涉及内容与内容间的衔接问题。如果衔接过渡得好，可以使演讲悦耳流畅，如行云流水，会大大增加演讲效果。否则，可能断断续续，给人突兀之感，效果一定不理想。从演讲的一部分转向另一部分或从一个要点转向另一个要点的过程中，常常要用一些词语、词组、短语、句子或过渡段作为衔接，这种衔接也叫过渡。

常用的衔接方式有：一是总结式衔接。这是最常用也是最容易学习的衔接方式。二是关联词衔接。如使用"所以、但是、因此、而且、如果"等关联词进行衔接。三是总结性词语衔接。如"总之""一句话，就是……"等。

恩格斯的《在马克思墓前的讲话》是演讲衔接的经典范文。全文九个自然段，有六次使用衔接，而且用得自然贴切。第一自然段讲马克思去世了，第二自然段穿插了承上启下的过

第六章 演讲和辩论

渡衔接："这个人的逝世，对于欧美战斗的无产阶级，对于历史科学，都是不可估量的损失。这位巨人逝世以后所形成的空白，不久就会使人感觉到。"第三自然段介绍马克思对人类历史的第一大贡献"发现了人类历史的发展规律"后，第四自然段先以"不仅如此"作为衔接，然后介绍马克思的第二大贡献"发现了剩余价值规律"。第五自然段以"一生中能有这样两个发现，该是很够了"作为衔接，接着概括介绍马克思在其他领域的研究和发现。第六自然段以"他作为科学家就是这样。但是这在他身上远不是主要的"一句作为衔接，然后说明他关注科学的原因。第七自然段以"因为马克思首先是一个革命家"作为衔接，然后介绍他在革命实践和革命宣传方面的伟大贡献。第八自然段以"正因为这样，所以马克思是当代最遭嫉恨和最受诬蔑的人"作为衔接，然后写敌人对他的攻击和他对敌人的态度。最后以"他的英名和事业将永垂不朽"作结语。全文衔接自然，一气呵成。

5.演讲的应变技巧

（1）演讲中突然忘了演讲词的处理技巧。 演讲中突然忘了演讲词，肯定会紧张，但不要轻易放弃，解救的方法很多。如可向听众提一个问题，在听众寻找答案时，自己快速回想以下的演讲词；重复前面所讲的一些内容，以帮助自己记起演讲词；把最后的几句话作为下一个内容的开始，以继续自己的演讲；抛开所忘记的内容，从记住的地方继续演讲等。

（2）演讲中出现突发事件的处理技巧。 突发事件，就是无法预见的事件。演讲者首先要镇定，再发挥应变能力。例如：

> 在一次演讲中，一位演讲者正讲到"我们的前途是光明的"时，突然停电了，会场一片漆黑，听众有些混乱，于是，他灵机一动，提高声音说："在光明之前可能会出现'黎明前的黑暗'，但黑暗不会长久！我相信，只要大家团结一致，共同努力，就会渡过难关，迎来胜利的曙光！"他的演讲赢得一片掌声。

解析：演讲时会场的某个角落出现了骚动，演讲者不一定知道原因，但要表现得不露声色，还要继续演讲，不受干扰；如果是因为演讲太生动，台下响起热烈的掌声，这时候，演讲者最好是停止演讲，等掌声过后再继续，也无须表示感谢。

（3）演讲中说错话后的处理技巧。 演讲中难免会出现说错话的现象，一旦发现自己说错话了，怎么办呢？解决的方式就是，把正确的话说一遍就可以了。千万不要道歉地说，"对不起，刚才说错了"。

（4）演讲中出现冷场时的处理技巧。 由于种种原因，演讲时出现了冷场，这时要沉着冷静，千万不能发脾气，再想想自己哪方面出了问题。如果是演讲技巧方面出了问题，可讲一个故事或笑话，使听众把涣散了的注意力收回来，以继续演讲；如果是演讲内容方面的问题，解决方法比较难，但也可以尽量把后面的内容缩短，使演讲早些结束，或考虑能否换个角度讲。总之，遇到这样的情况，最好不要再滔滔不绝地讲下去，尽量缩短话题，早些结束演讲，就算草草收场也好，但也不能即刻停止。所以，演讲者在准备时，千万要分析听众的喜好。

> 讨 论
>
> 如果在演讲过程中，你突然忘词了，你该怎么办？

（5）**演讲中遇听众起哄时的处理技巧**。听众起哄的原因可能是多样的，这方面要具体问题具体解决。例如：

> 著名剧作家萧伯纳在他的《武器与人》首演成功后，应观众要求，上台接受人们的祝贺。当他正准备讲话时，突然有一个人对他大声喊道："萧伯纳，你的剧本糟透了，谁要看？收回去，停演吧！"萧伯纳不但不生气，反而笑容满面地向那人深鞠一躬，彬彬有礼地说："你说得对，我完全同意你的意见。"说着用手指着观众说："遗憾的是，我们反对这么多观众有什么用呢？我们能禁止这剧本演出吗？"
>
> 说完，全场响起暴风雨般的掌声，那个捣乱者灰溜溜地跑了。

（6）**战胜心理紧张的技巧**。著名的演讲家也承认，上台演讲，自己会感到紧张。战胜心理紧张的方式因人而异，有一个简单的方法，就是做几次深呼吸，抑制紧张情绪。

总之，演讲中要克服的毛病不少，需要演讲人全身心投入去准备，尽可能避免在演讲中犯错误。最后，演讲结束了，无论情况如何，演讲者都要态度从容，面带微笑，愉快地离开。

七、演讲的态势语表达技巧

态势语，就是指包括面部表情、姿态、手势等方面所表达的思想内容和感情。态势语的使用总原则是要自然。美国心理学家阿尔培特说："人的感情表达由三个方面组成：55%的体语+38%的声调+7%的言词。"英国的梅尔斯在《公众演讲技巧》中指出："好的演讲是：50%的主题内容+20%的开场和结尾+20%的有效表达+10%的个性表现。"多罗西·萨尔诺夫在《演讲艺术》中指出："最佳演讲效果取决于8%的内容+42%的表情+50%如何说。"由此可见，态势语在演讲活动中所起的作用。态势语表达要注意以下三个方面：

第六章　演讲和辩论

1. 头部

人的头部动作能表达不少意思。比如，点头表示赞同，摇头表示否定，昂首表示勇敢、高傲等。

2. 面部表情

人的面部表情很丰富，以眼睛和嘴巴两部位最为突出，尤其是眼睛。所以，达·芬奇说，"眼睛是心灵的窗户"，当一个人的眼睛透露出一种信息，而他的嘴里又表达另一种意思时，人们肯定是相信他的眼睛。人的许多情感都可以从面部看到，如喜、怒、哀、乐。因此，演讲者可以根据自己演讲内容的需要，设计一下自己面部情感的表达。

3. 手势

手势是指演讲者运用手指、手掌、拳头和手臂的动作变化，以表达一定的思想情感。手势在演讲中运用非常普遍。

（1）**手指的运用**。如表示赞扬，表示胜利，表示蔑视，表示数目，表示警告，表示强调，表示提醒注意等常常运用手指。

（2）**手掌的运用**。演讲中，运用手掌表情达意的也很多。如掌心向上，表示坦诚、谦恭，或表示请求、许诺，或表示欢迎；掌心向下，表示反对、否认，或表示批评、制止；双掌合十竖起，高举表示祈求；手掌抚摸胸口，表示亲切；手掌拍头，表示自责；手掌抱头，表示痛苦等。

（3）**拳头的运用**。演讲中，紧握拳头一般表示决心、信心、宣誓，或表示愤怒、示威等。

你知道吗

态势语表达时要注意的问题

态势语的恰当使用，可使演讲魅力无穷。但是，如果使用不当，也会影响演讲效果。所以，在使用态势语时，要注意：一是在上台演讲之前，要认真研究好要使用什么态势语，并找时间进行演练，最好能找人指点一下，不要临时抱佛脚。二是在演讲进行中，如果一直都是使用温文尔雅的态势语，那么切忌突然使用大幅的态势语。三是不要在演讲的结尾才用突然的大动作手势。如果在演讲的过程中没有使用态势语，那么演讲结束时，突然做一个大动作手势，反倒影响了演讲的效果。四是不要在演讲的全过程都是使用大幅度的态势语，这样会给人张牙舞爪、不稳重的感觉。总之，态势语的使用要适度、自然。

知识点 3　即兴演讲

即兴演讲指演讲前没有充分准备而临时组织语言的演讲，这种演讲有主动和被动两种。所谓主动，是指没有外力的推动和督促而发表的，演讲者一般是会议的主持人。如主持演讲会，要介绍会议内容、宗旨、演讲者；如主持欢迎会、欢送会、茶话会、喜庆宴等，要做开场白和一些即兴讲话。所谓被动，是指演讲者本未打算演讲，但在外力（如主持人的敦请）推动下，不得已而临时发表演讲。

一、即兴演讲的技巧

1. 保持警觉，选准话题

无论参加什么会议，都要始终保持全神贯注。要掌握会议的主题，讨论的具体题目，争论的焦点，有很强的警觉和思想准备。一旦即兴演讲，也绝不会心慌意乱。有了思想准备，还必须寻找一个好的话题，而准确的话题来源于对会议有关情况的熟悉与掌握。要注意在什么时间、什么场合、对谁讲话。如：

> 1924年5月8日，印度诗人泰戈尔在北京过了他64岁寿辰，北京学术界举行了祝寿仪式。梁启超登台即兴演讲。因泰戈尔想让梁启超为他起一个中国名字，所以，梁启超便从印度称中国为"震旦"，讲到从天竺（印度）来的都姓竺，并将两个国名联起来，赠给泰戈尔一个新名叫"竺震旦"。

 由于话题选择得好，故整篇演讲词生动活泼，情趣盎然，寓意深刻。

2. 抓住话题，组合材料

确立了话题，就要抓住不放；进而紧扣话题精心组织材料进行论证。即兴演讲无法在事先做充分准备，完全依靠即兴抓取材料。其来源，一是平时的知识积累，二是眼前的人和事，又应以后者为主。如过多地引用间接材料，往往失掉即兴演讲的现实感和针对性，起不到应有的作用，只有多联系现场的人和事，才能紧紧抓住听众的注意力。

3. 情感充沛，以情夺人

要使听众激动，演讲者自己首先要有激情。演讲者动了真情，才能喜怒哀乐分明，语言绘声绘色，从而感染听众，达到交流情感的目的。

4. 语言生动活泼

根据听众的知识结构和文化修养，选用不同风格的语言。对一般群众的演讲可选用朴素的语言，而对文化素养较高的听众则可选用高雅的语言。这就要求演讲者平时要善于学习人民群众中生动活泼的语言，吸收外国语言中有益的成分，学习古人语言中有生命力的东西。

5. 短小精悍，逻辑严密

即兴演讲多是在一种激动的场合下进行的，没有人乐意听长篇讲话，因此必须短小精悍。短小，指篇幅而言；精悍，指内容而言。即兴演讲不能像命题演讲那样讲究布局谋篇，但也要结构合理，详略得当，要有快节奏风格和一气呵成的气势，切忌颠三倒四，离题万里，拖泥带水，重复拉杂。

即兴演讲者应具备的素质

1. **一定的知识广度**。只有学识渊博，才能在短暂的准备时间内从脑海中找到生动的例证和恰当的词汇，使即兴演讲增添魅力。这就要求演讲者具备一定的自己所从事的专业知识，并能了解日常生活知识，如风土人情、地理环境等。

2. **一定的思想深度**。这是指即兴演讲者对事物纵向的分析认识能力。演讲者对内容应能宏观地把握，通过表层迅速深入到事物本质上去认识，形成一条有深度的主线，围绕着它丰富资料，连贯成文，以免事例繁杂、游离主题。

3. **较强的综合材料的能力**。即兴演讲要求演讲者在很短的时间里把符合主题的材料组合、凝练在一起，这就使演讲者应具备较强的综合能力，有效地发挥出其知识的广度和思想的深度。

4. **较高的现场表达技巧**。即兴演讲没有事先精心写就的演讲词，临场发挥是特别重要的。演讲者在构思初具轮廓后，应注意观察场所和听众，选取那些与演讲主题有关的人物或景物，因地设喻，即景生情。

5. **较强的应变能力**。即兴演讲由于演讲前无充分准备，在临场时就容易出现意外，如怯场、忘词等现象。遇到这种情况，只有沉着冷静，巧妙应变，才能扭转被动局面，反败为胜。

知识点3　即兴演讲

二、即兴演讲的"四步曲"

即兴演讲通常是在一定的场合下，演讲者事先未做准备，只是根据需要而做的临时发言。因此，即兴演讲在思维的敏捷性、语言的逻辑性和口头表达的雄辩性方面都有更高的要求。

如何做好即兴演讲，避免因措手不及而陷入难堪的境地呢？美国演讲专家理查德总结了一个即兴演讲的"四步曲"，这四步是：

（1）第一步"喂，喂！"。提示我们必须首先唤起听众的兴趣。理查德说："不要平铺直叙地开始演讲：'今天，我要讲的内容是保障行人生命安全……'你最好这样开头：'在上星期四，特购的450具晶莹闪亮的棺材已运到了我们的城市……'"理查德设计的这一开头语虽然不符合我们中国人的忌讳心理，但它无疑具有一种先声夺人的气势，它能引起听众的好奇心，使他们很想弄清事情的究竟。

（2）"为什么要费这个口舌"是第二步。理查德说，接下去你应向听众讲明为什么应当听你演讲。若谈交通安全问题，可这样讲："不讲交通安全，那订购的450具棺材也许在等待着我，等待着你，等待着我们的亲人。"理查德所讲述的"为什么"既联系着"我"（演讲者），又联系着"你"（听讲者），还联系着场外与你我有关系的千千万万的"亲人"，这就使所有的与会者不知不觉地成了他的"俘虏"，在心理上与他产生了共鸣。

（3）紧接着的第三步为"举例"。理查德指出，比如谈交通安全问题，你若用活生生的事例来说明那些会使人们送命的潜在因素，远比只讲那些干巴巴的条文要好得多。事实上，演讲的传播媒介主要是口语，辅之以体态语。与书面语相比，口语和体态语在传达事例方面比传达条文更具有优势。特别是即兴演讲，我们更要注意在这方面扬长避短。

（4）"怎么办"是最后一步。理查德要求演讲者注意的是，这一步一定要告诉听众你谈了老半天是想让人家做些什么，最好能讲得生动一点、具体一点、实际一点。从根本上说，"怎么办"是演讲者的目的所在，如果演讲者忘记了这一步，或者这一步处理不好，就会给听众留下无的放矢或不知所云的感觉。

理查德还认为，"为什么"和"举例"这两部分如同馅饼里的馅，味道全在这里面。但是，这两部分要与引人注意的"喂，喂"和结尾的"怎么办"相呼应。

掌握理查德的"四步曲"，能使我们在大庭广众之中泰然自若地、有条不紊地陈述自己的观点，而不会陷入张口结舌、东拉西扯的窘境。

三、演讲技巧分析与示范

1. 如果你不想当观众

没有人愿意一生只当一个默默无闻的观众。如果你是一个平常人，那么你一定很羡慕那些在舞台上翩翩起舞的演员，那些在灯光、掌声和鲜花中挥动麦克风的歌唱家与明星吧？你一定很羡慕那些在高高的领奖台上举起奖杯的体育健儿，那些在讲坛上潇洒自如、滔滔不绝的政治家、学者和演讲家吧？

是的，这些都是我们美好的梦想。可是，舞蹈演员需要优美的身段，歌唱家需要甜美的嗓子、动人的外表，运动员则需要超人的身体素质……所有这些基本的、往往是天赋的条件，并不是每个人都具备的，尽管你做梦也想有朝一日加入他们的行列，站在光彩夺目的舞台之上，然而，梦想成真的机会不多。

你是一个平常人，没有什么过人之处。你是一个平常的人，你的一生就注定当一名观众吗？不，你不能这么悲观，因为，你还有一个所有正常人都有的天赋——你可以十足地对自己说："我有一张嘴！"做一个演讲家并不比任何"家"逊色。只要有一张嘴，你就有了做演讲家的"天赋"。与成为其他的"家"一样，成为一个演讲家需要你刻苦地练习，不断地拼搏，总之，绝不是一件轻而易举的事情。有一张嘴，意味着你就有了成为演讲家的可能，剩下的唯一要做的事情就是：你必须去奋斗！

也许，你要说："我可有很多缺陷，比不上一个正常的人。"没关系，朋友，因为你已经承认你有一张嘴，奋斗的历程就可以开始了！你为自己的身材很矮小而自卑吗？不必自卑，一些伟大的演讲家就是些矮个子，叱咤风云的拿破仑，语惊四座的菲律宾前外长，想必大家都不陌生吧！你为自己的长相难看而不敢走到舞台上吗？这不是演讲的根本性条件，美国总统林肯就是一个长得不是很好看的人，但他凭借自己的才华和意志，登上了总统宝座，并成为世界上最杰出的演讲家之一。还有一个8岁的小学生，由于小儿麻痹症而成为跛子，长着一副极不大方的面孔，缩头缩脑，被教师点名起来背书时，局促不安，哆嗦不已；更糟糕的是，他有一副暴露在外参差不齐的龅牙。你也许认为这个孩子个性一定十分内向，神经过敏，前途堪忧。但是你错了，这个小学生就是后来受美国人民爱戴的罗斯福总统。他把自己的缺陷当成激励自己的动力，造就他一生奋斗的精神，他非常清楚自身的种种缺陷，一一加以克服。没法改的则加以利用，在演讲时他巧妙地利用他的沙声、利用他那暴露在外的牙齿，这些本来足以使演讲一败涂地的缺陷，竟成了他获得成功的不可缺少的条件。

知识点3　即兴演讲

也许你找到了演讲的天敌——口吃。那也无所谓，古雅典卓越的政治家、演讲家德摩斯梯尼年轻时不仅口吃，说话气短，而且爱耸肩。这对于学习演讲的人来说是多么可悲的事情！他最初因此被听众轰下台，但他没有气馁，为了练习发音，他口里含着石子练朗诵；为了克服气短，他一面攀登陡坡一面吟诗；甚至架起两把剑来矫正自己爱耸肩的毛病。经过长期不懈的努力，德摩斯梯尼终于成了著名的演讲家、雄辩家。

当你身处逆境，遭遇到不幸时，不要沉溺于悲伤，不要陷入思考的罗网——关于金钱、权力、名誉和地位。你唯一能做的就是爬起来，站起来，昂起头来，坚定地对自己说："我有一张嘴！"是的，你有一张嘴，你就拥有了成功的希望，世界上从来没有什么天生的演讲家，如果有的话，就是奋斗不息的你。

你要记住一句话，并常对自己说："我有一张嘴。"

解析　这本身就是一篇很好的演讲稿，属于独白体讲话稿。文稿用浅显朴实的话语，阐述演讲的重要性和社会功用；调动对比、排比、比喻、设问、反问等修辞手法，生动活泼地说明演讲的社会效果，透过现象如实地提示事物的本质，旁征博引地鼓励人们大胆自信地利用自己的"一张嘴"。

2. 美国总统布什清华大学演讲实录（选摘）

清华大学传播系学生： 去年圣诞节前，您的弟弟曾经访问过我们清华大学，他来的时候讲，在美国有很多人，特别是政界对中国有很多的误解，刚才副主席和您提到，两国都想促进两国之间的关系健康发展和人员之间的交流，我的问题是：作为美国总统，您打算采取哪些具体的措施促进我们两国人员之间在各个层面的交流？

布什： 首先，我想来到中国访问，来到清华大学就是对你的问题的一个回答。因为美国人现在非常注意我访华的整个行程。那我想大家应该有兴趣知道，我上回先到上海，在很短的时间内，在冬天我又来到了北京。在很短的时间内两次访华，这一点可以说明，我如何看重我们双边的关系。其次，很重要的就是让美国政界的领导人能够访问中国，很多已经来过了，还有许多人要来。能够来看一看，我们回去向他们形容中国的时候，会比较准确，我回到美国以后，我会告诉他们中国是一个伟大的国家，有非常悠久、文明的历史，但是不仅如此，还有非常美好的未来。很多美国人对中国非常感兴趣，不只是来看非常漂亮的中国，而且想对中国人、对中国文化有更进一步的了解，我想我们两个国家都必须继续鼓励双边的人民相互访问。

我想可以在一定程度上改变全世界对中国印象的一个机会，就是当你们举办奥林匹克

第六章　演讲和辩论

运动会的时候。这将是一个大好的机会。到时候全世界的人都要来到中国，不只是看运动会，还可以看到中国现代化的发展，不只来的人可以看到，全世界的人通过电视转播都可以看到，所以，奥委会让北京得到2008年奥运会的主办权是有道理的。

清华大学传播系学生： 1975年您来过中国，到现在20多年过去了，您刚才也提到中国发生了很多变化，您有没有发现除了经济以外的中国社会的一些进步呢？

布什： 我想，我来到中国发现最凸显的一个现象，当然是稍微跟经济有关的，但是总的来说，就是整个人民的态度的改变。因为在1975年，我来的时候，每个人的服装都是一样的。现在你们高兴穿什么就穿什么。你看你们第一排的，全都是不一样的服装，因为你觉得这是你喜欢的，你要这么穿。当你要套上漂亮的羊毛上衣的时候，你说这是你做的决定。当你主动地做出这样的决定的时候，别的人看了，他们也要做出自己的决定。因此，一个产品的需求就影响了整个的生产，而不是由生产来影响产品的需求。如果你能够认识到在市场上的每一个人的这种需要，这就是自由社会的现象之一。这就是我们解释自由的其中一个意义。所以，我来到这里，我看见的不只是高楼大厦，我觉得最明显的就是每个人现在可以自由地做出自己的选择了。有了做个人选择的自由，就可以有其他的自由，可以自由地做其他的事情。所以，你就知道为什么1975年跟现在相比，我这么惊叹中国这么大的变化，但是我觉得还要加上一句，就是这个变化是朝更好的方向发展的。

解析： 这是一则对白体讲话实录，是2002年2月22日美国总统布什第二次访问中国时与清华学子的对话片段。对白体的话语是根据双方交谈的话题进行问答和交流的，目的性和针对性都很强，不但要会说，还要会听。在这里，布什总统回答得恰到好处，一是采用避实就虚法，如先用自己在很短的时间内两次访华的事实说明了他非常看重中美关系，再是间接地赞美了中国悠久而文明的历史和未来；二是巧转话题法，如通过2008年北京奥运会，让全世界的人都能了解中国，看到中国的发展，这样巧妙的回答使每个中国人听了都感到无比自豪。

3. 应付挑剔和责难

有一个商人，是某公司的顾客，双方一直有贸易往来。有一次，这个商人欠了该公司3 000元，可他却忘记了这笔款，不予承认。该公司会计部一再催他来付清，可商人不但不承认，还非常生气地乘火车亲自到该公司的办公室，对经理说他不但不偿还欠款，而且从今以后不再买该公司的东西。这位经理耐心地听他说话，直到这位商人最后平静下来，他才安静地说："我感谢你到公司来告诉我这件事，你已帮了我很大的忙，因为我的会计部惹怒了你，他们也可能同样惹怒到别的顾客，那就太糟了，你可以相信我，我想知道这件事情比你来告诉我你的事情更感到急切。"这位商人听后感到非常惊讶,他没想到愤怒地跑到经理办公室来责问和交涉,经理反而感谢他的来意,而且答应他把这笔款抹消,这位商人一时不知所措。经理接着说:"我十分了解你的心情,假如换成了我,也同样会有这种感觉。"这位经理听到他说不再购买他们公司的产品,便为他介绍了别家的公司,还和往常一样请他吃饭。等吃完饭回到公司后,这位商人在这个公司买走了一批比往常还多的货物。商人回去后,已经不生气了,愿意再跟该公司交往。他还认认真真地查了一次账目,发现是他的错误,于是寄给了该公司一张3 000元的支票和一封道歉信。

解析:这是一则将口才和商场战术很好地结合运用的案例。第一,这位经理沉着稳重,先让这位商人发泄心中的不满,然后才跟他交谈,所谓"小不忍则乱大谋"。第二,在口语表达上,这位经理采用"避劣荐优"法,不是急于驳斥对方或批评对方的缺点,而是从另一角度去感谢对方对自己的帮助,消除了对方的愤怒情绪,还用了"将心比心"法,使对方的挑剔和责难之心跑到九霄云外,最后还答应他抹消这笔款,这样一来,谁还会生气呢?第三,在商场战术上,这位经理采用了"抛砖引玉"法。首先,他看得出这位商人不是为了赖账,显然他是忘记了,否则,他是不会跑到公司来的;其次,作为公司的老客户,3 000元不是大数目,没有必要因小失大。所以,这位经理不仅收回了那一笔欠款,还取得了一位老客户更好的支持和信任。

知识点 4 辩 论

辩论作为以语言为武器的思想论战形式,是高水平的、综合素质的较量。辩论不仅需要制定周密的战略战术,同时更需要审时度势,随机应变,运用各种口语技巧。在辩论中,进攻、防守是最基本的技巧,在复杂多变的辩论中,进攻和防守的方法需要灵活运用,巧妙变化。

一、选准要害,先发制人

进攻,是指辩论的某一方对另一方的论点、论据和论证进行揭露、反驳,或提出诘难和要求回答的问题。其目的在于证明对方论证中的虚假、矛盾和谬误,置对方于被动挨打的境地。

1. 主动发问

进攻最好的技巧就是主动发问。赛场辩论是有时间限制的,所以赛前辩手都要认真分析

第六章　演讲和辩论

辩题，广泛收集信息，尽可能多地占有相关资料。

（1）设计发问。 辩手在赛前设计几个责难问题主动发问。比如，在"治愚比治贫更重要"的辩论里正方："请反方回答，到底贫穷的根源是什么？治贫的方法是什么？请正面回答。"

这是以发问进攻反方，引导辩论向纵深发展。在设计发问时，尽量把问题提得难度大一些、刁钻一些，以此把对方推到被动的局面中。

（2）连续发问。 连续发问是辩论中的一种重要技巧，也叫连环追问。在团体辩论中，连续发问是自由辩论时的集体作战，它不是单个的发问，而是连续提出问题，特别是在对方回避问题时，在对方无以应对时，都可使用连续发问。连续发问可分为两种情况：一种是对同一个问题，由不同的队员重复2~3次提问。另一种是针对一个目的，一个或几个人从不同角度发问，发起"组合拳"式的进攻，"有一种整体流动的风格"。连续发问可以造成大江东去、风卷残云的气势，能更好地控制局面。例如：

> 1998年蓝带杯全国大专辩论会半决赛，中国青年政治学院（正方）对西安交大（反方），辩题为"不以成败论英雄/英雄自以成败论"。当正方举出史可法的例子，试图证明英雄也会失败时，反方提问："史可法去扬州的目的是什么？"反方其他三位辩手密切配合，连珠发问。正方不得不回答："史可法是要去守扬州城，可扬州城守住了吗？"反方："错了，史可法明明知道扬州城是守不住的，他去扬州城的目的是捐躯报国。"
>
> 通过集体的配合和几个回合的拉锯战，终于通过连续发问颠覆了对方的论据，直击对方逻辑的要害，从而在这一点上树起本方观点的大旗。

2. 选准突破口

突破口要选在要害之处。所谓要害就是实质，就是双方争论的焦点。一旦抓住要害，实施有力的打击，就会动摇对方的立论基础，收到事半功倍的效果。但是，在辩论中常常会出现这样的情况：双方纠缠在一些细枝末节的问题、例子或表达上争论不休。结果，看上去辩得很热闹，实际上无足轻重。这是辩论的大忌。重要的是要在对方陈词后，迅速地判明对方立论中的要害问题，从而抓住这一问题，一攻到底，以便彻底地击败对方。如"温饱是谈道德的必要条件"这一辩题的要害是：在不温饱的状况下，是否能谈道德？在辩论中只有始终抓住这个要害问题，才能给对方以致命的打击。在辩论中，人们常常有"避实就虚"的说法，但在更多的情况下，需要的是"避虚就实""避轻就重"，即善于在基本的、关键的问题上打硬仗。善于敏锐地抓住对方的要害，猛攻下去，务求必胜，是辩论的重要技巧。

3. 进攻方法

（1）**指斥法**。指斥法是直接指出对方论点、事实或论证中存在的错误之处。如在"温饱是谈道德的必要条件"的辩论里用此法来揭露对方的论点、论据与事实相违背，是不真实的。

> 讨 论
>
> 辩论中，如果不小心涉嫌人身攻击的情况，你该怎样处理？

> **正方**：据最近的资料表明，第二次世界大战中英国人民的温饱程度是有史以来没有过的，营养价值在当时食物平均分配制度下是最好的，因此你不能通过这个问题来否认它是在温饱程度上讲道德的。
>
> **反方**：《丘吉尔传》告诉我们，那时候好多穷人是怎么去填饱肚子的呢？是去排队买鸟食，还买不到啊！

（2）**归谬法**。归谬法是假定某一观点是正确的，然后沿着对方的逻辑把其观点推向极端，引出荒谬的结论。

> **例1**：有个佛教徒宣传"轮回报应"说。他说："人不能杀生，今世杀了什么，来世就变什么。杀猪的人来世变猪，杀狗的人来世变狗……"旁边有人插话说道："照你这么说，大家都去杀人好了。"众人大笑。
>
> **例2**：古时候有个富翁死了，他的妻子同管家商量用活奴给他陪葬。富翁的弟弟不同意这样做。但嫂子坚持说："你哥哥死了，在地府没人侍候，我们就要用活奴陪葬，谁也不能阻拦。"弟弟于是就说："嫂子和兄长夫妻情深，管家对主人忠心耿耿。如让别人去陪哥哥我们不放心，倒不如嫂子和管家去陪葬，这样兄长一定会非常满意。"富翁的妻子听了连连摇头。用活人陪葬的事只好作罢。

（3）**双刀法**。双刀法是提出与论点相关的两种可能性判断，迫使对方在两种可能中选择，但不论选择哪一种，都于对方不利。

> 1946年5月，远东国际军事法庭审判以东条英机为首的28名日本甲级战犯。因排法庭座次，十个参与国的法官们展开了一场激烈的争论。中国应该排在庭长左边的第二把交椅，可是由于中国国力不强，而被强权国所否定。在这种情况下，唯一出庭的中国法官梅汝璈，面对列强展开了一场机智的舌战。他首先从正面阐明，排座次应该按日本投降时各受降国的签字顺序排列，这是唯一正确的原则立场。接着他微微一笑说："当然如果各位同人不赞成这种方法，我们不妨找个体重测量器来。然后以体重的大小排座，体重者居中，

第六章　演讲和辩论

> 体轻者居旁。"各国法官听了忍俊不禁地笑了。庭长笑着说:"您的建议很好,但它只适用于拳击比赛。"梅法官接着回答说:"若不以受降国顺序排座,那就按体重排好。这样纵使我被置末座亦心安理得,并且以此对我的国家有所交代。一旦他们认为我坐边上不合适,可以另派一名比我肥胖的来换我呀。"

解析:在这里,不按受降国签字顺序排座次是不对的,按体重多少来排座次显然是荒谬的。这两种方法取哪种都不对,那就只能采取唯一的正确做法,就是按受降顺序排座次。在这种严肃的场合进行争辩,采取双刀法,并运用些幽默,有力地驳斥了对方的荒谬。这样做,有时比义正词严、声色俱厉的争辩效果更佳。

(4)步步紧逼法。辩论的一方抓住对方的某一问题,步步紧逼,穷追不舍,直至把对方逼入死胡同。

> 2003年国际(华语)大专辩论会的一场辩题是:家庭和事业哪个更重要。进入盘问阶段,反方盘问正方。
>
> **反方**:今天我们两方都从个人和社会来谈,我方明确提出了一个标准,请问对方,你们的标准是什么?
>
> **正方**:我想刚才我方对标准已经说得很清楚了,就是既看个人也看社会,对个人更有价值,对社会更重要,这就是我们认为家庭比事业更重要的标准。
>
> **反方**:那么请问对方辩友何谓价值评价?
>
> **正方**:价值评价,对这个问题,对方辩友真要去研究字典上的定义吗?难道这么生活化的问题,我们如能从身边的小事做起,从身边的人谈起,价值评价不就是谁更重要吗?
>
> **反方**:今天我们是一个比较性的辩题,那么就一定需要标准,那什么又叫价值标准呢?
>
> **正方**:我不大明白,对方辩友为什么要抓住这个价值标准不放。我想事业可以实现人的人生价值,可是家庭同样是实现人生价值的途径之一。有很多家庭主妇,完全没有事业,可是她同样受人尊敬,因为她把她的爱,把她的全部精力都奉献给了家庭。
>
> **反方**:对方辩友还是没有正面回答我们,何谓价值评价?何谓标准?其实很简单,一个是主观的,一个是客观的。那么请问对方,你们的标准是依据价值评价来制定,还是依据价值标准来制定的呢?
>
> **正方**:无论是依据价值评价,还是价值标准,都可以论证出家庭比事业更重要。因为我们看到,比起事业,家庭对于个人对于社会来说,都是更有价值、更有意义的呀。
>
> **反方**:那么请问对方辩友当事业和家庭发生矛盾或冲突的时候,我们应该如何选择?
>
> **正方**:两个字:家庭。为什么呢?因为家庭它不可以重来,"子欲养而亲不待"的时候,

您还会觉得那个事业，那个可以从头再来、东山再起的事业，有那么重要吗？

反方：那么请对方辩友用您方的标准来给我们解释一下为何大禹治水九年在外，却三过家门而不入？

在这场辩论当中，正方拿不出一个价值标准来，企图以价值评价代替价值标准，混淆视听，蒙混过关，但没有能逃过反方的眼睛。反方穷追不舍，终于把对方逼入了死胡同。

二、严密防守，固若金汤

防守，是指辩论的任何一方积极地、严密地阐述本方的论题或者对对方的驳难进行辩护和解答。其目的在于强化阵势，巩固防线，并创造反攻的条件。

辩护就是防守。从立论之初就应该为自己辩护做好准备。当对方对自己的观点或者证据提出一些枝节性质疑的时候，可以不予回答，但当对方对自己的基本观点提出质疑时，则必须简明扼要地回复，并进行辩护。只有澄清自己的基本观点，才能够有充分的空间和时间攻击对方，如果不进行必要的辩护，进攻就会显得强词夺理、理屈词穷。

1. 先答后问

先答后问是最重要的防守技巧。答是为了守，问是为了反攻。能否有效地守住阵地，很大程度上取决于辩手怎样回答对方提出的问题。对对方提出的问题要坚持有问必答的原则，但在回答中也要把握时机反守为攻，顺势提出问题向对方反击。对方提问总是认为能造成我方的矛盾，或与客观事实矛盾，而我方回答则要让这种矛盾不存在，问题回答得好，阵地就守得牢，随后提出反问是为了避免总处于守势。回答对方提问并反问有以下技巧：

（1）**引申转化**。即不引用新材料，借用对方提出的材料与问题，转化成与其基本观点相反的结论，用以反攻对方。

正方：我倒要请教对方同学，30年前我们看到索马里儿童挨饿，为什么在30年后的今天，更多的索马里儿童还在挨饿？请正面回答。

反方：索马里的治贫效果确实不理想，但是治愚的效果很不错，并没有改变贫困状况啊！索马里的识字率由70年代的5%，上升到80年代的60%，可是它还是那么穷。

解析：正方本想证明索马里没解决儿童挨饿问题，是因为它没有治愚。殊不知反方比他更熟悉索马里，反方敏捷地引申出具体事实，说明其对治愚有一定成效，但这并没改变索马里恶劣的现实，逼得对方只能另起炉灶，才能提出新的问题。

第六章　演讲和辩论

（2）**巧妙回避**。有时候对方问题提得确实很尖锐，不好做正面回答，我方可有意识地躲闪其问题的实质，或对其轻描淡写，尽快转移到其他问题上。

> **反方**：原来对方同学今天告诉我们，发达国家有了信息高速公路，就会白送给发展中国家，这个立论成立吗？请问对方同学。
>
> **正方**：我要提醒对方，这么多发展中国家，没有信息科技就没有这次辩论会的成功。对方怎能"端起碗来吃肉，放下筷子骂娘"？

解析：反方本意在问"发达国家会白送信息高速公路给发展中国家吗"，而正方则没有直接应答这个问题，而是说发展中国家有信息科技，能有助辩论会的成功，可他并没有说发展中国家的信息科技是怎么取得的。问题回避得很巧妙，后面的反问更是将回避掩饰得毫无痕迹。

（3）**反攻为守**。辩论中要抓住机会向对方发难，使辩论的剑锋转向对方，这是一种摆脱对方发问的防守技巧。

> **正方**：贫，就是指生活资源的缺乏吗？一个国家缺乏生产资源就是一个穷国吗？
>
> **反方**：我们的"贫"，是根据联合国的定义，不知您的定义是哪里来的？

解析：正方本在挑剔反方对"贫"的定义，反方回答是先指定义的来源，但没有停留在对问题的浅层回答上，而是借此机会再反问对方定义有何依据。短短的一句话里蕴涵着攻与守的快速转换。其实联合国的定义并非每个都圆满得无以推敲，只是在辩论赛上对方在短时间里无法做全面反对。

辩论里没有单纯的进攻，更没有单纯的防守，辩论的进程是攻与守的不断演变，辩论双方都有进攻的权利，不可能哪方始终在进攻，双方旗鼓相当的辩论总是能攻善守，能根据不同情况选择攻与守。

2. 其他辩护方法

辩护有直接辩护和间接辩护之分。

直接辩护：是正面证明自己的论点、论据、论证的正确性。

间接辩护：不急于证明自己观点的正确，而是通过迂回的途径，最后达到维护自己观点的目的。

辩护的技巧很多，如例证法、归纳法、类比法、以牙还牙法、反证法、淘汰法等。

知识点4 辩 论

你知道吗

辩论中的灵感思维

灵感思维，也叫直觉思维、顿悟思维，它是在一定知识积累的基础上，在外界因素刺激的诱导下，精神高度集中产生的形象、概念、思维快速撞击，从而产生的认识突变。

《三国志·秦宓传》中有一段问答：

张温：天有头乎？

秦宓：有头。

张温：头在何方？

秦宓：在西方，诗云："乃眷西顾。"由此推之，头在西方。

张温：天有耳乎？

秦宓：天处高而听卑。诗云："鹤鸣九皋，声闻于天。"无耳何能听？

张温：天有足乎？

秦宓：有足，诗云："天步为艰。"无足何能步？

张温：天有姓乎？

秦宓：岂能无姓？

张温：何姓？

秦宓：姓刘。

张温：何以知之？

秦宓：天子姓刘，以故知之。

吴国派使者张温访问蜀国，他很傲慢，秦宓因此在酒席上教训他。这里问得奇怪，答得更怪，但一答一问尽在情理之中。

广博的知识只是灵感产生的基础，临场思维的敏捷才是触发灵感的契机。在辩论中的快速而激烈的问答中，很有可能抛出一些奇怪而难以回答的问题，灵感思维则是转危为安的法宝。

三、辩论的进攻和防守的关系

在辩论中，攻和守都是必不可少的。没有攻就形不成交锋，引不起波澜，也就不可能达到辩论应有的思想深度。没有守，就不会有充分的理论论述，缺少足以说服对方和听众的具体内容，也就形不成辩论成败的基础。

1. 进攻是辩论的特性

不管是实用性的辩论还是表演性的辩论，进攻都是主要手段。只有对论敌发起强烈的进攻，实施有效的打击，才能掌握辩论的主动权。俗话说："先下手为强，后下手遭殃。"先下手就能以锐气压制对方，占据主动权；后下手，处于被动状态，不是处处挨打，就是防不胜防，被人牵制。没有进攻就不是辩论，而只能算讨论。

2. 防守是辩论的必然

辩论是双方的对峙，进攻是主动出击，防守是巩固阵地。所以，在一定意义上说，防守就是最有效的进攻。防守是要打好基础的。在论题有了充分、合理论证的基础上，才能发起进攻，进攻才最有效。没有稳固的基础，进攻就没有后劲，就难以克敌制胜。

3. 攻中有守，守中有攻

在辩论的过程中，辩论双方的攻守总是不断地转换的。以攻为守，以守为攻，二者交互使用是对立的统一。攻和守有时又是难以分开的，常常是攻中有守，守中有攻。反驳是攻，但在反驳的同时也阐明了自己的观点，则又是守。一般的证明和回答是守，但同时向对方提出一些反诘，则又是进攻。

四、几种辩论的基本技巧

下面我们介绍几种辩论的基本技巧。

1. 是非问句式

是非问句是使用语气词"吗"的问句，提问者把一件事情的全部都说出来，要求对方做出肯定或否定的回答。但是值得注意的是，当这类问句中带有否定词的时候，简单地回答肯定或否定，就往往会造成歧义。比如：

"你不是日本人吗？"

若回答"是"，可以理解为表示肯定含义，是"日本人"，也可以理解为表示否定含义，"不是日本人"。若回答"不"，可以理解为"不是日本人"，也可以理解为是对"不是日本人"的否定，得出"是日本人"的结论。

在辩论的某些场合，巧妙地利用这种含有否定词的是非问句所构成的歧义，往往可以使辩论对手不知不觉落入我们设置的语言陷阱中，从而陷于被动，导致失败，这种技巧称为否定问句式。

知识点4　辩　论

> 一天，一位学者与他女儿苏珊发生了争论。
>
> 苏珊："你是一个大骗子，爸爸，你根本不能预言未来。"
>
> 学者："我肯定能！"
>
> 苏珊："不，你不能。我现在就可证明它。"
>
> 苏珊在一张纸上写了一些字，折起来，压在水晶球下。她说："我写了一件事，它在下午三点钟前可能发生，也可能不发生。请你预言它究竟会不会发生，在这张白卡片上写下'是'或'不'字。要是你写错了，你就答应今天买辆赛车给我，不要拖到以后好吗？"
>
> "好，一言为定。"学者说着在卡片上写了一个"是"字。
>
> 三点钟时，苏珊把水晶球下面的纸拿出来，高声读道："在下午三点钟以前，你将写一个'不'字在卡片上，可你写的是'是'字，你预言错了！因为在下午三点以前，你将写一个'不'字在卡片上，这一件事并未发生。"
>
> "如果我写一个'不'字就好了。"学者说。
>
> "如果你写一个'不'字，同样你也是错了，因为写'不'字就表示预言卡片上的事不会发生，但它恰恰发生了！所以不管怎样你都是错的！爸爸，我要买一辆橘红色的赛车，今天就给我买吧。"

解析：这位学者显然落入了女儿为他设置的语言陷阱之中。他女儿使用的就是是非问句式技巧。她提出一个包含否定词的是非问句："你下午三点钟之前会在卡片上写一个'不'字吗？"要求对方做出肯定或否定的回答，但不管对方是做出肯定还是否定回答，都难以逃脱窘境。

2. 以谬制谬术

为了驳倒一个错误论题，先假设它是正确的，然后以此为根据，用语言或行为合乎逻辑地推出下一个明显是错误的结论，以便对方从这个结论中能很自然地反推到自己论题的错处，从而使对方的观点随之被驳倒。这种人为制造谬论，用以反驳对方谬论的方法，叫作以谬制谬术。以谬制谬术的关键之处在于能够洞悉论敌错误论点中隐蔽的荒谬点，然后扩大其范围，加深其程度，强调其性质，将其推向极端，使其荒唐性暴露无遗。

> 伦琴射线的发明者收到一封信，信中说：
>
> "我胸中残留着一颗子弹，须用射线治疗。请你寄一些伦琴射线和一份怎样使用伦琴射线的说明书给我。"

第六章　演讲和辩论

> 伦琴射线是无法邮寄的，这样的要求不仅无知，而且带有戏谑成分。求人帮忙，却不庄重，居然开玩笑，按照常规，伦琴应该狠狠教训他一下，阐述一下射线的原理，但伦琴没有这样处理，而是回信道：
> "请你把你的胸腔寄来吧！"

解析：很显然，伦琴射线无法邮寄，同样，一个活人的胸腔也无法离开人的身体而邮寄过来，伦琴以谬制谬，取得的效果显然比怒斥对方一通要好得多。

面对论敌的谬论，我们有时可以用确凿的事实、严密的论证去反驳，但以谬制谬术却并非如此，它是用跟论敌同样荒谬的言论来反击对手，这同样可以达到制服论敌的目的。

3. 以柔克刚术

在辩论中，面对咄咄逼人、气势汹汹的强敌，应避开不利条件下的正面冲突，巧妙周旋，见机行事，以柔克刚，折服对手，这就是辩论中的以柔克刚术。

"柔"相对"刚"而言，有其独到之处。刚强之物，形可碎而不可变，坚而不韧，强而易碎。而柔软之物，随势变形，柔而耐久，富有韧性。在辩论中，有时避强守柔，看似怯弱，实为克刚之术。

以柔克刚术适用于当对方处于主动地位而自己处于被动地位的辩论局势，在这种情况下，必须避免正面冲突，做暂时的退让和忍让，借机寻找对方的薄弱环节加以利用，以柔克刚，最终取得辩论的胜利。

运用以柔克刚术的注意事项

辩论中运用以柔克刚术，要注意以下两点：

第一，不能感情用事，要处变不惊，受辱不怒，沉着应付，外柔内刚。

第二，在软磨滥缠中寻找突破口。以柔克刚并不是只靠一次交锋就可取胜的，往往要在多次的磨合纠缠中发现进攻的机会，这就需要时间，需要一定的过程。

4. 釜底抽薪术

古语有云："抽薪止沸，剪草除根。"说的是要想"止沸"，最根本的方法就是"抽薪"，"剪草"最重要的就是"除根"。釜底抽薪术是指在辩论中，抓住对方论据的纰漏，然后将

知识点4 辩 论

其论点中的支柱猛然击塌，使对方猝不及防而导致失败的辩论技巧。运用釜底抽薪术辩论时，应注意以下两点：

（1）要找出对方观点或言词中的纰漏，这是在"釜底"下"抽薪"的突破口。

（2）"釜底"的"薪"可能很多，也就是说，支持对方观点的论据很多，辩论者要抓住其主要的、本质的论据下手，而不能面面俱到，否则会失去威力。

下面是一个运用釜底抽薪术的例子。

> 秦宣太后守寡时与大臣魏丑夫有暧昧关系，临死前，她命令要魏丑夫殉葬。大臣庸芮去为魏丑夫说情。
>
> 庸芮问太后："人死以后还会有知觉吗？"
>
> 太后回答说："当然没有知觉。"
>
> "既然如此，为什么还要把生前所喜爱的人，活活埋到坟墓里和死人葬在一起呢？更何况，要是死人还有知觉的话，先王对您的积怨也一定是很深的，太后到了阴间请罪都来不及，还有什么空闲与魏丑夫约会呢？"
>
> 太后听了无言以对，只好放弃了原来的打算。

解析：秦宣太后之所以最后收回命令，是因为支持她论点的论据"人死后可以继续生前的生活"被庸芮从正反两方面彻底摧毁，最后的结论是，无论人死后有知觉还是没有知觉，都不应该要魏丑夫殉葬。

5.顺水推舟术

顺水推舟术是指辩论者抓住对方的话茬儿，顺着说下去，让其向着有利于自己的方向发展，从而使对手折服。在辩论中，顺水推舟术是借敌胜敌的技巧之一，其特点是，借他人之力，为自己所用，从而达到预期的目的。

运用顺水推舟术辩论，即在论敌的攻势面前，把握其意图和要害，表面上顺从，实际上是以"四两拨千斤"的手法，借敌力为我力，引诱对方孤军深入，一直将其引向荒谬的极端；然后，出其不意地突然逆转，集中火力杀回马枪，使对方在原先暗自欣喜的境况下猛受当头棒喝而晕头转向，如坠万丈深渊而失去招架之力。

运用顺水推舟术的关键在于处理好"顺"与"推"之间的转换关系，并能抓住对方关键性的话语。

在莎士比亚的《威尼斯商人》中，曾记述鲍西娅巧用顺水推舟辩论术战胜夏洛克的故事。

第六章 演讲和辩论

> 安东尼奥借了夏洛克 300 旧金币，夏洛克为了报复安东尼奥，提出条件：如果到期还不起，就从安东尼奥身上割下一磅肉，狠毒的夏洛克还要安东尼奥立下借据。
>
> 借期到了，安东尼奥无力偿还夏洛克的钱，夏洛克执意要从安东尼奥身上割下一磅肉，并告到法院。
>
> 这时，鲍西娅扮成律师为安东尼奥辩护，她先是稳住对方，站在夏洛克的立场上表示支持他按借据行事，然后轻描淡写地对夏洛克说：
>
> "你得请一位外科大夫，免得他流血过多，送了命。"
>
> 夏洛克非置安东尼奥于死地不可。他说："借据上没有这一条。"
>
> 鲍西娅说："这借据上写的是给你一磅肉，可没有给你一滴血，这说明割一磅肉时不能出一滴血。夏洛克，你就准备割肉吧，可你当心别让他流出一滴血来。还有，你割的肉，不能超过一磅，也不能少于一磅，要是你割的肉比一磅多一点或是少一点，那就按威尼斯的法律，判你死罪，财产充公。"

解析：要做到割一磅肉而不流一滴血，并且斤两要不多不少，是办不到的，聪明绝顶的鲍西娅为制服夏洛克，并未与他正面抗衡，而是顺着夏洛克的思路推进下去，终于使夏洛克彻底失败。

6. 反驳论证术

论敌为其错误的论题辩护，往往要列举出一定的论据来证明其论题成立，这就要运用一定的论证方法。当论敌运用错误的论证方法为其谬误辩护时，要反驳对方，可以通过指出其论证方法的错误，指出论据与论题之间没有必然联系来达到目的，这就是反驳论证术。

让我们来看看下面一段辩论中不同的人所使用的论证方法：

在意大利的都灵大教堂内珍藏着一件圣物，相传是耶稣遇难后包裹尸体的细亚麻布。六百多年来，信徒们一直就它的真伪问题争论不休。某年，神学院的 5 名学员来到这里，他们看了这块裹尸布后，各自发表了自己的见解。

甲：我认为这件圣物是真的。如果是假的，它就不可能在六百年内一直被我们的教友所敬奉。

乙：我也认为它是真的。耶稣被钉死在十字架上，死时手腕与大腿流了不少血，现在我亲眼看到它上面有斑斑血迹，可见它是真的了。

丙：我认为它是假的。专家研究认为，细亚麻布直到 2 世纪才出现，而耶稣是在公元 1 世纪受难的，可见这块细亚麻布不可能是圣物。

丁：我说不上它是真还是假。最好用"碳 14 同位素"测定一下它的年份，如果确实

> 是公元1世纪的织品，那就可以肯定它是圣物了。
>
> 戊：我同意乙的看法。另外再补充一点，最好能够用仪器测定一下上面血迹的年份，若与耶稣遇难的年份相近，那就更有说服力了。

从论证的角度分析，以上5人的议论中，只有丙的论证方法是正确的，而其余4人都是错误的。他们使用的是条件推演的方法，但甲的条件命题的前提是假的，而乙、丁、戊使用的则是条件推演中的肯定后件的错误形式。比如：

> 如果是圣物，上面就有血，
> 它上面有血，
> 所以，它是圣物。

这种论证方法显然是错误的。

我们要达到反驳对手的目的，可以直接指出对方推论的错误，也可以模仿对方的错误推论形式，推出令对方感到难堪的结论，这就能有效地达到揭露谬误、反击对手的目的。

7. 精神助产术

古希腊哲学家苏格拉底同别人辩论的时候，往往采取一种特殊的形式，他不像有的智者那样称自己知识丰富，而是说自己一无所知，对任何问题都不懂，只好把问题提出来向对方请教。但当对方回答他的问题时，苏格拉底又表示不满意，对对方的答案进行反驳，弄得对方错误百出，最终只得承认自己错了。这样反复多次，最后通过启发，诱导对方把苏格拉底的观点说出来。但苏格拉底却说这个观点不是自己的，而是对方心灵中本来就有的，只是由于肉体的阻碍，才未能明确地显现出来，他的作用不过是通过提问帮助对方把观点明确而已，这正像苏格拉底当助产婆的母亲一样，虽然年迈体弱已不能生育，却能助产接生，因此，他将自己的这种辩论术称为"精神助产术"。

下面我们举例说明苏格拉底是怎样施行精神助产术的。

> 一次，尤苏戴莫斯（简称"尤"）告诉苏格拉底（简称"苏"），像欺骗、偷窃之类都是不正义的。于是他们之间展开了一场辩论。
>
> 苏："如果在作战时欺骗敌人，怎么样呢？"
>
> 尤："这是正义的，不过我说的却是我们的朋友。"
>
> 苏："如果一个将领看到他的军队士气消沉，就欺骗他们说，援军就要来了，因此制

第六章　演讲和辩论

止了士气的消沉，我们应该把这种欺骗放在哪一边呢？"

尤："我看应该放在正义的一边。"

苏："又如一个孩子需要服药，却不肯服，父亲就骗他，说这种东西很好吃，而由于用了这种欺骗的方法竟使孩子恢复了健康，这种欺骗的行为又应该放在哪一边呢？"

尤："我看应该放在正义这一边。"

苏："又如一个人因为朋友意志沮丧，怕他自杀而把他的刀剑一类的东西偷去或拿去，这种行为应该放在哪一边呢？"

尤："当然，也应该放在同一边。"

苏："就是说，就连对于朋友也不应该在无论什么时候都坦率行事了？"

尤："的确是这样。如果你准许的话，我宁愿收回我已经说过的话。"

解析：苏格拉底在与尤苏戴莫斯的一问一答之中，反复运用启发诱导的方式，终于使对方放弃了他原来的观点，取得了统一的认识，从而获得了辩论的胜利。

苏格拉底的"精神助产术"这一辩论方式在我们今天的辩论中，仍具借鉴意义。

8. 乱而胜之法

所谓乱而胜之法，就是辩论一方故意混淆某些概念或提出某些相互矛盾的命题，使对方思维陷于混乱，之后浑水摸鱼，趁机取得辩论主动权的方法。

我们来看下面这个例子。

苏格拉底领了一个青年，到智者欧底姆斯那里去请教。欧底姆斯为了显示自己的本领，给这个青年一个下马威，便劈头提出这样一个问题："你学的是已经知道的东西，还是不知道的东西？"这个青年回答说："我学习的当然是我不知道的东西。"于是欧底姆斯就向这个青年提出了一连串的问题：

"你认识字母吗？"

"我认识。"

"所有的字母都认识吗？"

"是的。"

"教师教你的时候，是不是教你认识字母？"

"是的。"

"如果你认识字母，那么他教的不就是你已经知道了的东西吗？"

"是的。"

在实际辩论场上可能存在这样的一问一答吗？

知识点4 辩 论

"那么,是不是你并不是在学,而只是那些不识字的人在学?"

"不,我也在学。"

"那么,你认识字母,而你又在学字母,就是你学你已经知道的东西了。"

"是的。"

"那么,你最初的回答就不对了。"

第一个例子中,欧底姆斯就是利用了乱而胜之法获胜的。"我学习不知道的东西"是指学习前不知道的东西,"我学习已经知道的东西"是指学习后已经知道的东西,这个智者故意混淆这两者之间的区别,从而把这个青年弄得昏头昏脑,承认自己的失败,甘愿拜智者为师。

乱而胜之法往往含有较多的诡辩成分,但在辩论中不失为一种锐利的武器,特别是在激烈的言语碰撞中,往往可以使对方陷入被动,从而赢得辩论的胜利。

9.暗度陈仓术

"暗度陈仓"这一成语指作战时在正面迷惑敌人,从侧面突然袭击敌人的战略。暗度陈仓术运用在辩论中,是指辩论中制造假象蒙骗对方,进而出奇制胜的一种辩论技巧。

运用暗度陈仓术,必须注意以下方面:

(1)要制造假象,蒙骗对方,假象要逼真,用于转移和牵制对方的思维。

(2)"度"要巧妙,要把自己的观点悄悄地渗入对方的思维领域,使其在逐渐明白你的真正目的时已无法悔改。

暗度陈仓术的特点是,藏而不露,出奇制胜;表面上不露声色,但在暗中紧张地思考对策;言此而意彼,巧用智谋取胜。

你知道吗

辩论八忌

一忌以势压人。真理面前,人人平等。长辈与晚辈,领导与下级之间进行辩论时,辩论双方,特别是长辈与领导者,应心平气和,坚持以理服人,切不可起高腔,发脾气,耍权威。

二忌歪曲事实。事实胜于雄辩,任何辩论,都应以事实为依据,辩论中涉及的事实是一种不以辩论双方意志为转移的客观存在,是无言的证人。凡是不尊重客观事实,妄图靠主观臆断、肢解事实、隐瞒实情、制造假象等手段进行辩论的,无一不以失败告终。

第六章　演讲和辩论

三忌揭人之短。有些辩论是为了澄清是非而进行的，不管这种辩论有多么激烈，辩论中不能揭人之短，不能搞人身攻击。凡是把一些与论题无关的内容，如论敌的隐私或生理缺陷等拿来，当作攻击手段，往往会搬起石头砸了自己的脚，既失掉了听众的信赖，也使自己的辩论变得庸俗和无战斗力。

四忌争吵不休。古人云："大辩不争。"辩论中能否沉着、冷静，直接关系到论题的表述和辩论的成败。因此，在辩论中万不可让理智做了感情的俘虏，冒出粗俗的废话，甚至于大吵大嚷、面红耳赤或说粗话。

五忌转移论题。在一般情况下，一次辩论的论题只有一个，不可有意无意地转移论题。因为论题的随意转移，将使辩论成为扯皮。如果发现论敌在理屈词穷之后，故意偷换论题，应当立即指出，免得浪费唇舌又无益于事实的澄清。

六忌独占论坛。在众人参加的辩论中，要让每个人都有讲话的机会，绝不能搞一言堂。

七忌前后矛盾。辩论中，尽量避免引用事实、论据、数字、寓言等前后不一，甚至出现矛盾的现象。辩论中，任何事实、数据以及逻辑推理等方面出现矛盾或错误，都是授论敌以把柄，都将导致辩论的失败。要避免这一点就需要事先做深入细致的调查研究，准确无误地掌握有关事实和数据，掌握语言、逻辑等方面的知识。

八忌结论连篇。正确结论是在摆事实、讲道理、分清是非的基础上才能得出的。只有结论而无辩论过程的辩论，不但不能说服听众，反而会使听众越听越不耐烦。

每章一练

1. 演讲的要素有哪些？
2. 演讲的开场技巧有哪些？
3. 即兴演讲应具备哪些素质？
4. 试简述辩论中进攻和防守的辩证关系。
5. 请对以下一则法庭辩论演讲词进行赏析，说说其行文中包含了哪些技巧。

对弗里斯的控告
[古罗马]西塞罗

各位元老，长期以来，大家有这样的见解：有钱人犯了罪，不管证据怎样确凿，但在公开的审判中总会安然无事。这种见解对你们的社会秩序十分有害，对国家十分不利。现在，驳斥这种见解的力量正掌握在你们手里。在你们面前受审的是个有钱人，他指望以财

知识点4 辩 论

富来开脱罪名；可是在一切公正无私的人心中，他本身的生活和行为就足以给他定罪了。我说的这个人就是凯厄斯·弗里斯。假如他今天不能受到罪有应得的惩处，那不是因为缺乏罪证，也不是因为没有检察官，而是因为司法官失职。弗里斯青年时期行为放纵，后来任财务官时，除了作恶，几乎没有干过别的。他消耗国库，欺骗并出卖了一位执政官，弃职逃离战场，使军队得不到给养。掠夺某省，践踏罗马民族的公民权和宗教信仰的权利！他在西西里任总督时，恶贯满盈，臭名昭著。他在这期间的种种决策违反了一切法律、一切判决先例和所有的公理。他对劳苦人民横征暴敛无法统计。他把我们最忠诚的盟邦当作仇敌对待。他对罗马公民像奴隶一样施以酷刑处死。许多杰出的人物不经审讯就被宣布有罪而遭流放，凶残的罪犯以钱行贿得以赦免。

弗里斯，我现在问你，对这些指控还有什么可辩解的？不正是你这暴君，敢于在意大利海岸目力所及的西西里岛上，将无辜不幸的公民帕毕列阿斯·加弗斯·柯申纳斯钉在十字架上，使他受辱而死吗？他犯了什么罪？他曾表示要向国家法官上诉，控告你的罪行，他正要为此乘船归来时，就被控以密探罪捉拿到你面前，受到严刑拷打。他仍然宣称："我是罗马公民，曾在罗克斯手下工作，他就在班诺马斯，他将证明我无罪！"你对这些抗辩充耳不闻，你残忍至极、嗜血成性，竟下令施以酷刑！"我是一个罗马公民！"这句神圣的话，即使是在最僻远之地也还是安全的护身凭证。但他的语音未绝，你就将他处死，钉在十字架上！

啊，自由！这曾是每个罗马人的悦耳之音！啊，神圣的罗马公民权，一度是神圣不容侵犯的，而今却横遭践踏！难道事情真已到此地步？难道一个低级的地方总督，他的全部权利来自罗马人民，竟可以在意大利所见的一个罗马省份里，任意捆绑、鞭打、刑讯并处死一位罗马公民吗？难道无辜受害者的痛苦叫喊，旁观者同情的热泪，罗马共和国的威严，以及畏惧国家法制的心理都不能制止那残忍的恶棍吗？那人仗着自己的财富，打击自由的根基，公然蔑视人类！难道这恶人可以逃脱惩罚吗？诸位元老，这绝对不可以！如果这样做，你们就会挖去社会安全的基石，扼杀正义，给共和国招来混乱、杀戮和毁灭！

6.辩论中，碰到下面这些情况，该怎样回答？

（1）约翰·亚当斯竞选美国总统时，有人指控约翰·亚当斯，说他曾派其竞选伙伴平克尼将军到英国去挑选四个美女做他们的情妇，两个给平克尼，两个留给亚当斯。

亚当斯听后哈哈大笑，他回答说："假如这是真的，那平克尼将军肯定是瞒过了我，全部独吞了。"在场的人都大笑起来。

（2）美国总统里根有一次访问加拿大，在加拿大总理特鲁多的陪同下，里根到某市发表演说。演说时，一群人打出标语、喊着口号举行反美示威，不断打断里根的讲话，几乎到了讲不下去的地步。这种极不友好的举动，使东道主特鲁多总理十分尴尬难堪，因为按常规思维，美方是要向加方提出严重抗议的。这时，里根总统不仅没有提出抗议，反而笑着对特鲁多总理说："这种情况在美国是经常发生的。我想这些人一定是特意从美国来到贵国的，可能他们想使我有一种宾至如归的感觉。"众人大笑。

（3）有位女司机是新手上路，车子被撞得花花绿绿的。她把车子开进一家修车厂，也不管人家有客人在现场，一进门就对着师傅嚷嚷："师傅，我这车才花钱送来修了没几天，怎么今天一大早，我想把它开出家门，都费了好大力气？"

修车厂师傅有些尴尬地看了看车子，然后笑着说："看出您费大力气了，您把车开到这里不容易吧。"女子听后，看看自己的车子，很不好意思地笑了起来。

第七章

介绍与解说

教学目标 ◀

　　当与陌生人见面时,通常需要相互自我介绍或者由第三者进行分别介绍,并由此开始社交的第一步;当处于一个陌生地点时,则一般由他人进行相关事物的解说。通过本章的学习,学生能够轻松应对日常生活中常用的介绍和解说的情形,并运用基本的知识和技巧进行人际交流。

教学要求 ◀

认知: 如何介绍他人和自己,是踏进社交圈的第一步,通过介绍和解说,与陌生人进一步
　　　交往。
情感态度观念: 介绍和解说是生活、工作必不可少的组成部分。
运用: 大方得体的自我介绍能够增加与不同社会层面的人交流的机会。

第七章 介绍与解说

知识点 1 介 绍

一、人物介绍

人物介绍通常有两种方式：一是介绍他人；二是自我介绍。

1. 介绍他人

这是站在中间人的立场上，使双方相识或建立关系的一种社交活动。介绍他人通常要把其姓名、职务、特长、使命等说清楚，但是要根据公关交际的目的而有所选择和侧重。

介绍多人时，应注意介绍的顺序：

（1）对不同性别的两个人，一般情况下，应先介绍男士给女士。如果男士年龄比女士大很多时，则应把女士介绍给男士，以示尊重。

（2）将不同辈分、职务的两个人介绍给众人时，应先介绍年长的，后介绍年轻的；先介绍职务高、知名度大的，后介绍职务低、知名度低的。

（3）两个团体相互介绍时，一般只介绍带队的、职务高的，随员笼统介绍即可。

你知道吗

怎样自然地介绍他人？

介绍他人时要做到：一要热情友好、落落大方；二要口齿清楚，注意礼节。介绍时吐字清晰，简洁明了，评价恰当。介绍时应该多使用尊称，如"请允许我向您介绍……"。在介绍两位素不相识者相见时，不仅要介绍各自的姓名，还应多介绍一些对方的情况，如"小苏，这位是林教授。你正在学摄影，林教授是位摄影高手，曾有多张作品参展"。这样的介绍有穿针引线、增进了解的作用。

2. 自我介绍

从交际心理上看，人们初次见面，彼此都有一种想了解对方，并渴望得到对方尊重的心理。这时，如果能及时、简明地把自己的情况介绍给对方，不仅满足了对方的渴望，而且对方也会以礼相待，进行自我介绍。这样双方以诚相见，就为进一步交往奠定了良好的基础。

另外，在参加公关交际时，主人不可能将每一个人的情况都介绍得很详细。为了增进了解，不妨抓住机会，多做几句自我介绍。时机有两种：一是主人介绍话音刚落时，可接过话头再补充几句；二是当有人表示出想进一步了解自己的意向时，可做较详细的自我介绍。

自我介绍的要求如下：

（1）要繁简适度。 自我介绍常常包括姓名、年龄、籍贯、职业、职务、工作单位或住址、毕业学校、主要经历、特长、兴趣等。但在介绍时，没必要将上述内容逐项说出，而要根据不同的交际目的决定介绍的繁简。大多情况下，自我介绍应简短明了，讲清姓名、身份、目的和要求即可，但在应聘、招标时，自我介绍则应较为详尽。

（2）要把握分寸。 自我介绍不仅是对自己基本情况的客观陈述，也包含着自我评价。自我评价应掌握分寸，既不可过高，也不能过低，以给人留下美好印象为目的。概括地说，应做到自信、自识、自谦。

自信， 即对自己的能力、特长要敢于肯定，不要回避。通过自我介绍给人一种感染力，使之产生接近的欲望。

自识， 即有自知之明。有勇气剖析自己的短处，实事求是、令人信服地评价自己，使人产生信任感。

自谦， 即自我评价要留有余地，不要说"满"，不宜用"很""最""极"等极端的词汇，给人留下"狂"的感觉。

自我介绍还可以增加一些语言的风趣性，这样能表现自己活泼近人的性格，缩短彼此的距离。

二、景物介绍

介绍景物，应注意有些直观的景可以不做讲解，语言要轻松幽默，让游客容易接受，不能太啰唆，景物背景可以多讲些，让游客从中了解一些知识，也可以讲点让游客感兴趣的传说、民间故事等。下面提供一些介绍景物的方法。

1. 分段讲解法

分段讲解法 是指将一处大景点分为前后衔接的若干部分来讲解。

首先在前往景点的途中或在景点入口处的示意图前，导游人员概述介绍景点（包括历史沿革、占地面积、欣赏价值等），并介绍主要景观的名称，使游客对即将游览的景点有一个初步的印象，使之有一睹为快的要求，然后再到现场顺次游览。导游人员在讲解这一景区时注意不要过多地涉及下一景区的景物，但在快要结束这一景区的游览时，适当地讲一点下一个景区，以引起游客的兴趣。此讲解法适合在讲解规模大的重要景点时使用。

2. 突出重点法

突出重点法是指导游人员在讲解中避免面面俱到，而是突出某一方面的讲解方法。

导游人员的讲解应该有的放矢，做到轻重搭配、详略得当、重点突出。所突出的重点内容应：

（1）有代表性；

（2）与众不同处；

（3）是游客感兴趣的地方。

3. 触景生情法

触景生情法是指见物生情、借题发挥的导游讲解方法。

第一层含义是导游人员不能就事论事地介绍景物，而要借题发挥，利用所见景物使游客产生联想，起到以点带面的作用；第二层含义是导游讲解的内容要与所见景物和谐统一，使其情景交融。

4. 虚实结合法

虚实结合法是指导游人员在讲解中将典故、传说与景物介绍紧密结合，即编制故事情节的导游讲解方法。

这里，"实"指的是景物的实体、实物、史实、艺术价值等；"虚"指的是与景点有关的民间传说、神话故事、趣闻逸事等。虚与实必须有机结合，以实为主，以虚为辅。

5. 问答法

问答法是指在讲解时，导游人员向游客提问题或启发他们提问题的讲解方法。使游客变被动为主动，以激起其欲穷究竟的探索欲。具体包括自问自答、我问客答和客问我答。

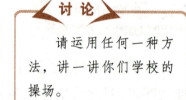

讨论

请运用任何一种方法，讲一讲你们学校的操场。

6. 制造悬念法

制造悬念法是指在讲解时提出令人感兴趣的话题，但又故意引而不发，激起客人急于得到答案的欲望，使其产生悬念。

7. 类比法

类比法是指以熟喻生，达到类比旁通的讲解方法。包括：同类相似类比，如北京王府井—东京的银座/纽约的第五大道/巴黎的香榭丽舍大街；同类相异类比，如故宫—巴黎的凡尔赛宫，唐长安城—东罗马帝国的首都君士坦丁堡。

8. 画龙点睛法

画龙点睛法是指用凝练的词句概括所游览景点的独特之处，给游客留下突出印象的讲解方法。

各种导游手法和技巧不是孤立的，而是相互渗透、相互依存、密不可分的。只有将其融会贯通，结合自己的特点形成自己的独特风格，才能创造出适合自己的导游技巧和手法，取得令人满意的导游效果。

三、景物介绍中的类比法运用

类比法就是以熟喻生，达到类比旁通的导游手法。导游员用游客熟悉的事物与眼前的景物相比较，定会使游客感到亲切和便于理解，达到事半功倍的导游效果。

运用类比法可有下面四种具体方法：

1. 同类相似类比

同类相似类比即将相似的两物进行比较。

导游员在实际讲解中，针对不同国家的游客，可将北京的王府井大街比作日本东京的银座、美国纽约的第五大道、法国巴黎的香榭丽舍大街；把上海的城隍庙比作日本东京的浅草；参观苏州时，可将其比作"东方威尼斯"（马可·波罗将苏州称为"东方威尼斯"）；讲到梁山伯与祝英台或《白蛇传》中的许仙和白娘子的故事时，可将其比作罗密欧与朱丽叶。

2. 同类相异类比

同类相异类比即将两处景点比出规模、质量、风格、水平、价值等方面的不同。

有的导游员在讲解中，在规模上将唐代的长安城与东罗马帝国的首都君士坦丁堡相比；在价值上将秦始皇皇陵地宫宝藏同古埃及第十八朝法老图但卡蒙陵墓的宝藏相比；在宫殿建筑和皇家园林风格及艺术上，将北京的故宫和巴黎附近的凡尔赛宫相比，将颐和园与凡尔赛宫花园相比。

对同样的两种景物，如果要比较的是相同之处，则可以选择同类相似类比；如要比较的是不同之处则可选同类相异类比。这两种方法可以同时使用，互相并不矛盾。

3. 时代之比

导游员在导游讲解时，可进行时代之比。由于各国计年方式不同，在介绍历史年代时应

第七章　介绍与解说

注意游客的理解程度，要用游客能理解的表述方式。

比如，在介绍故宫的建设年代时，我们看到有以下几种介绍方法。

第一种介绍说故宫建成于明永乐十八年，外国游客听了效果不会好，因为一般不会有几个外国游客知道这究竟是哪一年。

第二种介绍说故宫建成于1420年，讲解的效果比第一种好一些，这样说起码给了一个通用的时间概念，但仍给人历史久远的印象。

第三种介绍说在哥伦布发现新大陆前72年，莎士比亚诞生前144年，中国人就建成了面前的宏伟建筑群，讲解效果最佳。

解析：第三种介绍不仅便于外国游客记住故宫的修建年代，留下深刻印象，还会使外国游客产生中国人了不起、中华文明历史悠久的感觉。

4. 换算

换算就是将抽象的数字换算成具体的事物，这样方便游客理解。

下面具体看一下导游应如何介绍"燕子洞"。

云南建水燕子洞的洞口的高度为54米。导游员可以这样来介绍："将昆明工人文化宫（昆明20世纪80年代最高的建筑物，高18层）放在燕子洞的洞口处，你（指游客）站在顶楼还要踮起脚尖才能摸到洞顶。"游客对这种换算之后的数字就有了较具体的理解了。

使用类比法，应切忌做不相宜的比较，否则会惹游客笑话。

知识点 2　解　说

解说是一种解释说明事物、事理的表述法。它往往用言简意赅的文字，把事物的形状、性质、特征、成因、关系、功能等解说清楚。它是说明文的主要表述方法，议论文和记叙文中也常用到。解说的方法有概括解说、定义解说、分类解说、举例解说、比较解说、数学解说、图表解说、引用解说等。

这里重点讲述导游解说。导游的解说与景物介绍情形相似，但景物介绍是将他人引入并使其了解或熟悉；而导游口头上解释说明，则需要一定形式的解说词语以辅助。两者要加以区别。

知识点2 解 说

一、解说的基本要点

导游员对导游词是烂熟于胸的，但是规范、定型的导游词有很大局限性，这就要求在接团和解说之前要进一步做好准备。

1. 事先准备游客想急于知道的内容

游客的层次不同，想要了解的内容也不相同，但一般说来，游客主要是了解当地的文化底蕴和丰富的内涵。如游客到西安主要想了解千年古都历史；到上海主要想了解中国近代、现代历史。只有了解游客想急于知道的内容，才能准确地找到切入点，尽快进入角色。

比如旅游者到豫园，都关心这样三个问题：一是这是个什么样的园林？二是这个园林为什么叫豫园？三是这个园林的名气为什么那么大？所以导游就告诉大家：

> 在中国，园林被分为三大类：皇家园林、私家园林和寺庙园林。豫园属于私家园林。中国园林的建筑有许多技巧，比如借景、障景等。不过，它们都由四个基本要素组成，这四个要素是水、植物、建筑和假山。大多数的私家园林在江南，就是因为这儿水源多，有适宜做假山的石头。豫园是400多年前明朝时建的。园主姓潘，是个大官。他建此园是为了取悦双亲，让他们安度晚年；所以豫园的"豫"字就取其豫悦之意。可惜的是，他父母未能眼见豫园落成就去世了。清末，潘家衰弱，其后代变卖此园于当时行会。豫园之所以成为名胜，还有另一个原因。1853年，上海小刀会起义，园内一厅堂曾被用作指挥部。所以今天名气这么大。

2. 因人而异选好"热点"

由于旅游者的年龄、性别、兴趣爱好以及职业等的差别，层次和素质不同；因而造成了许多差异。导游员要充分考虑这些差异，具体地准备好一些大众化的热点话题，同时也要选择好角度，准备多种类型的题目，这样才能量体裁衣，增强针对性。比如，导游员带领一批离休老干部参观上海人民广场景区，准备的重点应该是解说上海人民在党的领导下推翻三座大山，使上海回到人民手中。同样的地点，导游员如果带领的是一批中小学生，重点应该是教育孩子如何弘扬爱国主义精神以及参观广场鸽。

3. 言辞要有时代感

导游员解说的目的是给予旅游者知识，所以导游词就要与时俱进，体现时代气息，符合

第七章　介绍与解说

时代潮流。比如导游员解说大观园的导游词：

> 以前听说有一份非常有趣的调查报告，说是有人在大学调查这样一个问题，林黛玉和薛宝钗之间，你选择谁作为终身伴侣？结果显示，绝大多数男学生选择了薛宝钗。而许多女学生认为，贾宝玉可以喜欢，但不可做丈夫。
>
> 这就值得人们去思考、去重新翻阅《红楼梦》了。薛宝钗从小丧父，以后随着母兄客居大观园。曹雪芹将她安排在二十几回后才亮相，如果说她"坏"，那么这种坏也是有限的。在书中薛宝钗是以容貌丰美、品格端方、举止娴雅的面貌出现，因而博得贾府众多人的好评，就连林黛玉也不得不"暗服"。
>
> 诚然，从如今现代人的角度观察和理解，薛宝钗自然有爱的权利，甚至有和林黛玉争的自由，根本谈不上什么"第三者"和"插足者"。试看天下哪一位不是把为了追求幸福和美好的爱情当作人生的一大目标呢？

二、解说的技巧

1. 概述法

概述法就是简明扼要地一次性介绍一个参观项目。如：

> 避暑山庄又名热河行宫，是我国现存最大的皇家园林，它始建于1703年，竣工于1792年，经过康、乾长达89年的经营，山庄内已经具有多种风格的建筑120多组。山庄总面积564公顷，分为宫殿区、湖区、平原区和山区几部分。正所谓"山庄咫尺间，直做万里观"，大家就请跟随我的脚步一同去领略一下吧！

2. 强调法

强调法就是在解说时强调和突出某一方面。一是强调景点中具有代表性的景观；二是强调景点的特征和与众不同之处；三是强调旅游者特别感兴趣的内容；四是强调景点所占的突出位置。人们普遍关心和感兴趣的是一些在世界或全中国占有一定位置的景点。

> **讨论**
>
> 解说与景物介绍有何区别？

知识点2 解　说

> 世界上最大的宫殿群是中国首都北京的故宫。
>
> 中国的南京长江大桥是世界上最长的铁路、公路两用桥。
>
> 世界上最大的广场是北京的天安门广场。
>
> 世界上最高的机场是海拔4 368米的中国西藏拉萨飞机场。

3. 悬念法

悬念法就是在解说时提出使旅游者感兴趣的话题，然后用"且听下回分解"来"卖关子""吊胃口"。如导游解说虎丘塔建造的年代时，就是抓住游客心理，提出一个个问题，环环相扣。

> 虎丘塔究竟有多少年了？1 000年还是1 500年？过去人们猜测着，说法不一，直到中华人民共和国成立后才搞清楚。加固修塔的时候，在古塔内发现了一个窟窿，建筑工人探进身去，在那里找到一个石头箱子，工人们把它搬出来，打开一看，里面还有一个木头箱子，大概这么大……再把木箱打开，里面有一包佛经，用刺绣的丝织物包着。解开这包东西，箱底写着年代，为中国北宋建隆二年，即961年。因此，虎丘塔至今有1 000多年了。

4. 设问法

设问法就是在解说时运用提问的方法来活跃气氛，激发想象，促进游客参与和互动。

设问法有我问客答、客问我答、自问自答和客问客答四种常见的形式，它不仅可以避免导游员在解说中"一统天下"的局面，而且能使旅游团队内的气氛活跃，关系融洽，更可满足各种游客的求知欲，从而给人留下难以忘怀的印象。

（1）**我问客答法**。导游员在讲解过程中，为了启发游客开动脑筋，防止单调乏味，适当组织游客积极参与讲解之中是大有益处的。例如在中国的园林旅游景点中，我们时常会看见各种砖雕、木雕以及各种花纹图案，导游员除了讲解这些所见物的年代、历史和典故外，还可以向游客提问它们的寓意。比如蝙蝠、桃子和灵芝三种图案合在一起为何寓意？导游员这么一问，游客定会兴趣大增。

导游员采用我问客答法时，所提问题必须是在游客似懂非懂的程度或者是难度不大、需要动脑筋才能回答。导游员提出问题后，一般要停顿数秒钟；如游客实在回答不出，应立即公布答案，否则时间过长会陷入尴尬的场面。比如上面的问题，导游员将蝙蝠、桃子和灵芝在中国古代的象征意义细说一番后，说："三者合而为一，寓意为福寿如意！"类似这些寓意的还很多，导游员均可采用我问客答法。

第七章 介绍与解说

（2）客问我答法。 这种方法就是回答游客提出的种种问题。导游员依据已定的事实基础和原则进行合适的表达。在整个旅游过程中，游客的问题涉及面很广，其难度也有深有浅，同时也具有随意性。导游员首先应该是不厌其烦，对实在回答不出的问题也应谦虚，想尽办法做到既不失面子，也使游客得到心理上的满足。

在整个旅游活动过程中，导游员使用客问我答法要顺其自然，尤其是做导游时间不长的人员，不要有意或提倡让客人提问，当然，对经验丰富、知识渊博的老导游则另当别论了。导游界有句行话，叫作"导游不怕说，就怕问"。如果导游员有意让游客提问，而导游员又回答不出，就会处在尴尬和不利的处境之中。因此，导游员最好要慎重选择此法。

（3）自问自答法。 该法是导游员常用的一种导游方法。自问自答就是由导游员自己提出问题，并且由自己来回答。自问自答法在掌握节奏和速度上要比我问客答法来得快些，因导游员在指导思想上不打算让游客来回答，如果有游客要回答或者想回答，那导游员也就顺水推舟，顺其自然了。

比如，导游员对承德避暑山庄文津阁"日月同辉"的介绍：

> 瞧！池中一弯新月，在水中轻轻抖动。这是天上月亮的倒影吗？不是，天上正是丽日当空。是我们眼睛的错觉吗？更不是！我们看得这样真真切切。这就是堪称承德一绝的"日月同辉"奇观。究竟是怎么回事呢？请各位到前面的假山中自己寻找答案。（此时导游给游客留出几分钟时间去寻找）大家请注意，这位小姐是最先找到答案的！原来这是利用光的反射原理，透过山洞南壁的月牙形缺口，在水中倒映出来的影子。

解析 导游员并未开门见山告诉旅游者，而是提出疑问，再去解释原因，使游客恍然大悟，使"日月同辉"这一奇观给旅游者留下深刻的印象。

你知道吗

自问自答小技巧

自问自答法的关键在于动作、表情和眼神，自问自答法和我问客答法的最大区别就在于此。游客根据导游员的表情，会判断哪些问题该回答，哪些不该回答。导游员驾驭两种方法，全凭自己灵活掌握，只有这样导游员的讲解艺术才能发挥到淋漓尽致、浑然一体的境界。

（4）客问客答法。该法是设问法中难度最大的方法，导游员如果使用得当，不仅能调动游客的积极性，而且能够活跃旅游团队的气氛，加强导游员与游客以及游客与游客之间的关系。

客问客答法一般是在导游员使用以上"三法"中产生的。当游客向导游员提出问题后，导游员不马上给予解答，而是故意让游客来回答。应当注意的是，导游员应有意让那些活跃分子来回答，那些人如果回答正确，心中自然高兴；如果回答不对，当导游员讲出正确答案时，那些人也会哈哈一笑了之，而不至于造成难堪。

导游员运用客问客答法的时间、地点和团队气氛要把握好，如果不当会适得其反。一般来说，在游客玩得高兴时或者对某些问题颇感兴趣时使用此法效果会更好，而当游客处于疲倦和无聊之中时，对回答问题是不感兴趣的。

5. 类比法

类比法就是以熟喻生，达到类比旁通的导游方法。如把北京的王府井比作日本东京的银座，把唐代长安城与东罗马帝国的首都君士坦丁堡相比，把九门提督比作卫戍司令，等等。

6. 故事讲解法

故事讲解法就是在导游讲解中通过穿插人物传说、历史故事的手段以增强效果的方法。如在讲解浙江绍兴的旅游景点兰亭时，就可以介绍一些有关王羲之的传说：

> 据说，王羲之在20岁的时候，太尉郗鉴欲找女婿，恰好王家举办宴会，郗鉴派门生到王家去，躲在暗处，偷偷观察那些年轻人的行为举止。门生回去禀报说，王家的小伙子都不好，特别是有一位躺在东厢房床上，袒着肚皮，旁若无人地边吃烧饼边用手比画练字的那位王氏子弟，名叫王羲之，他最可笑，不能入选。郗老先生说，就是他了。此人气质不错，将来必有出息。这就是脍炙人口的成语"东床快婿"的来历。
>
> 大家知道"入木三分"的来历吗？传说，王羲之是一位性情直率的人。他到朋友家，见人家的几案滑净，就在几案上用毛笔写了两遍诸葛亮的《梁甫吟》。笔力苍劲，风度超凡，是难得的书法珍品。朋友的父亲回来了，看了几案，大为不快，赶快去擦，擦不掉的就用刀子刮，最深的竟有三分之多。朋友回来见了，追悔不已，并叹道：羲之的字，真是入木三分啊！
>
> 说到王羲之，不能不说到"鹅池"。据《晋书·王羲之传》记载：山阴有一道士，养好些鹅，王羲之前去观看，非常高兴，坚持要买。道士说："如果你能为我写一遍《道德经》，我就把这一群鹅赠给你。"王羲之高兴地为道士书写一遍《道德经》，赶着一群鹅

第七章　介绍与解说

> 非常高兴地回去了。王羲之爱鹅、养鹅、书鹅，传说王羲之刚写完"鹅"字，刚要写"池"字时，忽闻圣旨到，于是搁笔迎旨。他的儿子王献之，趁父亲离开之际，提笔补上"池"字，一碑二字，一肥一瘦，父子合璧，成为千古佳话。

7. 启示联想法

启示联想法就是导游员对游客略加启示，引起联想，以达到导游预期的效果。

例如：

> 传说，原来北京故宫有屋9 999间，"9"与"久"同音，象征"长治久安"。
>
> 假如一个人从出世那一天开始，就让他每一天住一间房子，要到27岁时才能把故宫的所有房间住上一遍！

解析 导游员寥寥数语，画龙点睛，妙趣横生，让游客想象出故宫的房子有多少，建筑构思有多么奇妙，建筑规模有多么宏大。

8. 创新立意法

创新立意法就是对大家熟悉的景点给予新解，用创造性的手段把游客引入一个新的意境中去。

> 青岛风光可分为五个层次：碧海、金沙、红瓦、绿树、蓝天，很像音乐的五线谱。勤劳、聪明的青岛人民，犹如五线谱上的音符，通过自己的辛勤劳动，谱写出一曲曲动人的英雄乐章。

每章一练

1. 常见的景物介绍有哪几种方法？
2. 如何在景物介绍中运用类比法？
3. 解说的技巧有哪些？请分别举例说明。

接待与洽谈

第八章

教学目标 ◀

在工作中,经常有客户或合作伙伴的造访;在生活中,朋友亲戚时常相互往来,礼貌接待体现了一个人的素养和社交能力。商务工作中,与客户打交道的场合多是业务的洽谈和商定,特别是中国改革开放以来,越来越多的国际商贸合作决定了涉外谈判也是工作中必不可少的组成部分,通过本章的学习,学生应掌握接待与洽谈的基本礼仪和语言技巧。

教学要求 ◀

认知:认识日常生活、工作中迎来送往及协商洽谈的重要性。
情感态度观念:得当的接待和成功的洽谈能增强一个人的成就感。
运用:有时接待并不仅仅是完成任务,同时还决定了是否能成就一份重要合同,是否能结交一个知心朋友,是否能走向事业成功等很多事情。

第八章　接待与洽谈

知识点 1　拜访和接待

拜访和接待是人们常见的社会交往方式。对不同的关系、不同的人群，要区别对待，因人而异，因事而异。一般说来，拜访和接待的语言，要体现出亲疏有别，远近有别，男女有别，忙闲有别，要把握谈话的分寸。

一、拜访

拜访是一种有目的的社交行为，或为增进友谊，或为消除误会，或有事相求，或专为礼节性拜访。

1. 拜访的种类

（1）**工作性拜访**。包括请示、汇报、咨询、求助等。

（2）**公关性拜访**。一般是以加强联系、增进友谊为目的，或为巩固关系，或为宣传产品，或为牵线搭桥等。

（3）**礼节性拜访**。如节日慰问、生日庆祝、受朋友之托看望等。

（4）**亲朋性拜访**。如看望老人、探望病人等。

2. 拜访应注意的事项

（1）**得体的拜访语言**。拜访是指为了礼仪或某种特定目的而进行的访问、会晤。不同形式、不同目的的拜访，会话语言各不相同，但它们在结构上却存在着共性。就日常拜访语而言，有进门语、寒暄语、晤谈语和辞别语四个部分。

❶ **进门语**。到了被拜访者的家门口，要先轻轻地敲门，或者短促地按一下门铃。即使门开着，也应很有礼貌地问一声："请问，×××在家吗？"或者问："请问，屋里有人吗？"听到回答后再进入，不要贸然闯入。

同主人见面后，应立即打招呼。至于怎样打招呼，应根据拜访的形式和内容而定。

初访往往比较慎重，一般可以用这样的话打招呼："一直想来拜访您，今天如愿以偿了！""初次登门，就劳驾您久等，真不好意思！""真对不起，给您添麻烦来了。"

重访是关系趋向密切的表现，打招呼就不必多礼。一般只需简单地说一句"好久没有来看您了"，或者说"我们又见面了，真高兴"。关系密切的，不妨以玩笑的口吻说："我又来了，

知识点1 拜访和接待

不招您讨厌吧!"

回访,体现的是"来而不往非礼也"的传统民俗,目的大多出于礼仪或答谢。打招呼时,一般可以这样说:"上次劳驾您跑了一趟,我今天登门拜谢来了。"或者说:"上次托您办事,一定给您添了不少麻烦,今天特地登门拜谢。"

> **讨论**
> 拜访一定要有目的吗?

礼仪性拜访大多与唁慰、祝贺、酬谢等有关,进门语要与有关的唁慰、祝贺、酬谢的内容联系起来。如说:"听说您生病住院,今天特地来看望您。"又如,"好久不见,借您走马上任的东风,给老朋友贺喜来了。""听说您的儿子已被××大学录取,特地赶来祝贺!"

❷ **寒暄语**。第五章谈到了"寒暄",这二字是反义合成语,兼顾问寒问暖两个方面。在社交活动中,寒暄是双方见面叙谈家常的应酬语言,带给人们的是关心、亲切的温暖之情。

在拜访中,宾主坐定以后的寒暄语,应注意以下几个问题。

> ▶ **话题应自然引出**。寒暄的内容很广,诸如天气冷暖、小孩的学习情况、老人的健康状况以及最近发生的新闻趣事等,都可以作为寒暄的话题。但是,寒暄时具体谈什么,要有所选择。例如,天气特别冷,可以从低温谈起;主人的小孩和老人在场,可以从询问小孩的学习情况,或者从询问老人的健康状况谈起……总之,话题应出于自然,包括墙上的挂历、耳际的音乐等都可引出寒暄语。
>
> ▶ **寒暄内容一定要符合情境、习惯,不可以随心所欲,信口开河,要避免犯禁忌。**
>
> ▶ **寻找共同点,建立认同心理**。所谓建立认同心理,就是主人和客人都要善于挑选双方都有兴趣或都有共同感受的话题,以求得心理上的接近或趋同。这样,可以沟通感情,为双方进一步交谈创造一个融洽、和谐的气氛。

你知道吗

与西方人交往的"七不问"原则

在与西方人交往中有"七不问"原则,即不问年龄、不问婚姻、不问收入、不问住址、不问经历、不问工作、不问信仰,这些在我们今天的交际中亦有借鉴作用。

❸ **晤谈语**。晤谈,同一般的交谈无多大区别。但是,在拜访晤谈中应注意以下几个方面:

第八章 接待与洽谈

> ▶ **节制内容**。主客寒暄之后，客人应选择适当的时间，用言简意赅的语言说明自己的来意，以免耽误主人过多的时间。一般说来，交谈时间以半小时为宜（朋友之间的随意性拜访除外）。谈得太多，既可能影响拜访主旨的表达，又可能出现"言多必失"的情况，最终会影响拜访目的的实现。
>
> ▶ **节制音量**。登门拜访时，无所顾忌，高谈阔论，会搅乱主人及其家属安静的生活，引起主人的反感。因此，客人谈话应降低音量，保持适度，千万不要敞开嗓门说话。
>
> ▶ **节制体态语**。人们常说，听其言还须观其行。主人对客人的印象来自听觉和视觉两个方面。作为客人应举止文明，避免如得意时手舞足蹈，不安时频繁走动，痛苦时捶胸顿足、号啕大哭，或说话时指手画脚等不雅动作。

❹ **辞别语**。辞别语即拜访结束后的告别语。辞别语的使用有以下几种：

> ▶ **同进门语相呼应**。譬如礼仪性拜访，进门语："上次托您办事，一定给您添了不少麻烦，今天特地前来拜谢。"在辞别时可这样说："再见，再次感谢您的帮忙。"又如进门语："初次登门，就劳驾您久等，真不好意思。"辞别语："今天初次拜访，十分感谢您为我花了这么多时间。"
>
> ▶ **表示感谢，请主人留步**。客人在辞别时，应对主人的热情款待表示谢意，并请主人留步。如"十分感谢您的盛情款待，再见！""就送到这里，请回吧。""这件事就拜托您了，谢谢！"
>
> ▶ **邀请对方来自己家做客**。客人告辞时，除对主人表示感谢外，还可邀请主人及家属来自己家做客。如"老同学，告辞了。你什么时候也到我家坐坐！""也请你们一家人来寒舍聊聊。"注意，邀请对方不可勉强。

你知道吗

客套话与敬辞举例

对初次见面的人说"久仰"；对长时间未见面的人说"久违"；宾客到来时说"光临"；向别人祝贺时用"恭贺"；看望别人用"拜访""拜望"；等候别人说"恭候"；中途先行一步说"失陪"；请人勿送时说"留步"；麻烦别人时说"打扰""有劳""烦请"；请人帮助时说"劳驾""请费心"；求人给予方便时说"借光"；求人原谅说"包涵""海涵""谅

解"；请人指点指教时用"赐教""请教"；求人解答用"请问"；赞人见解高明用"高见"；归还原物时用"奉还"；自己的作品请人看用"斧正"；询问别人年龄用"贵庚""高寿""高龄"；询问别人姓名时用"贵姓""大名"。

（2）选择恰当的拜访时机。 拜访是一种主动行为，需要得到被拜访人的接待，所以要选择恰当的时机。要选择好拜访的时间、地点。去办公室还是去家里，是上班时间还是在家时间，拜访时间是长还是短，这些都要根据具体情况而定，不能随意冒昧前往。拜访时间的选择对于实现拜访目的有很大影响。一般说来，清晨、吃饭、午休、深夜均不宜登门拜访。遇到另有来客，应前客让后客，说："对不起，我有点事。你们谈吧，我先走一步了。"或"对不起，我有点事，失陪了。"

（3）文明礼貌。 拜访是一种规范的社交行为，拜访者要体现出应有的礼貌。要做到衣帽整洁、举止有度。要注意多用谦词、敬辞。特别要注意小节，如抽烟、吐痰等都不可随意而为。对主人的敬茶、敬烟应表示感谢，如果自己要抽烟，应征得主人的同意说："对不起，我可以抽烟吗？"

二、接待

接待是拜访的承受者。

1. 接待"三步曲"

接待包括迎客、交谈、送客三个环节。

（1）迎客。 作为主人对已经知道要前来的拜访者，应该有所准备。古人云："有朋自远方来，不亦乐乎？"好客、敬客是文明的象征。对拜访者应该多用敬辞，表达欢迎之意。如"欢迎，欢迎！""见到你真是太高兴了！""终于把你给盼来了！""是什么风把您给吹来了？"即使对不速之客或你心中并不欢迎的拜访者也要表示出主人起码的礼貌和姿态。

（2）交谈。 一般来说，与前来拜访者的谈话应该在态度十分客气、气氛十分融洽中进行。对工作性拜访者，要做到平易近人，多用商量的口吻，比如"你看这样行不行？""你看这样好不好？"对公关性拜访者，应多谈友谊之词，表达愿意合作之意，对能给予帮助的要不遗余力，对帮不上忙的事，可表示自己的歉意，也可以出点子、出主意或指指路子，比如，"我们上次的合作非常愉快""今后我们还会有更多的合作机会"。对礼节性拜访者，要表达谢意，对对方所做工作给予赞美和肯定，比如，"这样忙还来看我，真是太高兴了。我很好，不用惦记了"。对亲朋性拜访者，则可以放松一些，谈谈自己，也可以问问对方及其家人的情况，表达出关心之意。

第八章　接待与洽谈

你知道吗

五不准与五不问

交谈中的五不准：	涉外交往五不问：
❶ 不打断对方；	❻ 收入不问；
❷ 不补充对方；	❼ 年纪大小不问；
❸ 不纠正对方；	❽ 婚姻不问；
❹ 不置疑对方；	❾ 健康不问；
❺ 不独占讲坛。	❿ 个人经历不问。

（3）送客。客人将离去时要表达挽留之意，但对一般拜访者不可强留。送客时要亲自送出门外，再目送其离去，对十分亲密的人要多送一程。送客时要讲欢送言语，比如"不能再待会儿吗？""您慢走！""欢迎再来。"

2. 好客主人的形象

古人云："有朋自远方来，不亦乐乎？"然而，不善言谈的主人，往往在客人面前手足无措，使客人感到十分尴尬。那么做一位热情好客的主人，在言谈上应注意哪些技巧呢？

（1）塑造主人热情好客的形象。作为主人，首先应对来访者的进门语做礼貌周全、热情的应答，可以表示慰问或感谢。如"我也想在家里同你聊聊。快请进！""我也懒，好久没到你那儿去了。""哎呀！上次已经打搅了，还让你再跑一趟，叫我怎样感谢你呢。""稀客，稀客，非常欢迎，快请进！"

在接待应酬中，主人要能够一见面就主动叫出来访者的姓名，这样可以迅速缩短主客之间的距离，建立友好关系。但是，在接待中，难免出现叫不出名的情况，这便需要用巧妙的语言加以掩饰。如说："对不起，上次没听清你的名字。""哇！你今天穿得这么漂亮，我一时认不出你了。""你和×××太像了，你的名字叫……"

当然，我们强调记住客人的姓名，并不是说不分场合，不去考虑对方的年龄、辈分、职业、地位等，一律直呼其名。一般来说，长辈对晚辈、领导对下属、同辈之间可以直呼其名。而晚辈对长辈、下属对领导，应采用"姓加辈分"的称呼，如李大爷、张叔叔、赵老；或者"姓加职位"的称呼，如王局长、赵科长、程主任等。

（2）谈话要因人而异。谈话内容因人而异。作为主人应尽快弄清来访者的意图，以便迅速确定谈话话题，顺应客人的心愿，给客人以愉快的感受。相反，不了解来访者的意图，谈话就可能出现"话不投机"的尴尬局面。

谈话方式因人而异。来访的客人在年龄、性别、文化层次、职业以及来访的目的等方面都各不相同，这就要求主人要具备与各种不同的来访者侃侃而谈的本领。要做到这一点，就要在语速、音量、用语等方面因人而异。与老年人交谈，应注意语音稍大，语速稍慢；与小朋友交谈则应轻声细语；与文化层次较高的来访者交谈，则应使用文雅的语言。

三、拜访、接待应该注意的问题

拜访、接待是相辅相成的，"来而不往非礼也"。今天是拜访者，明天就可能是接待者。无论是拜访者还是接待者，都要换位思考，将心比心，演好自己的角色。

（1）创造良好的氛围。无论是拜访还是接待都需要有宽松和谐的氛围，虽然有主动和被动之分，但双方都要以诚相待。亲切自然、热情周到、耐心细致、平易近人是拜访、接待的最理想的氛围。

（2）把握谈话的分寸。拜访和接待是社交形式，对不同的关系、不同的人群，要区别对待，因人因事而异。

人们礼尚往来，除了要掌握相应的礼仪规范外，还要掌握一定的交际手段。口语表达是极为重要和经常使用的交际手段之一，口语交际能力也已经成为现代人才必备的重要能力之一。

最后应注意在人际交往中一些不受欢迎的言行，比如，喋喋不休，不拘小节，随便许诺，喜好争辩，说三道四，背信弃义，耍小聪明，悭吝小气，刨根问底，得寸进尺，高深莫测，唯我独尊，挑肥拣瘦，虚伪做作，传播隐私。

你知道吗

说"谢谢"的规则

在人际交往中，"谢谢"这两个字如果能被正确地使用，它就会变得很有魅力。说"谢谢"应掌握以下规则：

（1）诚心诚意地说"谢谢"。当你确实有感谢对方的愿望时再去说它，并赋予它感情和生命。否则会让人听起来死板，成为应付人的"客套话"。

（2）直截了当地道谢，不要含糊地嘟哝，不要认为别人知道你要向他道谢而不好意思。

（3）指名道姓。道谢时，叫着被谢人的名字使你的道谢专一化。如果要感谢几个人，不仅要说"谢谢大家"，还要一个个地向他们道谢。

（4）注视被谢者。如果谁值得谢，他就值得你真诚地注视。

（5）找机会谢别人。要养成说"谢谢"的良好素质，形成说"谢谢"的习惯。

（6）出人意料地谢他们。当别人没想到或感到没必要值得感谢时，"谢谢"就具有更大的价值。

知识点 2　洽谈和涉外谈判

一、洽谈的技巧

洽谈作为一种非正式的谈判，是指在非正式场合进行的就事论事的双方之间的交涉，谈判进行的目的是设法满足单方的需要，并寻求对方的许可。也就是围绕某一共同面对的问题，双方在各种非正式场合进行交涉、磋商，他们之间的利益可以互惠，但双方之间不存在均等的公平。片面的单方让步或单方的利益需求得以完全满足，都被认为是非正式场合的谈判。洽谈的技巧除运用以上讲过的正式谈判技巧外，还可以运用以下技巧。

1. 绕弯法

绕弯法，就是不把想说的意思直接说出来，而是先谈一些貌似与主题无关，令对方感兴趣、能接受的话题，然后由小及大、由少到多、由浅入深、由近及远、由轻及重、由易到难地一步一步引入话题。这样，由于有了前面的层层铺垫。本来对方难以接受的意见听起来就不那么尖锐，不那么难以接受了。例如：

> 德国有一家公司经过技术改造，决定把现有的设备（在发展中国家还是很先进的）零件淘汰掉。当时引来了许多企业的关注，他们准备前来购买该厂的淘汰设备和零件。谁知这家公司分管这项工作的经理戴德倔强得厉害，把价格定得很死，根本不给对方商量的余地。我国一家企业的谈判代表老周及时变换了谈判的话题，不搞正面交锋，不仅顺利、自然地与戴德交上了朋友，而且还用最低的价位签订了购买合同。

知识点2　洽谈和涉外谈判

老周吸取其他人碰壁的教训，在当地华侨的帮助下，他对戴德的爱好、性格、文化水平、在公司的威信、家庭、品德、幽默感等进行了多方面的了解，得知戴德先生特别喜欢看画展，而且是个真正的收藏爱好者，对19世纪的油画特别有研究，并且只要是条件允许，就会参加在当地举办的画展。

尽管老周多才多艺，还在英国留学多年，但是对西方油画知之甚少，他只有求助于他的好友胡先生。胡先生在国内从事美术教育，近年来在法兰克福的一所大学担任客座教授，不仅对19世纪的油画颇有研究，而且能很流利地用德语进行交流。恰好本周末就有一场高水平的画展，老周马上暗中派人打听戴德是否也去看画展，得到的答案是：可能去。于是，他和胡先生精心准备后，出现在周末的画展中。

老周在画展的人群中发现戴德后，就寻找与戴德交谈的机会。过了一会儿，戴德在一幅油画前停了下来，油画简介的文字比较小，戴德虽然靠得很近，依然看不太清楚。这时，胡先生趁机接近戴德，胡先生不仅把简介小声念了出来，还简要介绍了作者作画时丰富的心理感受和作品的内涵。戴德对胡先生的热情帮助和精彩解说深表感谢，并对他渊博的油画知识感到由衷的钦佩，于是很有礼貌地与胡先生聊了起来。从19世纪油画的特点、艺术价值、作者的创作角度、生活背景到现代画的风格、发展趋势，以及古画的鉴定与保管、东西方绘画的影响等，聊得非常投机，真是相见恨晚。胡先生将好友老周介绍给戴德认识。于是两人"很亲切"地相识了。

画展结束的时间到了，戴德邀请胡先生和老周去他家帮助鉴定一下他几十年收藏的古画，胡先生愉快地答应了。在戴德的家里，胡先生看到他收藏的画，并一一为其说出真伪、存世量，作者的历史背景和当前的价值。宾主交谈正欢，胡先生说好友老周有急事需要马上回酒店，戴德感到很遗憾，顺便问是什么事情需要他马上赶回去，老周很有分寸地说明了情况，戴德当即表现同意他的想法，并决定以优惠的价格将淘汰设备和零件卖给老周。就这样，老周不仅非常顺利地达成了谈判结果，而且成为戴德要好的朋友。

解析：在谈判中，出现僵局是很常见的。如果双方都固执己见，针锋相对，就有可能导致谈判的破裂。有时"欲速则不达"，为了达到目的，不妨多花点时间，先绕个弯子，让紧张的谈判气氛缓和下来，与对方建立心理相容的关系，然后一步步引出主题，让对方接受。由此可见，绕弯法并不是漫无目的地扯远话题，而是必须选择对方感兴趣，又和自己主旨有潜在联系的话题，在谈话中慢慢地、自然地使这种潜在关系明朗化，最终让对方自愿地接受自己的主旨。

> **讨论**
> 试举例说明在什么情况下，用绕弯法。

第八章　接待与洽谈

2. 反说法

反说法就是正话反说，不从正面对对方的观点进行批评，而是从对方的观点出发，把对方的观点尽情引申、发挥、夸张，用违反常理、颠倒是非的话显示其预见的荒谬，让对方自己醒悟。例如：

> 1973年5月，苏联驻挪威贸易全权代表柯伦泰与挪威商人进行购买鲱鱼的商洽。挪威商人知道苏联急需进口大量鲱鱼以供应市场，便利用其急迫心情开出高昂的价格。对方出价后，柯伦泰面对这种大宗货物的高价目瞪口呆，谈判陷入了僵局。在第二轮谈判中，柯伦泰为了打破僵局，主动让步，说："好吧，我同意你们提出的价格。但是，由于我的上司并没有授权我用如此高的价格与你们成交，因而如果我们政府不批准这个价格，我愿意把自己的工资拿出来支付。不过，我的工资有限，这笔款就要分期付款了，可能要支付一辈子。如果贵方没有异议，就这么成交吧！"这次轮到挪威人目瞪口呆了：国家的贸易岂能经办人用一辈子工资来偿还？最后，挪威商人做了让步，双方达成协议。

解析：正话反说，最重要的是要保持融洽、友好的谈判气氛。如果话说得过于尖刻，变成讽刺、挖苦，就会让双方难以接受，而达不到说服对方的效果。

3. 重复法

重复法包括两方面的内容：一是谈判者不断重复自己的意见；二是谈判者重复对方的意见。

（1）**不断重复自己的意见，以引起重视，逼其就范**。从信息论的角度看，重复并不增加信息，但增加强度，从而产生效果。例如：

> 苏联外长葛罗米柯的谈判特色之一就是不断地重复说："不。"当对手准备了无可辩驳的理由来进行谈判时，在理论上不能与其一争高低，同时也不具备摆脱对手的条件，葛罗米柯就不申明理由地讲"不"字。1979年，美国国务卿万斯在维也纳同苏联人谈判时，他记录了葛罗米柯共说"不"字12次。葛罗米柯靠着这种不申明理由而不断重复说"不"的谈判技巧，造成了一种使对手感到沮丧的谈判气氛，从而摆脱了应承担的义务，因此，他历经四位苏联领导人的变换而仍在其位，同九位美国总统谈判则不败。

在谈判中使用重复的方法，最重要的是要有耐心和不舍的顽强态度。只要问题一天得不到解决，就一天天地去重复表明要求，不管对方以什么样的理由、态度来拒绝，都应置若罔闻，绝不能被对方的言辞所困扰。当对方不耐烦，甚至在大发雷霆时，绝不可被对方吓倒或激怒。只要保持心平气和，坚决地"按既定方针办"，使对方认识到自己的要求是无法回避的，必须高度重视，认真对待，这样问题就有可能得到解决了。当然，这种方法必须是在对方确实想通过谈判解决问题的情况下才通用。

（2）重复对方的意见。在对方发表不同意见后，一个富有经验的谈判者，总是用自己的话将对方的意见重复一遍，但这种重复不是完全地一字不差地照搬，而是巧妙地把它变成自己的话，借重复来削弱原话的锋芒，化尖锐为普通，从而使得对方的意见变得比较容易对付。例如：

> 对方说："又涨价了，真没想到价格上涨幅度这么高！"谈判者回答："是的，价格同一年前比较的确是高了一些，比您的收入的增长还高了 2% 呢！"听起来，他是在重复对方的意见，其实，他巧妙地点出了在物价上涨的同时，个人收入也有所增加，而且物价上涨只比收入上涨高出 2%，实在是微乎其微。又如，对方说："我们认为交货时间太晚了。"谈判者接上去说："那么，您认为交货时间不够早，是吗？"虽然只换了几个字，意思却明显平和了。

解析：采用这种技巧，最重要的是注意分寸，如果过多地削弱对方的意见，对方就会指出来。这样，不但对方的意见没有被削弱，反而更加强了。所以，分寸的掌握非常重要。

4. 激将法

激将法，就是通过一定的语言手段刺激对方，激发对方的某种情感，使对方发生情绪波动和心态变化，并使这种情绪波动和心态变化朝着自己所预期的方向发展，使其下决心去做某种己方希望做的事。激将法就是要用语言技巧使对方放弃理智，凭一时感情冲动去行事。所以，激将法最适合用于经验较少、容易感情用事的人。例如：

> 广州佛山一家商行一直订购福建一家瓷厂的茶具，可是一时间商行生意不景气，恰巧又更换了新经理，于是瓷厂与商行的业务往来出现了危机。这时瓷厂厂长亲赴佛山同新上任的经理洽谈。瓷厂厂长说："……我十分理解你们商行的处境，说句心里话，我真想继续同贵行建立长期业务联系。可是，目前商行生意不景气，您虽然年轻有为，但'升'不逢时，所以……"话未说完，新经理觉得受到了瓷厂厂长的轻视，于是夸耀地向厂长介绍了他新的经营之道，上任后的宏伟目标，以及要使商行重新兴隆的新措施，并表明商行还将继续保持同瓷厂的长期业务联系等。瓷厂厂长巧妙地运用激将法点燃了对方的自尊火花，使谈判达到理想的效果。

第八章 接待与洽谈

"水激石则鸣，人激志则宏"，激将法也是一种激励与鞭策的方法。在谈判中，运用激将法往往能激发对方的谈判潜力，进而达到成功谈判的目的。运用激将法一定要因人而异，要摸透对方的性格脾气、思想感情和心理。对自卑感强、谨小慎微、性格内向的人，不宜使用此法。因为这些人会把那些富于刺激性的语言视为嘲讽与讥笑，因而消极悲观，丧失信心，甚至产生怨恨心理；对那些老谋深算、富于理智的"高手"，也不宜使用此法，因为他们一眼就会看穿，根本不会就范。同时，激将法运用效果如何，全在于心理刺激的"度"掌握得怎样。有的"稍许加热"即可，有的则要"火上浇油"；有的只要"点到即止"，有的却要"穷追猛打"；有的可以"藏而不露"，有的则需"痛快淋漓"。具体实施，必须因人、因时、因地、因事而异，切不可"邯郸学步"，生搬硬套。

5. 赞美法

赞美法，就是在说服别人接受自己的意见之前先给对方一番赞誉，然后再说服对方。根据某项调查显示，如果下属做错了事，上司当面责备下属："这是怎么搞的！你干了几年了？重做！"下属中产生负面效应的约占65%。如果上司改用赞扬的口气说："嗯，做得相当不错了！如果再把这唯一的缺点改掉，相信会更加完美。"员工中产生正面效应的能达87%左右。由此可见，赞美产生的力量多么大。例如：

> 王小姐去菜场买鱼，走到一家鱼摊上问："老板，鱼多少钱一斤？"老板说："8元一斤。"王小姐称了一条3斤的鱼问老板，"老板，能便宜点吗？"老板问："你要便宜多少？"王小姐说："20元行吗？"老板说："给，付钱。"从此，王小姐再也不去这家鱼摊买鱼了。
>
> 过了几天，王小姐去另一家鱼摊买鱼问："老板，鱼多少钱一斤？"老板说："10元一斤。"王小姐说，"你家的鱼怎么比别人家的贵？"老板说："我家的鱼是清晨才从河塘里捞起来的，我们从不卖隔夜鱼，你自己看看多活泼，劲道多大。看你是第一次来我家买鱼，卖你9元一斤吧。"王小姐说："最便宜多少钱能卖？"老板说："你买几条？"王小姐说："先称了一条3斤的。"老板称好后说："27元。"王小姐说："老板，便宜点吧。"老板说："小姑娘长这么漂亮，好会买菜，看你这么诚心想要，26元。"王小姐说："太贵了，上次我在某家买鱼才20元，能不能再便宜点？"老板说："我们家的鱼好，我都做饭店生意的，人家买10条我都这个价，你买回去吃就知道了，绝不会后悔的。"王小姐说："老板再便宜点吧，我们全家人都爱吃鱼，以后会经常到你家买的。"老板说："你才买一条，我会亏死的。这样吧，你下次要多介绍点客户到我家买鱼，最低价给你25元。"王小姐付钱，付钱过程中老板说："小姑娘你真是太厉害了，好会砍价啊！要都是你这样的顾客，我生意就没得做了。"

知识点2　洽谈和涉外谈判

> 王小姐晚饭吃的是红烧鱼,感觉这条鱼确实很新鲜,味道很鲜美。从此,王小姐在这家鱼摊买鱼。

用真诚的赞美去引起他人美好的情感,将会使受称赞者心情愉快,认为自己受到肯定,同时对称赞者也容易产生好感,这样就为谈判双方缩短距离、密切关系、进行心灵沟通打下了良好的基础。运用这种方法要做到:

（1）**赞美要独到**。一定要找出对方值得赞美的、与众不同的优点和长处。

（2）**赞美要真诚**。发自内心,出于诚意,是赞美与阿谀奉承、谄媚的根本区别。如果对方在某方面表现并不突出,却一味违背事实地夸奖他,那只能让人觉得不自在。虽然我们把赞美他人当作谈判的一种策略,使这种赞美有了功利性,但在运用这种语言策略时,不可以虚情假意,勉强做作,而应诚恳地、认真地、发自内心地热情称赞。

（3）**赞美要具体**。如果能用具体的语言去赞美对方,就证明自己非常了解对方,敬重他的长处。这样,赞扬就显得很真切、很实在,对方也会很高兴地接受赞美。而笼统地赞美他人,由于没有讲出论据而缺乏信服的因素,别人听了可能会产生误解、窘迫甚至反感,这会使赞美起不到应有的效果。

6. 示弱法

谈判,在一定意义上就是实力的较量(包括权限、时间、选择、个人素质等)。山外有山,强手之上有强手。任何一个谈判者都不会永远处于优势地位。然而,弱也是一种取胜的法宝。理由有两点:第一,人不仅以得到什么为满足,也以施予别人什么为幸福。示弱,给了强者一个表现自我的机会,强者往往会乐于帮助弱者。第二,示弱,是一个弱者最强的表现。软弱也是一种力量,它可以使强者无用武之地。

> **讨论**
>
> 请比较一下示弱法与激将法的异同。

一般来说,具有突出谈判才能的人,都具有两方面的品质:一是能言善辩,慷慨陈词,侃侃而谈;二是能把握自己感情的阀门,控制住自己的感情,以此左右对方的情绪和心理。示弱法就体现了第二方面的品质。在谈判中,当对方感情饱满,侃侃而谈,大有一触即发之势时,谈判者收起自己的锋芒,向对方示弱,装作没听见、不明白,或毫无反应、无动于衷,采取一种"钝"的战术,以不应对来对付,有时就会令对方兴致全无,一筹莫展,完全丧失毅力和耐心。例如:

第八章　接待与洽谈

> 三个日本商人代表日本航空公司和美国一家公司谈判。谈判从早上8时开始，美国人完全控制了局面，他们利用手中充足的资料向日本人展开强大的攻势。他们通过屏幕向日本人详细地介绍，演示各式图表和计算机的计算结果。而日本人只是静静地坐在那里，一言不发。两个小时之后，美国人关掉放映机，扭亮电灯，满怀信心地询问日本代表的意见。一位日方代表面带微笑，彬彬有礼地回答道："我们不明白。""不明白吗？什么地方不明白？"日方的另一位代表回答："都不明白。"美国人再也沉不住气了："从哪里开始不明白？"日方的第三位代表慢条斯理地说："从你将会议室的灯关了之后开始。"美国人傻了眼："你们要怎么办？"三个日本人异口同声地说："请你再说一遍。"美方代表彻底泄了气。他们再也没有勇气和兴致重新上演那两个半小时紧张、混乱的场面。他们只得放低要求，不计代价，只求达成协议。美方代表是有备而来的，如果和他们正面交涉，肯定很难占到便宜，日本代表索性收敛锋芒，宣称自己什么都不懂，反倒打乱对方的阵脚，获得了成功。

7. 比喻法

古希腊哲人亚里士多德说过："比喻是天才的标志。"成功的谈判者总是能够在需要的时候随地打比方、举例子，使自己的话变得生动、具体，有说服力、吸引力，使自己的观点变得容易为对方所理解并最终被接受。例如：

> 德国女数学家爱米·诺德获得博士学位后，还不能立即开课，因为她还没得到讲师资格。但她的学识和才华受到了从事"广义相对论"研究的希尔伯特教授的赏识。在一次教授会上，为爱米·诺德能否成为讲师发生了一场争论。一位教授激动地说："怎么能让一个女人当讲师呢？如果她做了讲师，以后就要成为教授，甚至进入大学评议会。难道允许一个女人进入大学最高学术机构吗？"希尔伯教授反驳道："先生们，候选人的性别绝不应该成为反对她当讲师的理由，我请先生们注意：大学评议会，毕竟不是澡堂！"对方顿时哑口无言。澡堂才是要分男女的，希尔伯特用比喻把大学评议会这一崇高学术机构和世俗的澡堂联系起来，让大家看到了以性别决定学术资格的荒唐可笑。

在谈判中，比喻法是谈判者最乐意使用的语言技巧之一，它往往能有效地活跃谈判气氛，使谈判轻松、愉快，并向愉悦合作方向发展。但是，很多好的比方并非事先已构思好的，而是谈判者在谈判中就地取材，用眼前物、身边事作比，来帮助自己说明事理、阐述观点。喻体近在眼前，双方有目共睹，对方也易于真切感受，从而心悦诚服。

8. 暗示法

由于各种原因，有时谈判者的观点如果直接说明会给对方造成伤害而形成对抗，这时可用隐约闪烁的话，从侧面启发对方，来间接表达思想，让对方细细品味，最终接受。例如：

> 第二次世界大战期间，美国经济学家亚历山大·萨克斯为了说服罗斯福总统同意尽快在美国着手研制原子弹，到白宫向罗斯福面呈了爱因斯坦等科学家签名的信件。然而罗斯福总统对萨克斯滔滔不绝却又艰深的科学论述不以为然，反应冷漠。第二天，萨克斯在与罗斯福共进早餐时，对总统说："我今天只想讲一点历史。英法战争期间，在欧洲大陆上不可一世的拿破仑在海上惨遭失败，就在这时，一位年轻的美国发明家富尔顿来到拿破仑面前，建议法国战舰砍掉桅杆，撤去风帆，装上蒸汽机，把木板换成钢板，可以大大提高海军的战斗力。可是我们这位伟大的科西嘉人以为这简直是笑话，船没有帆能航行吗？木板换成钢板能不下沉吗？结果拿破仑把富尔顿轰了出去。如果当时拿破仑认真考虑并采纳富尔顿的建议，那么，19世纪世界的历史就有可能被改写了。"说完，萨克斯用深沉的目光注视着总统。罗斯福沉默了几分钟，然后拿出一瓶拿破仑时代的法国白兰地，斟了满杯，递给萨克斯说："你胜利了！"于是就有了1945年7月世界第一颗原子弹的爆炸。

解析：萨克斯在第一次谈判中从正面进攻失败后，第二次则采用了暗示法，从侧面进攻。他生动地向罗斯福讲述了当年拿破仑一意孤行、刚愎自用、不相信科学留下的深刻教训，从而通过巧妙的暗示，最终说服了罗斯福总统。这种方法在谈判中常常起到很好的效果。

9. 刚柔法

所谓刚柔法，就是在谈判中以态度、语气伴随着谈判内容而造成一种气势来威慑对方的一种刚柔相济的技巧。例如：

> 日本某株式会社拥有的农业加工机械正是中国几家工厂急需的关键设备。为了进口这些设备，中方某公司代表与日方在上海举行谈判。日方首先提出1 000万日元的报价。中方对此类产品的性能、成本及在国际市场上的销售行情早已了如指掌，推算出对方的报价超过了产品的实际价格，便回复说："根据我们对同类产品的了解，贵公司的报价只能是一种参考，很难作为谈判的基础。"日方代表没料到中方会马上判断出其价格的不确定性，有点措手不及，便答非所问地介绍产品的性能。中方代表深知他们在自夸，但不明确点破，只是故意问道："不知贵国生产此种产品的公司有几家？贵公司的产品优于其他国家的依

第八章　接待与洽谈

据是什么？"中方代表的问话令对方吃惊，不便回答，也不能回答。其主谈借故离开谈判桌。为了摆脱困境，日方主谈回到桌上，询问他的助手："这报价是什么时候定的？"其助手当即醒悟过来，灵机一动地回答是以前定的。日方主谈笑一笑，忙做解释。当双方休会之后重又坐在谈判桌前时，对方称，经与总经理做了成本核实，统一削价100万日元。中方根据手里掌握的信息，并且以对方不经请求就可以擅自降价10%的信息作为还盘依据，提出削价到750万日元的要求。但马上遭到日方拒绝，谈判陷入僵局。为了打破僵局，使日方接受中方，中方代表郑重地向日方提出："这次引进，我们从几个厂家中选中了贵公司，这已经说明了我们想成交的诚意。你们说价格太低，其实不然，此价格虽比贵公司销往某国的价格稍低一点，但由于运费很低，所以总的利润并没有减少，更为重要的是其他国出售同类产品的外商，还正等我方的邀请，希望同我方签订销售协议。"说完，中方主谈随手将其他外商的电传给了日方，日方代表被中方代表的翔实例证及利益诱导所折服，他们感到中方的还盘有理有据，无可挑剔，只好握手成交。

解析：中方运用了刚柔法，在日方报价后，中方故意问生产此产品的公司有几家，贵公司产品优于其他国的依据是什么，这番问话柔中带刚，刚柔并用，使对方欲进无力，欲罢不能。虽貌似请教，实际上却暗示出生产厂家并非独此一家，从而令对方感到了一种压力，不能不正视这个问题。当谈判陷入僵局后，中方又应用了扭转策略的语言技巧，用例证证明还价有理；又用引诱策略的语言技巧使对方同意自己的意见和建议，最终使谈判获得成功。

刚柔法具有很强的征服力和感化力，但它也有局限性。因此，柔言的方式要看对象，分场合，不能一概而用。谈判中，很多场合中是需要刚柔并济的。

10. 数字法

数字法，就是在谈判时把自己的意见通过精确的数字来表达，使对手感到你精通某个问题，从而使对方产生信任感。人们对数字普遍有一种信赖的心理。数字虽然枯燥，但它可以客观、精确地反映问题，表现事物。在谈判中，用数字来说明观点，可以增强说服力，令对方深信不疑。例如：

我国甲公司从日本S汽车公司进口了大批某型号货车，使用时发现普遍的严重质量问题，蒙受巨大经济损失。为此甲公司向日方提出索赔。

9月30日，两家公司在北京举行谈判。经过一番交锋，日本S汽车公司谈判代表承认，车辆质量问题由设计和生产缺陷导致。初战告捷，但是甲公司谈判代表深知更艰巨的较量还在后头，关于索赔金额的谈判才是关键。

知识点2　洽谈和涉外谈判

甲公司谈判代表专长数据统计，精通测算，在他的纸笺上，在大大小小的索赔项目旁布满了密密麻麻的阿拉伯数字。他提出："贵公司对每辆车支付加工费是多少？这项总额又是多少？"

"每辆10万日元，总计58 400万日元。"日方谈判代表反问，"贵国提价是多少？"

"每辆16万日元，此项总共95 000万日元。"甲公司谈判代表回应。

日方谈判代表问："贵方报价的依据是什么？"

甲公司谈判代表说："我方统计了车辆损坏部件的数量和单价，以及维修加固花费的工时。我们提出的这笔加工费不高，如果贵公司感到不合算，派员维修也可以。但这样一来，贵公司的耗费恐怕是这个数字的好几倍。"

日方谈判代表没想到甲公司数据测算如此精确，问："贵方能否再压一点？"

"为了表示我们的诚意，可以考虑，贵公司每辆出多少？"甲公司谈判代表说。

日方谈判代表，说："12万日元。"

甲公司谈判代表回应道："13万日元如何？"

日方谈判代表应允："行。"

这项费用日方总共支付7.76亿日元。

两家公司争议最大的项目，是间接经济损失赔偿金，金额有数十亿日元。

日方在谈到这项损失时采取逐条报出，每报完一项，总要间断地停一下，环视一下甲公司谈判代表的反应，仿佛要给每一笔金额都要圈上不留余地的句号。日方提出最终支付金额为30亿日元。

甲公司谈判代表琢磨着每一笔报价的奥秘，把那些"大概""大约""预计"等含混不清的字眼都挑了出来，指出里面埋下的伏笔。

谈判之前，甲公司有关人员昼夜奋战，精确测算出每一组数据。在谈判桌上，甲公司谈判代表每报完一个项目和金额后，就会讲明这组数字的测算依据。最后，甲公司提出的间接经济损失赔偿是70亿日元！

日方谈判代表听到这个数字后，惊得目瞪口呆，老半天说不出话来，连连表示不能接受。

双方各不相让，只好暂时休会。第二天，谈判继续开始。双方先是一阵激烈辩论继而一语不发，室内显得很沉默。

这时，甲公司谈判代表打破僵局："如果贵公司有谈判的诚意，彼此均可适当让步。"

"我公司愿付40亿日元，这是最高突破数了。"

"我们希望贵公司最低限度必须支付60亿日元。"

这一来，使谈判出现了新的转机。后来，双方几经周折，提出双方都能接受的方案：

第八章 接待与洽谈

> 日本 S 汽车公司赔偿中国甲公司间接经济损失 50 亿日元，合计 57.76 亿日元。日方确认出售到中国的全部该型号卡车为不合格品，同意全部退货，更换新车；新车必须重新设计试验，精工制造，并请中方专家试验和考察；在新车未到之前，对旧车进行应急加固后继续使用，日方提供加固件和加固工具等。

人们常说："事实胜于雄辩。"数字即是公正、客观的事实，事实确凿，往往具有很强的说服力。在谈判中，有时并不需要其他多种技巧，只需把准确无误的数字一摆，即可"一锤定音"，折服对方。但必须牢记一个要点：引证的数据要绝对准确无误，否则，将功亏一篑。

二、涉外谈判

1. 涉外谈判的定义

涉外谈判是当前对外开放条件下常见的商品经济活动之一，它是涉外商务活动链条中的关键一环。要成为一名涉外谈判中真正的能手，不但要娴熟地应用商务谈判的谈判技巧，而且还要掌握许多谈判对策和策略。而对来自不同国家，有着不同民俗文化背景的对手，所应对的谈判对策也不尽相同。那么，什么是涉外谈判呢？

涉外谈判 又称国际商务谈判（Comercial Negotiation），代表国家和团体利益的涉外人员与外国客商之间就有形与无形的资产交换或买卖，达成某笔交易进行的会谈。

一般来说，涉外谈判有横向与纵向谈判两种模式。横向谈判是采用横向铺开的方法，首先列出要涉及的所有议题，然后讨论各项议题，同时取得进展。

你知道吗

了解涉外谈判的模式

法国人是横向谈判的代表，喜欢先为议题画一轮廓，后确定议题中的各个方面，再达成协议；纵向谈判是先确定所谈问题，然后依次对各个问题进行讨论。美国人是纵向谈判的代表，总有一种"一揽子交易"的气概，使对手感到相形见绌，美国人与法国人正好相反。当我们跟他们进行谈判时，应先把对方的国籍背景、宗教信仰、民族文化、思维习惯与群体习俗等了解清楚，不能单从谈判角度去备战。所以，作为一个涉外谈判人员，要时刻注意提高自己的素质修养。

知识点2　洽谈和涉外谈判

2. 涉外谈判人员的素质要求

谈判人员的素质条件是决定谈判结果的主要因素，直接决定交易的成败。通常参与涉外谈判的人员，应自觉坚持平等互利原则，既要虚心向他人学习，又要机动灵活，妥善处理随时发生的问题。一个精明能干的、齐心协力的、高效的涉外谈判班子，常常成就一份完整、满意的涉外合同。具体地说，涉外谈判人员必须符合以下素质要求。

（1）**品德素质**。遵纪守法，廉洁奉公，作风正派，举止稳健、大方、从容。

（2）**知识素质**。要熟悉外贸知识和行业专门知识，了解贸易国别地区的方针政策，掌握国际市场动态及汇率、利率变动的情况，熟悉贸易国家的法令、惯例、商检、运输、保险等多方面的情况。

（3）**能力素质**。一是要具有创新精神和进取心，有强烈的事业心和责任感，精通商业心理学，善于把握外商的心理状态，以利于做出正确决策；二是拥有丰富标准的中、外文语言表达能力和独当一面的谈判能力；三是具有良好的国际贸易判断力和洞察力，果断处理临时出现的问题，并善于测算成本、经济效益和边际利益，以确保己方获取最高的经济效益。

（4）**了解不同文化的谈判方式**。具有不同文化背景的人，都具有独特的谈判方式，因此，在跨文化谈判中，应当尊重对方的文化习惯，并有针对性地采取相应的措施。

3. 不同文化的谈判方式

下面重点介绍几种不同文化背景的人的谈判方式。

（1）**日本文化的谈判方式**。

彬彬有礼地讨价还价，不轻易妥协。日本人在国际商务谈判时，几乎毫无退让地坚持原有条件。一次次的谈判，他们始终重复原有主张，在谦恭的外表下隐藏着誓不屈服的决心。

日本人的谈判方式有
❶ 善于利用策略设埋伏。
这是日本人谈判的典型特征之一。
❷ 保持沉默，有耐心。
谈判中，日本人不愿率先表明自己的意图，而是长时间沉默，采用静观事态发展的战术，他们谈判特别有耐心，并相信耐心等待会有效果，所以许多协议都在最后期限才签订。

（2）**美国文化的谈判方式**。

美国人的谈判方式灵活多样，精于使用策略去谋得利益，头脑灵活，能在不知不觉中将一般性交谈迅速引向实质性商洽，并且善于讨价还价，同时，也欣赏对方具有这种才能。

第八章　接待与洽谈

美国人的谈判方式有

❶ 珍惜时间，重视最后期限。

美国人讲究办事效率，他们认为，最成功的谈判者就是能熟练地把一切事物用最简洁、最令人信服的语言表达出来的人。因此，他们为自己规定的最后期限，往往较短。一旦突破期限，谈判则可能破裂。

❷ 积极务实，重视所得利益。

美国人在谈判中，始终将实际得到物质利益作为获胜的标志，因此在商务谈判中，能否取得巨额利润，是其唯一目的。

（3）德国文化的谈判方式。

❶ 准备周密。

他们考虑问题周到系统，准备工作充分、仔细，特别对交易的形式、谈判的议题规定得准确、详细。

❷ 讨价还价余地小，缺乏灵活性。

谈判中，德国人总是强调自己方案的可行性，不大愿意向对方做必要的让步，有时甚至显得十分固执，毫无讨价还价的余地。

❸ 谈判果断，注重长久关系。

他们喜欢明确表示希望达成的交易，准确界定交易方式，详细列出谈判议题，无论对问题的陈述还是报价，都非常清楚、坚决、果断，他们不喜欢做一锤子买卖，希望与贸易伙伴建立长久关系，因此严守合同，不易毁约。

（4）法国文化的谈判方式。

❶ 立场极为坚定。

法国人具有戴高乐的依靠坚定的"不"字以谋取利益的高超本领，谈判中不愿妥协。

❷ 坚持在谈判中使用母语——法语。

❸ 喜欢先为协议勾画出一个轮廓，然后再达成原则协议，最后再确定协议上的各个方面。

（5）英国文化的谈判方式。

❶ 准备不充分。

英国人同德国人的办事严谨、周密相反，准备不细致，给人以松松垮垮的感觉。

❷ 为人和善、友好、好交际、容易相处。

❸ 具有灵活性，对建设性意见比较积极。

（6）北欧文化的谈判方式。

❶ 沉着冷静，处事平稳。

北欧人谈判的特点是按部就班、有条不紊地按议程顺序逐一进行。他们既从容又机敏，善于发现和把握达成协议的最佳时机，并能及时做出成交的决定。

❷ 较为保守。

谈判中，他们更多地将注意力置于怎样做出让步才能保住正在谈判中的某项合同，而不是着手准备另一个备选方案，以防止做了最大限度的让步也保不住合同的情况。这与他们倾向于把精力用于保护现在拥有的这种保守性格有关。

❸ 商务谈判侧重点明显。

北欧人生活水平普遍较高，所以对档次高、质量优、式样奇的高档消费品兴致盎然，而对一般性消费品则不屑一顾。

（7）拉美文化的谈判方式。

❶ 重视谈判者个人的地位与作用，不喜欢同女性谈判。

个人人格至上，使拉美人特别注意对方谈判者本人而非其所隶属的公司，一旦认为对方经验丰富、工作能力强，并是公司重要人物，便会肃然起敬，以后谈判便顺利多了。他们一般瞧不起妇女，不愿与女性谈判，但是令其敬重者例外。

❷ 谈判节奏缓慢，时间利用率低。

拉美人生活悠闲、恬淡，处理事务慢。与他们谈判不可试图速战速决。

❸ 不注重谈判协议的严肃性。

（8）阿拉伯文化的谈判方式。

❶ 谈判节奏缓慢。

他们很健谈，有时第二次、第三次谈判都进入不了实质性的话题，谈判的最终决策，也需要很长时间才能做出。

❷ 中下级人员在谈判中起重要作用。

阿拉伯国家，上层人员负责谈判决策，他们多缺乏实际业务经验，而具体谈判靠中下级人员，其意见与建议则受到上司的高度重视。

❸ 从事代理得心应手。

为开辟财路，阿拉伯国家政府坚持让外国公司通过阿拉伯代理商来开展业务，这也在一定程度上为外国公司提供了便利。

4. 涉外谈判的口才技巧

与外商谈判是一件相当艰苦的工作，谈判过程是不断组织思路的过程。需要掌握各种灵活的谈判技巧，以此测出对方内心的想法与计策，表态要把握分寸、态度要明朗，使自己在谈判中始终占据有利位置。

（1）**转劣为优的技巧**。摆脱困境、转劣为优、以保利益的方法有三：一是及时坦诚地纠正自己的错误。"撤退"与"冲杀"同样是夺取全盘胜利、维护自身既得利益的法宝。二是金蝉脱壳，以第三者身份纠正错误，可挽回面子，避免损失。三是借助上级力量推翻个人

第八章　接待与洽谈

先前的意见，以解释去避免损失。一般外商都知道我国对外贸易是统一计划和领导的，借口上级的旨意也是谈判中扭转劣势的有效手段。

（2）战胜"故意犯错"的技巧。大多数商人在国际贸易中都能遵守商业道德，亦有少数不道德商人以"故意犯错"为战略，比如佯装报高价，诱惑上钩；错报成交产品的规格；微改价格条款内容；改变包装要求等；以此谋求更多的经济效益。战胜对方"故意犯错"策略的反间计，最好是做足防范措施：一是谈判一个项目要选择并保持同两个以上的交易对象展开同一项目的谈判；二是多从不同渠道了解谈判对手的资讯和诉讼记录，酌情关注；三是提出标的完成的最后期限及报价，具体列出详细的违约、索赔条款，争取达成协议，让对方不易反悔；四是警惕条件过于优厚的交易。

（3）应对最后通牒式谈判的技巧。这是一种能有效减少讨价还价麻烦，促进谈判双方尽快达成协议的策略，多应用于价格条款和时间的谈判上。作为被通牒一方的应对方法可选择：一是做退出谈判之状，大胆设法试探对方通牒的弹性（真意、底价等），逼对方收回决定，不着痕迹地主动让步。二是改变前面所谈内容。如改变交易的补偿或贸易来料，改变产品品质要求，增减产品订货数量等，营造新条件下的谈判。三是不断重复己方观点，对对方的条件置若罔闻，逼对方提出折中的方式。四是先发制人，抢先提出己方的条件，令对方措手不及。

在涉外谈判实践中，有些外商较为特别，除了应用其他场合使用的技巧对付外，仍需要使用诸如上述特别一类的语言技巧。

你知道吗

涉外谈判两忌讳

同外国人交往时，应尊重他们的风俗习惯，注意在不同场合有不同的忌语，这有利于同外国人的合作顺利进行。

1. 忌讳语言

例如，与希腊人交往、交谈时不能说与"猫"有关的语言，如养猫、玩猫、爱猫等，因为对他们而言，猫就是引人走进阴间的事物；与穆斯林、巴基斯坦人交往，不能谈及关于猪的事，或有关"猪"的音、词，因为他们的教俗不允许；与沙特人交往，不能谈"下象棋"及其有关的字眼，因为这会被认为是图谋不轨，弑君谋逆；与法国人交往，不能谈论"核桃"，他们会认为谈这个是不吉利的，对法国女人不能送香水，否则会被认为是有过于亲热和有"不轨企图"之嫌；与美国人交往，注意不提"厕所"，他们认为谈话时提及这个字眼不礼貌；与英国人交往，不要称其为英国人，要称其为"大不列颠"，他们不喜欢以皇室之事作为笑谈的话题，也忌谈女人的年龄；欧美人忌谈私人生活问题，如岁数、婚否、住址等，随便询问这些，被认为是冒犯他人尊严，对其老年人不可说"您老"，爬山、上楼也忌搀扶，他们认为这有失体面；与日本人谈话，不可出现"狐狸""獾"的字眼，谈话也不能涉及这两种动物的内容，因为他们特别反感这两种动物；阿拉伯人忌讳谈论妻子、儿女的事，见面不要问候或提及；在拉美国家逛街走路，同性朋友不可以拉手搭肩，否则会被视为同性恋者。

2. 忌讳数字

在东方的一些国家，很忌讳"4"这个数字，因为"4"与"死"发音相近，不少国家把"4"视为预兆厄运的数字。例如，韩国过去的旅馆里没有4层楼，门牌没有4号，军队无四军、四师等，海域无第四海域；在西方的一些国家，则很忌讳"13"这个数字。他们认为"13"不祥。这出于《最后的晚餐》这个典故，耶稣基督与12门徒共进晚餐，坐13位的就是出卖他的人。古老的文献显示夏娃、亚当偷吃禁果之日，就是13号星期五，所以现在西方许多旅馆办公楼没有13层，有的航空公司没有13号班机，宴会厅没有13号座位，若是"13号"又碰上"星期五"就更为不祥，一般在这一天不举行宴会，不洽谈生意。

三、洽谈中的说服与拒绝

在与人洽谈过程中，很多时候需要说服别人接受自己的观点，支持自己的工作，理解自己的意图。也有很多时候需要拒绝别人的要求。说服和拒绝都要学会一定的方法，掌握一定的技巧。

1. 说服的方法

语言沟通的最高境界不是口若悬河，也不是出口成章，而是成功地说服别人。

说服就是以摆事实、讲道理的方法让别人听从、服从自己。耳听为虚，眼见为实，事实胜于雄辩。没有事实作依据，是不能服人的。说理，"有理走遍天下"。说服的目的就是统一思想，化解矛盾，达成共识。

要达到说服的目的，就要有科学、有效的说服方法。说服的方法很多，但也有一定的规律。

（1）**了解对方是说服对方的基础。** 要想说服对方就要仔细研究对方，深入了解对方的有关情况，比如对方的性格、长处、兴趣、爱好、情绪、想法等，以便有针对性地说服。

第八章　接待与洽谈

（2）循序渐进，充分诱导。 说服不能一蹴而就，一口吃成个胖子。一般被说服人都要产生反说服的心理，有时越努力就越不能成功。所以就要运用循序渐进的诱导方式。如设法了解对方的想法和凭据，进行换位思考，再因势利导，让对方逐步接受自己的观点。

（3）说服别人一定要有耐心。 做说服工作，如果对方立即点头，改弦易辙，"一言惊醒梦中人"，当然是最好不过的了。可实际上，这样的情况并不多见。更多的是要经历艰难曲折。这时就要有做长期说服工作的准备。要情、理并用，人都是有感情、懂道理的。要说服别人就要以情入手，以理服人，逐步解释一些细节和要点，逐渐消除对方的成见和抵触情绪。

2. 说服的技巧

（1）直言利害。 对被说服人直接陈述利害，一针见血，从而使被说服人放弃自己的意见、主张，服从自己的要求。

> 冯玉祥当旅长时，有一次驻防四川顺庆，与一支友军发生矛盾。这支友军将骄兵惰，长官穿黑花缎马褂、蓝花缎袍子，在街上摇摇摆摆，像当地的富家公子。有一天，士兵来报："我们上街买东西，他们看我们穿得不好，骂我们是孙子兵。"为了避免引起乱子，冯玉祥立即集合官兵训话："刚才有人来报，说混成旅的兵骂我们是'孙子兵'，听说大家都很生气。可是我却觉得他们骂得对。按历史的关系说，他们的旅长曾做过二十镇的协统，我是二十镇里出来的，你们又是我的学生，算起来你们不正是矮两辈吗？他们说你们是孙子兵，不是说对了吗？再拿衣服说，缎子的儿子是绸子，绸子的儿子是布，现在他们穿缎子，我们穿布，因此他们说我们是孙子兵，不也是应当的吗？不过话虽这么说，若是有朝一日开上战场，那时就能看出谁是爷爷，谁是孙子来了！"

（2）巧妙迂回。 欲说服对方，不直言点明，采取迂回包抄的办法。通过这种方法使被说服者恍然大悟，进而被说服。

> 电话机的发明者贝尔，有一次出门去筹款。他到一个大资本家斯贝特先生的家里，希望他能够为他正在进行的新发明投资。但他知道斯贝特是一个脾气古怪的人，而且向来对于电气事业不感兴趣。所以，贝尔去了以后并没有说明投资后获多少利益，也没向他解释科学理论，而是这样做的：贝尔弹着钢琴，忽然停止了，他向斯贝特说，你可知道，如果我把这脚板踏下去，对着钢琴唱出一个声音，这钢琴便也会重复发出这个声音来。这事你看有趣吗？
>
> 斯贝特当然摸不着头脑，更不知其中含义，于是他放下手中正在阅读的书本，好奇地询问贝尔。贝尔详细地对他解释了和音、复音等电话机的原理。这场谈话的结果是，斯贝特很情愿地负担了贝尔的一部分试验经费。

知识点2　洽谈和涉外谈判

（3）先扬后抑。 就是先表扬，后批评。表扬容易使对方有面子，同时也能拉近双方的感情。在此基础上，再指出其不足，批评其错误。

> 一位教师走进教室便发现有两位同学不知因为什么正扭打在一起，全班同学的目光都望着老师，看老师如何处理，而这两名同学却浑然不知，仍打得十分"投入"。见此情景，老师便幽默地说："同学们请继续欣赏这十分精彩的'男子双打'比赛。"在学生的笑声中，他俩不好意思地停了下来。老师又不失时机地补充了一句："同学之间互谅互让，不要因为一点小事情弄得大家都不好意思。"

（4）逼其就范。 情和理不是万能的。有时有的人为了达到自己的某种目的，会不顾情理，那么对他们就可以先礼后兵。所谓先礼后兵，就是在动之以情、晓之以理后仍不能使其服从，那么就要来硬的，让他在事实面前看到不服从得到的不利后果。这种方法就是在一定程度上给予对方压力，迫使其服从。

> ◀ 讨论 ▶
> 怎样说服一个不愿意学习的孩子？

> 一个旅游团队去旅游，预订的是有单独卫生间的套房，可是洗澡时却没有水。为此，领队找来了经理。
>
> **领队：** 对不起，这么晚了还把您从家里请来。但大家满身是汗，不洗澡怎么行？何况我们预订时说好供应热水的呀！
>
> **经理：** 这事我也没办法。锅炉工回家去了，他忘了放水。你们可以去集体浴室。
>
> **领队：** 是的，我们可以去集体浴室，不过话要讲清，套房一人200元一天，是有单独浴室的。你降低了标准，每人只能付100元了。
>
> **经理：** 那不行。
>
> **领队：** 那就只能供应套房的热水。
>
> **经理：** 我没有办法。
>
> **领队：** 您有办法。去把锅炉工找回来。我劝大家可以耐心等一会儿。
>
> 经理一看没办法混过去，只好派人找回锅炉工。卫生间终于有了热水。

（5）权衡利弊，满足对方的基本要求。 谈判中说服别人，满足对方的基本要求，是一个有效的方法。要使对方接受自己的意见，就要在对方关心的方面下功夫给以满足。谈判的本质就是满足需要，如果需要得不到满足，纵然说服者有三头六臂，说得天花乱坠、口若悬河，也无法使对方心悦诚服。

第八章　接待与洽谈

> 一个人去买沙发,看上了一张黑沙发。对方开价185元,他便讨价还价,回价110元,对方说:"140元我都没有卖。"听过之后,这人便说了一段话:"140元钱是有形的钱,无形的钱你算过吗?如果你马上把沙发卖出去,可以抓紧时间再做一个,那钱不就出来了?假如继续站5天才把沙发卖出去,恐怕140元也赚不到。5天可以做出几张沙发,这笔账你算过吗?时间就是金钱,效率就是生命,薄利才能多销,如果你的沙发比别人卖得快,提高了你的信誉,自然就占领了市场,有市场才能赚钱,你说是吧?"
>
> 最后双方以130元成交。

解析：这位买者站在对方的立场上,为对方着想,替对方分析,分析出对方的需要,利弊权衡,既客观又实际,于是自然说服了对方。

谈判中,强调利益的一致,比强调利益的差异更容易提高对方接纳的可能性。谈判既包含着冲突,又包含着合作。一般情况下,谈判成败取决于合作与冲突因素的强弱。合作是双方利益一致性的加强,谈判者通常是在相互合作、各为其利的基础上达成协议的。因此,在说服对方时,应尽可能地强调双方利益的一致与互惠互利的可能性。这样做能够激发对方在自身利益认同的基础上来接纳意见。

(6) 在潜移默化中说服对方。谈判中要说服对方,就必须在交换意见时,在对方不知不觉中将说服的意思落入语言,在潜移默化中达到说服的目的。如果用明显的语言来说服对方,那么对方就会产生拒绝心理,说服就很难进行下去了。

> 三国时,曹操率大军南征,刘备军弱而败退。刘备驻军于樊口,无力反击,只有坐以待毙,因为以刘备单独的力量绝对无法与曹操抗衡。解决的办法只有一个,就是与江东的孙权联合。
>
> 孔明出使江东当说客。孔明首先说道:"现在正值天下大乱之际,将军您举兵江东,我主刘备屯兵江南,同时和曹操争夺天下。但曹操已将天下几乎平定了。现在更是进军荆州,威震天下,各路英雄尽被其网罗,因而造成我主刘备今日之败走。将军您要权衡自己的力量,以处置目前的情势。如果贵国的军势足以和曹军抗衡,则应该早早和曹军断交才好。若是无法与曹军抗衡,则应尽快解除武装,臣服于曹操才是上策,将军您是否已拿好主意,决定臣服曹操?时间剩下已不多了,再不决断就来不及了。"
>
> 孙权生气地说:"照您的说法,刘备为什么不向曹操投降?"
>
> 孔明回答说:"您一定听说过田横的故事。他是位齐国的壮士,忠义可嘉,为了不臣服于汉高祖而自戕。何况我主刘备乃是堂堂汉室之后,钦慕刘君而投到他麾下的优秀人才

不计其数，他岂肯向曹贼投降！"

孙权听后，激动地表示："我拥有江东全土，以及十万精兵，又怎能受人支配呢？我已经决定了。"

解析：从这一例中看出，孔明说服孙权与刘备联合抗衡曹操，是通过对比来激起孙权的自尊心，使他自己说出愿意与刘备联合。在孔明的言词中，我们找不到直接的说服词，而他的说服之意却潜在所有的言辞中，这里体现出孔明优秀的说服口才技巧，他在不知不觉中说服了孙权。

3. 拒绝的方式

拒绝是社交中常有的事情。拒绝就是对别人的观点、意见不能同意或接受，对别人的要求、愿望不能达到或满足，对别人的行动、工作不能支持或配合。拒绝别人是很为难的事情，要达到拒绝的目的，就要学会一些技巧。

拒绝的最佳结果是既要达到拒绝的目的，又要让对方能欣然接受，因此拒绝要讲究方式、方法和技巧。

（1）**据理直言**。对那些不合情理的要求、做法，可以明确告之不同意见，没有必要去花费时间和精力。要以理否定，以例证明，有理有据地拒绝。

> 杂志社的推销员到环宇公司推销杂志。王经理只好当面对他说："谢谢，你们的服务很周到，可是，这些杂志对我们真的帮助不大。况且我们已经订阅了几种需要的杂志。请原谅。"

（2）**借口否定**。对不便于直言否定的，可以寻找借口否定或无限期拖延。

> 如"这件事必须领导一起商量才能定，可是人员聚不齐。""这事我做不了主，需要领导研究。""我是同意的，可是就怕其他人有不同意见。"等。

（3）**转移话题**。对来访征求意见的人不做正面回答，而是顾左右而言他，岔开话题，婉言拒绝。

> 如"今天遇到点事儿，心情不好。谈点别的吧。""这事还是以后再谈，我们先吃饭。"等。

第八章 接待与洽谈

（4）归谬否定。认真研究对方意见，寻找不足，指出不合逻辑、不合情理之处，形成自我否定，然后加以拒绝。

> 税收员小李的岳父受人之托求他为一个私营企业减免税金。小李碍于岳父的情面不好直言拒绝，于是就耐心细致地做起了岳父的工作。小李说："对税收，国家政策、法律有规定。我个人无权私自减免。我违反规定办事，您是得了人情，也有了面子，可是一旦事情被发现了，我就会受处分，甚至受到法律制裁，那可就不光是丢面子，连公职也没了。您看咱是要面子还是要公职？"岳父听了后连连摆手说："那咱不干，那咱不干。"

（5）仙人指路。另出一个主意或意见，从而避开自己的参与，实现拒绝的目的。

> 王宝是个煤矿主，这一阵子生意很好。一天，他过去的一位朋友找到他非要投资入股不可；王宝心里不情愿可又不好明着拒绝他，就说："我这个矿潜力不大，估计开两年也就完了。你看这样好不好，我认识一个朋友，最近新开了一个大矿，储量很大。前几天他拉我入股，可我这儿没闲钱。我给你介绍一下，你们自己谈。你看行不？"朋友见状，只好答应。

（6）先扬后抑。先表扬对方一番，肯定他的好处、优点，从而拉近感情，然后再说出自己的难处，不好办或不能办的苦衷，请对方理解、原谅。

> 有一名学者，婉言拒绝朋友请他作讲座的邀请，他说了下面几句话："你能给我这个机会，我非常感谢，这种类型的讲座正是我感兴趣的话题。不过，很遗憾，我的时间排得满满的，实在安排不过来。"
>
> 一家公司的人事部主管通知求职人员未被录用的消息，是这样说的："这次本公司招收职员，承蒙您能前来应聘，我们非常感谢。经我们公司慎重审议，由于招聘的人员有限，决定不能录用，我们表示非常遗憾。"

> **讨论**
> 怎样做到拒绝人而又不伤害人？

（7）沉默不语。有时可以保持沉默，不言不语，不置可否，以此来表示拒绝。如可以装作没注意、没听见或没看见，或用看表、打哈欠等暗示对方离开。

知识点2 洽谈和涉外谈判

> 公司经理会议正研究人事和后勤保障等问题。对人事安排，与会的5名经理各怀己见，打着自己的小九九。会议开了1个多小时，几番争论，大家互不让步。最后主管人事的胡副经理提议举手表决。可当他再看韩总经理时，只见这位已50出头年纪的总经理歪着脑袋，闭着眼睛，已经打起了呼噜。胡副经理知趣地伸手摇了摇韩总的手，说："韩总，韩总，我们研究后勤保障问题吧。"韩总像是在朦胧中，含糊地说："好，好。"

（8）**委婉拒绝**。通过顾左右而言他，巧妙、委婉地拒绝。

> 清代的郑板桥做潍县县令时，查处了一个叫李卿的恶霸。李卿的父亲李君是刑部天官，得信儿后急忙赶回为儿子求情。李君以访友的名义拜访郑板桥。李君看到郑板桥房中有文房四宝，于是提笔写道："燮乃才子。"郑板桥一看人家在夸自己呢，自己也得表示表示，就提笔写道："卿本佳人。""我这个'燮'字可是郑兄的大名，这个'卿'字……""当然是贵公子的宝号啦！"李君心里高兴极了："承蒙郑兄关照，既然我子是佳人，那就请郑兄手下留情。""李大人怎么糊涂了？唐代李延寿不是说过'卿本佳人，奈何作贼'吗？"李君脸一红，只好拱手作别了。

1. 拜访有哪些种类？其相关注意事项是什么？
2. 说"谢谢"时，应注意掌握哪些规则？
3. 对涉外谈判的人员素质有哪些方面的要求？
4. 谈谈美国文化背景下的人们谈判方式的特点。
5. 拒绝的方式有哪几种？

第九章

毕业生应聘技巧和心理调适

教学目标

　　毕业生走出校园，步入社会是一步大的跨越，学习运用普通话对于他们今后顺利走上工作岗位、优化职业生涯是一项基本技能。同时，在求职过程中充分运用语言技巧，也是必不可少的。本章主要介绍学生在应聘中经常应用到的口语技巧，使他们学会适当的自我心理调适和自我减压，从而更积极主动地迎接挑战。

教学要求

认知：正确认识毕业生心态的变化，用实力和技巧赢得工作机会。
情感态度观念：要把握应聘时机，充分展现自我，才能脱颖而出；失败也不气馁，良好的心态往往能决定最后的成功。
运用：在应聘时，重视运用语言技巧，用轻松的心态迎战时，你已经成功了一半。

知识点 1 求职应聘

每个毕业生都面临着升学或就业的压力，而无论选择哪条路，都离不开应聘和面试等与他人面对面的交谈方式，这是展示自己能力的机会和平台。尤其是许多毕业生在求职过程中，如何在面试时用自我介绍和精彩对答的机会填补和呈现简历上不能充分体现的内容，一定程度上决定着用人单位的选择。

从口头交流方面来看，整个面试主要包括两个阶段：自我介绍和问题回答。

一、大胆推销——自我介绍

1. 自我介绍的方式

在第八章中，我们谈到了自我介绍，在这里我们主要结合求职这一具体任务来深入讲解介绍的相关事项。用有声语言进行自我介绍，比证件、名片之类的东西更重要。它可以"先声夺人"，很快给主考官留下良好的印象。自我介绍就是大胆地推销自己，让别人接受你、肯定你。

（1）**称呼对方要用尊称**。这能表现出求职者的谦虚、文明和礼貌。如知道对方的职务，可以多重复一两次称呼对方"某经理""某主任"，以表示自己对对方的尊重和结识对方的荣幸。

（2）**自我介绍要详略得当**。如果招聘方已经有了自己的求职材料，就应该尽量简洁一些，要做到口齿清晰，表述流利。成功的自我介绍，不仅依靠声调、态度、言行举止的魅力，而且还要考虑适当的时间和地点以及当时的气氛。当然，自我介绍并不一定要很全面，有时候可以灵活处理，留有余地。有时候需要借助旁人来介绍自己，有时候需要采取间接的方式。

介绍自己的特长、成就、技能时，要用事例说明，因为事实胜于雄辩。否则主考官一旦反问："能举一两个例子吗？"求职者因没有准备就可能会无言应对。

（3）**把握好时机**。一方面不破坏或打断考官的兴趣；另一方面又能够很快抓住对方的注意力。在需要等待的时候，一定要等待，而且努力使自己当好考官谈话的听众。如果先前了解考官和与其相关的人，那么话题涉及他们时应尽可能以自然流畅的语调来赞美对方，让人感觉是从心里发出的，而不是过分的奉承和吹捧。尽量表示友善、诚实和坦率，这不仅要

第九章 毕业生应聘技巧和心理调适

从话语中自然流露出来，更应该从态度和眼神中体现出来。清晰地报出自己的名字，尽可能用诙谐的方式加深考官对自己的印象和好感。格外表示渴望认识对方，使对方觉得他自己很重要。

（4）**适当的自我介绍**。不能急于表现自己，不要在不适当的时候打断考官的谈话；不能夸大表现自己，不要夸夸其谈，说得太多；也不能不敢表现自己，不要遮遮掩掩，唯唯诺诺，吞吞吐吐，含混不清，似乎生怕考官摸了自己的底细而看轻自己。

2. 自我介绍的内容

（1）**突出介绍自己与求职单位要求有关的经历**。自我介绍要增强针对性，要着重叙述与求职岗位有关的经历，这样做更容易打动对方。在面试中，求职者是完整地表达"真实的自己"，还是只表达适合自己所求职位的自己？有经验的人士认为，初入职场者应选择后者；而那些职场老将，特别是那些谋求管理层职位的人，最好选择前者。

（2）**突出自己能力的强项**。

> ▶ **表现专业**。
> 在介绍专业时，适当地使用一些专业性术语表现自己对这一领域的熟悉。
>
> ▶ **体现个性**。
> 个性就是特色。有时个性品质可以弥补其他技能方面的欠缺，比如勤奋好学、战胜困难的勇气等。

（3）**面试时应强调表达的内容**。

> ▶ 能在最短时间内认同企业文化。
> ▶ 对企业忠诚，有团队归属感。
> ▶ 不苛求名校出身，只要综合素质高。
> ▶ 有敬业精神和职业素质。
> ▶ 有专业技术能力。
> ▶ 沟通能力强，有亲和力。
> ▶ 有团队精神和协作能力。
> ▶ 能够带着激情工作。

| 知识点1　求职应聘

你知道吗

面试的几种类型

如今，招聘单位面试考核人才的方式不再单一化，概括起来一般有以下三种：

1. 常规式面试

这种方式主要是由面试官根据招聘条件和要求，准备好有关的问题逐一向应聘者发问，其目的是直接了解应聘者的个人情况，同时也能考察应聘者的应变能力、礼仪风度，等等。

2. 讨论式面试

面试官事先准备好一个或多个论题，让多个应聘者围绕论题展开讨论。应聘者可以自由地发表议论，招聘方从应聘者的言谈举止中去观察其诸如团体合作精神、组织协调能力、知识面甚至仪表风度，等等。

3. 综合测试式面试

这种方式主要由招聘方通过口试、笔试、实际操作等形式全面考核求职者。

二、面试语言

面试也是一种行销术，只不过推销的不是商品，而是自己。在整个求职过程中，面试无疑是最具有决定性意义的一环。同时，面试也是求职者全面展示自身素质、能力和品质的最好时机，面试发挥出色，可以弥补先前笔试或是其他条件如学历、专业上的一些不足。在求职的几个环节中，面试是难度最大的一环。

1. 保持乐观，充满自信

（1）**穿着、仪态、语调**。见面的前3分钟，求职者的穿着、仪态、语调会给主考官第一印象。适宜的服装仪容，有朝气与自信的语调，会增加求职成功的概率。

（2）**微笑、目光、眼神**。微笑是面试绝对不可缺少的，有经验的人士提醒，"不能看到主考官才笑，最好是在敲门前，笑容就已经在脸上准备好了"。从踏入招聘单位的那一刻起，就要保持良好的心情，时时保持嘴角上扬的微笑曲线。在面试过程时，目光的接触也是最讲究的。当只有一位面试官时，目光应与对方眼神正面接触，游移不定会给人不诚实的感觉；若主考官不止一人，则应将主要目光停留于发问者，但在这个过程中也应与其他主考官有适时的目光接触，以示尊重。

（3）**饱满、圆润的声音语调**。说话时千万不要有气无力、含混不清。应聘者开口讲话如果很有精神，容易给人自信、上进心强的感觉，尤其是业务、客户服务方面的职务，对言谈清晰度会有特别要求。要将自己的专长、生涯规划做扼要说明，有条理、有系统地介绍，避免话语不断重复，以及出现一些习惯性的口头禅，如"嗯——啊——""那个""就是吧""怎么说呢""然后""就是这样""You know"等。

让自己充满信心

1. 保持乐观的心态是克服紧张心理的办法之一。乐观的心态来自于自信心。可以做换位思考，自己是考官，是这一行业的专家，面前是一个最糟糕的学生。让自己的声音充满自信、响亮、清晰、有条理地回答问题。这样在抑制住自身不安的同时，也使考官丧失警惕，使他可能不想再提额外的问题。

2. 把握自己的能力和特长，树立信心。有的人总觉得自己这也不行那也不行，其实大可不必。要增强勇气，大胆尝试，失败了可以重来。放弃实践，不敢试验，自信就找不到基石与支点；抓住机会，投入实践，找到的不只是自信，还有人生的起跑线。

2. 紧扣主题，切中要害

在面试中，对需要回答的问题，要马上厘清要点，最好用第一、第二来表明层次。回答要抓住要点，条理清楚，不脱离正确的思路。如果离了题，考官首先会以为面试者想逃避回答主要问题，就会向面试者发动进攻。这样一来，面试者势必要回答一些额外的问题。此外，面谈时间很有限，回答问题不要滔滔不绝，要围绕主题，简明扼要地回答。

知识点1　求职应聘

你知道吗

面试的"六字要诀"

在面试时，要体现出自己的个性特点及优势，还要展现出个人的才情。要力求做到名、优、特、情、诚、美"六字要诀"：

1. 名：名气、名声。是求职者及其所在单位或学校的知名度和美誉度，包括毕业学校、所学专业、成绩、所获荣誉等。

2. 优：求职的优势。要将自己的优势展示出来，包括专业、学习情况、个人素质等。

3. 特：自己的特点。如性格特点、知识领域、技术特长、素质专长等。

4. 情：在求职问答中要以情感人，情真意切，打动人心。

5. 诚：态度要诚恳，礼节要周全，表达要真诚，用坦诚和质朴吸引对方。

6. 美：求职的语言要文辞精美，从始至终都要给人以完美的感觉。

3. 温文尔雅、文质彬彬

职场无坦途，它的灵活性、随机性很大，温文尔雅、文质彬彬是求职的秘密武器。

从电视上看到一家化妆品连锁店招聘推销员，待遇相当可观，她前去应聘。面试时，经理看到她瘦弱纤小的体形时，有点儿没相中，于是敷衍地问了几句与招聘无关的话，就准备喊下一个。她从经理的眼睛中看出了那种苛刻的挑剔，于是她温文尔雅、镇静自若地自我推荐说："经理，我知道我可能在容貌上不符合贵公司的要求，但我是本地人，我拥有良好的人际关系网，我想我很适合做这方面的工作。虽然美容化妆品的推销是美女们干的事情，而我这个丑小鸭乐此不疲地干这一行，不正可以说明它的魅力吗？"经理听后，眼睛一亮，这位小姐不正是他们所需要的吗？于是马上拍板录用了她。

4. 实话实说，有问有答

有时考官提出一些问题，是想验证一下应聘者是否诚实。如果应聘者正直、坦率，就会赢得好评。不要不懂装懂，否则一旦露出马脚就会前功尽弃。

讨论

实话实说和有话不一定说相矛盾吗？

第九章　毕业生应聘技巧和心理调适

（1）说实话。 面试时不能伪造历史，或将不属于自己的功劳据为己有。虽然可以扬长避短，但是一定要实话实说，不能以谎话代替事实。

> 小李是某高职学校经管专业毕业生，他第一次面试是去应聘销售管理职位，在场的考官有三人，面对考官的提问，没有任何营销经验的小李却按照朋友教的办法大谈自己有许多兼职促销经验，言谈中不免漏洞百出，加上他的话术实在欠佳，面试结果可想而知了。
>
> 第二次面试，小李应聘市场调查员一职。这次，他改变了策略，选择实话实说。面试考官问："你做过市场调查没有？"小李毫不犹豫地说："没有！"停顿了一会儿，他接着说："但是我向别人请教过，我知道该如何去做。"
>
> 主考官问："那你认为你能做好吗？"
>
> 小李斩钉截铁地回答："我相信我能做好。"
>
> 主考官又问："何以见得？"
>
> 小李说："首先我已虚心向别人请教过，其次我有耐心和责任心，更重要的是我是一个诚实的人。"
>
> 主试人站起来，说："好！诚实正是我们调查公司最需要的，你被录用了！"

解析："世上没有免费的午餐"，面对突如其来的幸运，小伙子没有迷失方向，他坚守了自己的做人底线——诚实。诚实是做人的准则，也是衡量人格的标尺，小伙子的求职因此获得了成功。

对面试中提出的问题都要做出回答。有的问题可能刁钻，但这是测试求职者的反应能力。有的考官对自己比较满意的应聘者往往提出一些尴尬的问题。对有些问题可以用外交式的辞令，有些问题侧面回答比正面回答效果更好。巧妙的回答有时会达到明谈缺点、实论优点的效果，并会给考官留下注重实际、不尚空谈的稳重型人才的印象。

求职人员在表达自己的内心想法时，不要过分实在，没必要有一说一，有二说二。应适当有所保留，关键之处可以避实就虚，给个暗示或仅表示一点意向。这样既可以留有余地，掌握主动，又可以展现气质魅力，引人注目。也就是说要让人没法把你"一碗清水看到底"，虚实相间，才能体现自己的智慧。

（2）多听多问。 多倾听，表示对主考官的尊重和注意；多提问，表示已经消化了主考官提出的问题。一个好的提问，胜过简历中的无数笔墨，会让面试官刮目相看。在面试的过程中，一些求职者担心会因提问关系自己发展和利益的问题得罪面试官而不敢提问。现在很多企业在招聘中非常看重信息对等，因为只有互相了解、互相选择，才可能做到双赢。一般主考官会在面试结束之前进行提问。通过求职者提出的问题，能够更真实地了解求职者。

知识点1　求职应聘

你知道吗

准备自己的问题

作为求职者一定要准备一些提问的问题。通过提问可以了解更多的信息。同时也能表现出自己对求职单位的关注，对所求职岗位的兴趣，还能推测一下自己入围的希望。例如：

- 为什么这个职位要公开招聘？
- 该公司（这个部门）最大的挑战是什么？
- 这个职位的具体工作、今后的发展方向以及具体要求是什么？
- 什么时间可以获知结果？可不可以打电话询问？

（3）**谈薪水**。面试接近尾声，不免要谈到薪水问题。与未来老板讲钱如果处理不当，就可能失去求职机会。只谈职位，不谈薪金，这样会令人更易获得高薪厚职。

不要一味设法要求对方提高条件，如果把和谐的气氛弄成敌对的局面，这对面试者实在没有好处。一旦出现僵局，不妨把话题转移到有关工作的事情上。例如对方有心压低薪酬，就可将话题转移到上任后有何想法、如何搞好经营、扩大销路、如何降低成本等，原来紧张敌对的状态，很快便会变成同心协力的局面。

企业都希望求职者对应聘的职位感兴趣，而非纯粹以赚钱为目的。因此，只要老板觉得工作者没有使企业受损失，要争取高薪、福利并不困难。可以讨论自己的才能、经验，要求老板多给一些工作，多承担一点责任，甚至把职位提高，工作范围扩大了，企业自然要多付薪水。

有时应聘者只要认定这是一份理想工作，不妨暂时不谈薪水。待对方认定确实是最佳人选，才尝试以职位及工作为由，要求多些福利津贴。例如，若想要求提高公务开销，就应说以往工作顺利，全因频频与客户交际应酬，从而提出担心公务开销不够，老板也会乐于增加这方面的津贴。

三、求职中的机智问答

不同的人回答问题的方式不尽相同。面对机遇，要善于通过出色的口才，展现自己的学识、修养和特长。只要把握分寸，恰到好处，就会走出一条属于自己的道路。

第九章　毕业生应聘技巧和心理调适

1. 说出想法，保持自我

"失去自我"是许多应聘者面试时容易犯的错误。委曲求全、一味地曲意逢迎，并不能博得主考官的好感；相反，能够勇敢地说出自己想法的求职者往往会获得成功。因为某些情况有时是他们工作疏忽所致，有时是招聘单位设置的陷阱。

> 讨 论
>
> "说出想法，保持自我"在什么样的面试情况下可使用？

一位本科毕业的青年，在一家网络公司做了两年文字编辑。在一次大型人才招聘会上，他去应聘一家心仪已久的著名的广告公司。他精心准备了两份简历，一份中文的，一份英文的。"策划部主管"一职吸引了大批应聘者，在工作人员收到的一沓简历中，应聘者竟有许多博士、硕士。

三天后面试，一共有20人，他被安排在最后。走进考场，看到一排正襟危坐的考官，气氛显得很凝重。他长舒了一口气，想找把椅子坐下来，可环顾四周，却发现整个考场连一把空着的椅子都没有。而看样子，这些考官根本没有让人去拿把椅子来的意思。难道先前来的所有应聘者都是站着面试的吗？这是不是对应聘者缺乏起码的尊重呀？大公司不会都这么爱摆架子吧？要求一把椅子并不过分吧！

"请问，可以给我一把椅子吗？"

"为什么？"

"我认为，虽然贵公司是招聘方，主动权在贵公司手中，可也不能因此而否定我们的平等地位。我有权利要求公平！"

还好，那位考官并没有大发雷霆，失去风度，而是示意工作人员搬来椅子。坐下后，他开始自我介绍。

他陈述完，想了想，又说了一番话："作为对各位考官的尊重，我做完了自我介绍。不过，我现在已经决定，不参加贵公司的应聘了。非常抱歉耽误各位的时间。"

说完，他转身走出了考场。他觉得，这样一个缺乏人性化，连一把椅子都不给人留的公司，其发展是有限的。即使能够在那里工作，恐怕也不会有机会实现自己的抱负。所以他选择了放弃。

三天后，却意外地接到了这家公司打来的电话，他被录用了。人力资源部主管笑了，说那天的"椅子事件"是他们精心设置的一道面试题目，前面的19位应聘者都因为顾虑太多而畏首畏尾，不敢说出自己的想法，只有他一人提出了要椅子的要求。公司需要的正是这种待人公平、敢言敢为的管理人才。

知识点1 求职应聘

解析：破除陈见，摆明自己的观点，大胆地说出心中的想法，就很有可能从众多的求职者之中脱颖而出，打开成功之门。

2. 短小精彩，创意回答

作为求职人员，面试时与主考官面谈的时间一般只有短短的5~10分钟或至多半小时的谈话时间，要想脱颖而出，每场面试都要认真看待、精心准备。

> 2003年，"巧克力之父"弗斯贝里的公司获准进入中国市场，通过媒体发布了一则招聘公告。公告很简单，是这样写的：请你用一句最简洁的话，回答下面四位著名人士到底在说些什么。
>
> 1954年4月2日，苏黎世联邦工业大学建校100周年，邀请爱因斯坦回母校演讲，爱因斯坦在演讲中说了这样几句话："我学习中等，按学校的标准，我算不上是个好学生，不过后来我发现，能忘掉在学校学的东西，剩下的才是教育。"
>
> 1984年6月4日，诺贝尔物理学奖获得者丁肇中回母校清华大学演讲，在接受学生提问时说："据我所知，在获得诺贝尔奖的90多位物理学家中，还没有一位在学校里经常考第一，经常考倒数第一的，倒有几位。"
>
> 1999年3月27日，比尔·盖茨应邀回母校哈佛大学参加募捐会，当记者问他是否愿意继续学习拿到哈佛大学的毕业证书时，他向那位记者笑了一下，没有回答。
>
> 2001年5月21日，美国总统布什回到母校耶鲁大学，接受荣誉法学博士学位。由于他当年学习成绩平平，在被问到现在有何感想时，他说："对那些取得优异成绩的毕业生，我说'干得好'；对那些成绩较差的毕业生，我说'你可以去当总统'。"
>
> 有四百多名优秀的中国大学生参加了应聘。2003年3月10日，弗斯贝里的分公司在北京开业，只有一位应聘者接到通知来参加他们的开业庆典。这位学生的回答是这样的："学校里有高分低分之分，但校门外没有，校门外总是把校门里的一切打乱重整。"这位求职者仅凭一句妙语使他在众多的求职者中脱颖而出，为自己赢得了就业的机会。

解析：这位大学生一句妙语而使求职成功。他成功的背后有对人和事物敏锐的观察能力，有对事情的高度概括能力，更有精彩巧妙的语言表达能力和不落窠臼的创新能力。

3. 珍重人格，不卑不亢

不要同考官发生争执，因为争论的结果肯定是招聘方获胜。但有时候却是例外。

第九章　毕业生应聘技巧和心理调适

一家名气很大的公司招聘一名总经理助理，年薪20万元。刘露在众多应聘者中脱颖而出，最后一关是总经理面试。

总经理对她进行了长达两个小时的面试，刘露从经营方略到内部管理、新产品开发等方面阐述了自己的想法。总经理认真地听着，不时赞许地点点头，显然，他对刘露很满意。

"好了！"总经理说，"讲了半天，口一定渴了，我也有些口渴，请你去买两瓶矿泉水来。"说着递给刘露一张百元大钞。

刘露走到街上，买了两瓶矿泉水，回来递给总经理，把剩下的钱交代清楚，一分不差地交给总经理。她认为这很可能也是考试内容的一部分。

果然，总经理打开一瓶矿泉水，说："这是今天测试的最后一道题目了。你给我留下了很好的印象，如果这道题你能回答得让我满意，你将通过今天的测试。这道题是这样的：假如这两瓶矿泉水中有一瓶被人掺了毒药，当然目标是针对我的，现在我命令你先尝一尝。"

刘露说："我明白你这是在测试我对公司和你的忠诚程度，也许我尝了你就会录用我，但我不能尝，虽然我很想得到总经理助理这个位子，但我认为这是对我人格的污辱。"

总经理怒道："这次没有通过面试应试者有几十人，他们想喝这没毒的矿泉水都没有机会！"

刘露正色道："我认为你刚才说的话与你的身份地位很不相称，对不起，我觉得今天的测试该结束了。"说着要起身离去。

总经理立刻和颜悦色地说："请原谅，刚才只是测试，我很欣赏你的反应和品格，请坐。是的，今天的测试你通过了。祝贺你被录用了！"

刘露说："招聘是双向选择，你对我的测试通过了，但我对你的测试却没有通过，你不是我想象中的老板。再见！"说完拂袖而去。

解析：刘露的回答，既展示了鲜明的个性，又焕发出自重人格的力量。有时这样可能导致落聘，但仍不失精神光辉；有时这样会引起对方的重视，成为制胜的关键。迎合与顺从，往往给人听话而无创建的印象，很容易因为雷同者过多而不被录取。招聘者需要的是有思想、有品格、有气质的人才。

大学毕业生刘海得到一家大型民营企业的面试机会。他特别看重这份工作，重视这次的面试机会。

为了避免面试迟到，刘海一大早就出门了。在距面试单位不足百米的一个十字路口，一辆轿车由于车速过快，撞倒路边一位准备过马路的老阿姨。

知识点1　求职应聘

轿车司机和一位老板模样的中年男子走下了车，看到被撞倒的阿姨只是胳膊上在流血后，那个老板看了手表，就把司机叫在了一旁说了几句话，想推开人群离去。

尽管距离面试的时间还不到十分钟了，但是面对被撞倒的老人，想要溜走的肇事者，刘海赶紧拉住了老板的手臂，说："你不能走，撞了人你还想溜走。"

老板解释道："我没想溜走，我已经安排了我的司机进行了报警，并打了120急救电话。"

"那也不行，你是老板，你得留下来处理这事！"刘海说，天生的正义感，也在无形地增加他的正能量。

就在刘海等人争执不下时，120急救车和110巡警车到达了现场。急救车迅速将被撞老人抬上车后送往医院，而警察在简单了解事情经过后，将刘海等人一起带到派出所做详细的笔录。

做完笔录，出了交警队门口时，刘海发现那个老板和司机早已等候在那里了。那位老板为自己和司机的所作所为向刘海道歉。

刘海见两人态度如此诚恳，说："不，不，不，其实我今天也是要去参加面试的，不想路上竟遇到这样的事情，是我误会你们了，耽误了你的工作，我也给你道歉了。"

"你刚才说你也是面试的，难道你还在找工作吗？"老板问道。

"是啊，本来是要参加面试的，不过这下时间全耽误了，再找机会吧。"刘海无奈地回答。

"哦，是这样啊。我叫王朝军，是××公司总经理，我们公司也在招聘，不知你是否有兴趣参加呢？"王总向刘海发出了邀请。

去，还是不去，刘海的心里可是作了难。去吧，刚才那样对人家，人家会真的不计前嫌吗？不去吧，这家公司自己听说过，很有名气的，况且还是老总亲自邀请，肯定不会差的。

"要不这样吧，你把你的联系方式给我也留一下，我回去后安排人事部对你也进行一次面试，你靠自己的实力去加入我们公司，来次公平竞争好吗？"王总看出了刘海的心思。

"好吧，我会努力的。"望着王总期待的眼神，刘海下定了决心，打消了自己的顾虑。

第二天，刘海就接到了××公司的面试通知，后面经过自己的努力，他顺利进入这家公司，并成为一名优秀的员工。

解析：在日常生活中，遇到突发事件，要敢于见义勇为，敢于得罪比自己地位高的人，让对方看出自己的倔强性格、正义精神和宝贵品质。

第九章　毕业生应聘技巧和心理调适

4. 展示个性，感动考官

在求职中，不存在幸运和侥幸，它所依赖的是一个人的实力与人格魅力。众多求职者争取一个职位，如果你的条件和工作阅历并不出类拔萃，思维方式还是大众化，就不可能引起招聘方的注意，目前有些长处和优点，也很难显现出来。因为对方看重的不是循规蹈矩、墨守成规的保守者，而是思路开阔、富有创新精神的人才。

不少求职者都跳不出这样一个误区：求职就是求人。因而唯考官命是从，没有自己的主见，被考官牵着鼻子走。在人满为患的今日职场，招聘方占据主动是不争的事实，但通过主观努力，变被动为主动是完全有可能的。

> 毕业于某省外贸学校的李涓，是一个品学兼优的学生，在校期间她几乎把所有的精力都花在了学业上，获得了自学考试英语专业的大专文凭，李涓有一股子"初生牛犊不怕虎"的劲头，她听说省里一家进出口公司招聘本科的毕业生，便带上材料去应聘，到场以后才知道今天是最后的面试。但她还是硬着头皮坐了下来，一直等到面试的学生全部走完，她才推开门进去。"对不起，面试已经结束了。"一位女士拦住她。
>
> 李涓说："不，还少我一个。"
>
> "你叫什么名字"那位女士边查看名单边问。
>
> 李涓回答："您不用找了，名单里没有我，我叫李涓，是外贸学校的，给你们送过材料。"
>
> "对不起，除了两所重点大学的，其他学校我们没通知。"
>
> "既然我来了，就请给我一次机会好吗？我不在乎结果，只想测试一下自己的能力。"李涓带有央求的语气中透着几许执着。
>
> 这时，从里间走出一个戴眼镜的中年男士，李涓赶忙迎上前去，用英语说道："您好，李总，我在省政府门口的宣传栏里见过您的照片，您是省十佳青年企业家。我叫李涓，是省外贸学校来应聘的。"
>
> "外贸学校的口语不错嘛，进来吧，我们聊聊。"经过十几分钟的交谈，两天后，李涓成为公司唯一通过自荐而被录用的中专生。

解析：开动脑筋，多想些点子，设计一些让考官感动的细节，往往能收到意想不到的效果。不过这种设计要合情合理、幽默自然、运用得当。随机应变地调控自己，先给别人一个好"点子"，比拉着人家买你的货物、参加你的计划更容易征服对方。这正是古人所谓"将欲取之，必先与之"的哲思之妙。

知识点1　求职应聘

5. 隐性反驳，反败为胜

当应聘者被对方无端否定或受到歧视性待遇，自己展现才能的机会被剥夺时，如果依然忍气吞声，就有可能被淘汰出局。如果能恰当地拿起说理的武器，运用"隐性反驳"这种方式与对方说理，有可能会使局面出现转机，最终赢得机会。

中专毕业的周宁，相貌一般，28岁时去一家著名公司应聘秘书职位。她刚把自己的简历递上去，招聘的小姐扫了一眼就退了回来，不客气地说："学历不行，身高不行，打扮不行，形象气质都不是当秘书的料。"周宁气得转身就走。她直接走进总经理室。总经理接过简历细看，遗憾地说："我们至少要求本科，而你只有中专文凭。"总经理的第一句话似乎就定了调子。

周宁没有灰心，她掏出一摞在全国各报刊发表的文章和两本全国征文获奖证书，说："难道这还不能证明我的知识水平吗？相信一名普通的大学生也未必能拿得出这些来。"

总经理沉吟片刻，说："你的个人经历确实精彩，也合乎我们的要求，但你的年龄太大了，我们只想要一位22岁左右的秘书小姐。"

周宁毫不客气地说："22岁的哪有28岁的经验丰富？我已经有过几年工作实践的磨炼和摔打，你是要一位成熟的、一来就能把工作做上手的秘书，还是要一位把你这里当成培训班、经验成熟后就飞走的实习性质的秘书？"

总经理没有想到她会这样回答问题，接着说道："你知道，秘书要经常接触外界，形象非常重要。"

周宁微笑地说："我知道这一点，话说回来，你需要的是一位注重实干的秘书，而不是一位前台接待小姐，所以应该首先注重个人的修养和才干。况且，人不是因为漂亮才有气质，而是因为有修养才有气质的。今天我被你们负责招聘的小姐气恼了，所以才在大太阳底下淌着汗赶到这里，找你这个老总评评理。"

总经理听了，笑笑说："你今年28岁了，女子一结婚生孩子就会耽搁了工作。"周宁听了摇摇头，说："你这个总经理真是眼光长远，但结婚生子对工作的影响早在几十年前就不大了，从我的父母辈开始，就是边工作边养大了我们。况且我是很独立自信的那类女子。"

总经理显出很欣赏的目光，气氛也轻松起来，又与她谈论了其他的话题，一谈就是两个小时。

一个星期后，周宁接到复试通知。一个月后，她被公司录用。报到那天，总经理打趣地说："祝贺你成为我们公司的职员。从五百名应聘人员中挑了你这个年龄最大的。"周宁很开心地说："也祝贺你，找到了一位可塑性最强的员工。"

第九章　毕业生应聘技巧和心理调适

解析：求职者运用隐性反驳的方式与招聘者进行了恰到好处的交锋，把本来无望拥有的职位抓到了手，由此可以看出隐性反驳的独特威力和魅力。隐性反驳是应聘者的无奈选择，也是争取主动的聪明之举，运用隐性反驳成功的关键在于"隐"。这种表达并不是唇枪舌剑充满火药味的对抗，其锋芒被隐藏起来，从头到尾似乎都是应聘者无奈的陈述和极力的辩解，然而对方却能从中体会到绵里藏针的力度。从情感角度上看，这种表达似乎没有责备和不满的口气，只是弱者的申辩、讨论和诚恳的求助，并不构成对对方立场和面子的挑战，自然能引起对方的同情。隐性反驳还是一种个性的张扬和心灵的沟通。要注意的是，此法通常在最终的决策者面前才有望成功，在没有决定权的一般工作人员面前使用是不会见效的。

6. 耐心执着，心诚则灵

推销自我是一场心理战。谁有耐心，谁有韧劲，谁不放弃最后百分之一的努力，谁就有可能是最后的微笑者。一次成功的自我推销，推销出去的是一种精神、一种品格、一种良好的心理素质。有耐心和韧性的人，机会就不容易从身边溜掉。

一家广告公司招聘"企划文案"人员，要求是本科学历，两年以上经验。当小王赶到这家公司时，初试已经结束，任凭小王好话说尽，接待人员仍很委婉地拒绝了。从公司出来，望着公司的铜字标志在阳光下熠熠生辉，小王心里特别不是滋味，难道就这样甘心放弃？

回到家后，小王便四处查找资料，找到了这家公司老总的名字和电话。第二天早上，小王很客气地打电话过去找刘总经理。接电话的女秘书职业性地问小王是哪个单位的，找他有什么事。几经"纠缠"，或许是小王的执着，女秘书终于答应了小王的请求。

刘总经理接过电话后，小王直截了当地说："刘总，我是来应聘的，因错过时间没能赶上，但又非常自信可以胜任这份工作，所以希望您能再给我一次机会。"刘总听了愣了一下，然后说："你如果真的觉得自己能胜任这个工作就过来试试吧，直接找我们的人事主管。"

来到公司后，人事主管亲自对小王进行了面试。在自我介绍后，他面有难色地说："对不起，你不符合我们的要求，我们的招聘条件不仅是有本科学历，更重要的是要有两年以上的工作经验。"

听了委婉的拒绝，小王自然有一些气馁，但并没有绝望。小王笑道："我虽然只是专科学历，但我在学校担任过学生会主席，上学时，勤工俭学做过日用品直销员、兼任过报刊特约记者，在广告公司实习时也从事文案工作，并取得了不错的成绩……我相信自己完全能胜任这一份工作。"说完便递上精心设计的求职材料："这是我的材料，您可以先看看。"

人事主管一言不发地看小王的材料。过了好久，他合上材料，抬起头对小王说："你

知识点1 求职应聘

的确很优秀，可是按规定我们要本科以上学历，真的很抱歉。"

这时小王真的有些失望了，当小王决定起身离去时，小王还是鼓起勇气说："文凭仅仅代表一个人受教育的程度，并不能真正代表一个人的能力和水平。规定是死的，毕竟也是人定的，我相信贵公司要的是能为公司谋利益的人才，而不是本科文凭。"

人事主管动摇了，说："你稍等一下。"随后走进了刘总经理的办公室。两分钟之后，人事主管告诉小王："年轻人，就冲你这份勇气，你被录用了。"

解析：求职路上，有时确实感到"山穷水尽"了，但脑筋转个弯，来个独特创新，也许就会引导求职者走到"柳暗花明"的美好境地。

唐代诗人李白有诗云：长风破浪会有时，直挂云帆济沧海。案例中这位年轻人求职的成功经历提醒人们：只要有信心，事情往往就成功了一半！在求职的过程中，无论遇到什么样的困境和麻烦，都始终把自信写在脸上，写在心里。前进的道路上，有时差的就是那自信的一步。前进一步，便是不一样的人生。

何玲从深圳实习回来，一边精心准备求职简历，一边关注网上的各种招聘信息。用人单位"有学生干部工作经验者优先、有兼职经验者优先"等条件何玲都具备，但几乎所有企业都要求的英语四级成绩何玲却没有，因为她学的是俄语。

求职路上，心诚一定就能成功吗？

在一家电力公司的应聘过程中，何玲的担忧应验了。电力公司当时决定临时增设招聘场地，要求应聘者在信息公布后的30分钟内提供完整的简历。于是，何玲迅速装订好事先准备的简历，用剩下的时间写了一封"自荐书"。面试官拿到何玲的资料后，赞赏地说："你好快啊！"就这样，凭借良好的第一印象和比较丰富的兼职经验，何玲成为少数几个顺利进入复试的人之一。第二天，何玲满怀信心地来到面试地点，面试官看了她的简历，开口就说："怎么是学俄语的？"又一次因为外语被拒。何玲调整心态后，接到了网易公司的面试通知。面试形式是无领导小组讨论，此前何玲从没有经历过这种形式，所以不知道怎样在小组中扮演好自己的角色，结果可想而知。

网易的考试过后，何玲又经历了大大小小几家公司的面试，虽然大多被拒绝，但正是在这些经历中，她学到不少面试技巧，锻炼了自己的表达能力，并赢得了长虹集团的复试资格。

那是一次结构化面试，何玲在此之前就做了有针对性的准备，面试也很顺利。可与她一同参加面试的同学接到了签约通知，何玲却没有。难道又一次在最后一轮被拒？何玲很不甘心。

第九章　毕业生应聘技巧和心理调适

> 何玲从同学那里了解到长虹签约的时间和地点，带上求职简历，来到现场。长虹的签约工作正在进行，她便一直在门外等待。两个小时之后，终于有机会见到了长虹的招聘人员。说明来意后，何玲开始解释自己的俄语背景与应聘的销售岗位并不冲突。何玲说，现在所有的企业都要求英语达到一定水平，其实并不是所有岗位在工作中都会用到英语。她还尽量强了自己的学生工作经历，如在大学期间担任过班级、社团、学生会的职务，做过多种兼职，并突出了自己的组织协调能力和团队协同精神。举出各种具体的例子以说明自己可以胜任这份工作。长虹集团的工作人员认真地听取了何玲的解释，详细而深入地和她做了沟通。
>
> 第二天，电话响了，对何玲说"恭喜"的正是长虹的招聘人员。由此，何玲悬着的心终于放下了，她庆幸自己能在几乎被拒绝的情形下做了主动的争取。

解析：任何人都会有热情，所不同的在于，有些人的热情只能保持 30 分钟，有些人的热情可以保持 30 天，而一个成功者却能让热情持续 30 年甚至终生。热情是一种巨大的力量，要想成就一番事业，离不开热情这个原动力。它能使人具有钢铁般的意志和顽强的毅力。正因为如此，何玲在重重阻力和各种困难面前才能百折不回，笑迎挫折和失败，最终到达成功的彼岸。

知识点 2　自我调节

健康的含义是什么？《辞海》中说，健康是"人体各器官系统发育良好，体质健壮，功能正常，精力充沛，并具有良好劳动效能的状态。通常用人体测量、健康检查和各种生理指标来衡量"。20世纪70年代联合国世界卫生组织明确指出："健康不但是没有身体缺陷和疾病，还要有完整的生理、心理状态和社会适应能力。"

也就是说，人的健康不仅包括生理健康，同时包括心理健康。国内外心理学家、医学家对心理健康问题有不少精辟见解。心理学家麦灵格说："心理健康，是指人们对于环境以及人们相互之间具有最高效率及快乐的适应情况。不只是要有效率，也不只是要能有满足之感，或是能愉快地接受生活的变故，而是要三者都具备。心理健康的人应能保持平静的情绪，有敏锐的智能，适合于社会环境的行为和愉快的气质。"著名健康学者马斯乐指出，"心理健康比生理健康更重要"。

知识点2 自我调节

同学们应该学会调节在学习和工作中遇到的种种压力，保持良好的心理状态，勇于参加各种场合的交际。

你知道吗

心理健康的衡量标准

（1）对现实具有敏锐的知觉；

（2）自发而不流俗；

（3）热爱生活、热爱他人、热爱大自然；

（4）在所处的环境中能保持独立和宁静；

（5）注意基本的哲学和道德的理论；

（6）对于最平常的事物如旭日夕阳，都能经常保持兴趣；

（7）能和少数人建立深厚的友情并有乐于助人的热心；

（8）具有真正的民主态度、创造性观念和幽默感；

（9）能承受欢乐与忧伤的考验。

一、调节缓解考试心理压力

常人说"以考促学"，在学校一年起码经历两次。学了半年接受检验，难免产生"紧张"心理，而"紧张"心理又影响正常发挥。因此如何调整心态、克服考试焦虑、提高考试效果、轻松应对考试，是所有面临各种各样考试的人们共同关心的话题。

1.调节考试压力和焦虑的几种方法

根据耶克斯—多德森定律，高的焦虑对于完成难度较高的任务是不利的，不能取得好的成绩。就考试成功本身而言，保持适度的焦虑状态并非有害。因此在考试中端正认识，学会自我调节不仅有助于我们在考试中发挥自己的最好水平，取得好的成绩，而且还能有效地避免由于考试所带来的压力和焦虑对自己身心产生的不利影响。这里我们就来介绍几种调节的方法。

（1）**自我认知调整法**。在心理咨询中有一种理论叫ABC理论，它是由美国心理学家埃里斯提出的。A代表事件，B代表个体对事件的看法，C代表结果。埃里斯的观点：不是事件导致了结果，而是对事件的看法才导致了这种结果。按照这种观点，不是考试导致了焦虑和紧张，而是对考试的看法才导致了焦虑和紧张。其实大多数人确实是这样，考试前、考试

第九章　毕业生应聘技巧和心理调适

中过多地考虑考不好会影响到自己的前途，越是这样，越是发挥不出正常的水平。因此作为考生，首先，要正确认识考试的重要性，任何一次考试并不能完全决定一个人的命运，就算这一次考试失败也并不说明下次一定失败。其次，要正确认识考试的难度。没有难度的试题是不存在的，但是你觉得难，别人可能觉得更难，何必跟自己过不去呢？再次，要对自己的应试能力有正确的估计。可以将自己的复习情况、强项和弱点列出来进行分析，弄清自己的实力、特长和薄弱环节，制定适当的考试目标和切实可行的复习计划。

（2）**自信训练法**。考试焦虑实际上是考生缺乏自信、潜意识中对自己进行消极暗示的结果。如"要是考砸了，一切就都完了""别人肯定会比我考得好"。自信训练就是为了消除自我暗示的影响。首先，将那些朦胧的、担忧的念头，用清晰的书面语言表达出来，将担忧从潜意识中提升到意识水平，并对不合理成分进行自我质辩，逐一消除，从而走出焦虑误区。

自信是日常工作、生活中的一种积淀，如果平时缺乏自信，光靠考试前的临时调节也许只能起暂时的作用，或只对有些人起作用。在平时应加强自我认识，做好充分准备，找到自己的优势，这有助于个人自信心的培养。

（3）**意念放松法**。经常进行放松训练，可以消除紧张心态，有助于克服考试焦虑。意念放松的做法是：静下心来，排除杂念，闭上眼睛，调整呼吸。可以通过默默地数数、想象蓝蓝的天空等帮助集中注意力，以达到心静神宁、消除紧张、放松心态的效果。

（4）**良好形象浮现法**。考前回忆自己过去成功的情境及良好形象，回想自己喜爱或令自己高兴的人和事，使自己心情愉悦，信心增强，情绪饱满，镇定自若地投入考试。

2. 考试过程中暂时性遗忘的处理

在考试的过程当中，我们还可能会受到诸如考题的难易、暂时性遗忘、疲劳等偶发性因素的影响。对这些干扰因素的克服可以采用以下心理调节办法。

（1）**遇到难题时的心理调节**。考试遇到难题时大多数同学会出现心里慌张，立即滋生出"天哪，这么难，完了""这题目是不是有问题"等念头。此时可以进行积极的自我暗示："遇到难题有点紧张是正常的，用不着奇怪和担心""紧张于事无补，还是振作起来面对现实吧""我不会，其他同学也不会比我强，说不定比我更糟"。调整好心态，做完自己会做的题目后，再来仔细思考难题，检查自己的解题思路和方法是否正确，看能否从记忆中提取相关知识。心态放松，积极思考，也许你会豁然开朗，喜逢"柳暗花明"。即使真的无法解决这道难题，但是有此心态，它至少不会影响你对其他问题的解答，你仍然是考场中的胜利者。

> 你在考试过程中出现过暂时性遗忘吗？一般你是怎么处理的？

（2）**舌尖现象的心理调节**。舌尖现象是指话到嘴边似乎脱口而出，但就是回忆不起来的现象。考试中经常会遇到"明明复习时看过,记得也还比较牢固,但一时就是想不起来,越急越想不起来"的情况,有时出了考场就想起来了,懊悔不迭。这往往是由于考试时情绪过于紧张所造成的暂时性的记忆提取障碍。如遇这种情况,首先要镇定下来,调整呼吸,暗示自己放松,然后再来回忆相关的内容。如果还是想不起来,就先放下这道题,以后再作答。在回忆时应尽量利用情境关联帮助回忆,回想有关的内容在笔记本或课本中的位置,想想当时老师讲这些内容时的情境和复习相关知识时的情况,把记起来的概念写下来,看看能否从中得到启发;还可以利用试卷上的其他试题内容作为线索帮助提取。

（3）**定势的心理调节**。考试中定式往往使人习惯于按照已经形成的思路去思考问题,越是解不出来越是一根筋犟到底,走不出这种思维定式的怪圈,看不到其他方法。这样既浪费了考试时间,又会阻碍此问题的有效解决。遇到这种情况时要仔细分析题目。如果开始用正向思维行不通,就改用逆向思维去分析,防止出现思维障碍;或者用言语暗示或引导。如果这些办法都不能消除定势消极作用时,就暂时停止解此题,等其他题做完后再来分析这道题,也许让我们头痛的题就会迎刃而解了。

（4）**考试过程中疲劳的调节**。在答卷过程中如果感到疲劳难以答题,就要注意调节自己的心态了,否则容易出错。遇到疲倦时可以做点短暂的休息活动,如揉搓脸部、捏捏耳垂、活动手腕、转动头颈等;也可以做做深呼吸,闭目养神几分钟。

总之,在考试中,考生要掌握考试技巧,排除杂念,对周围采取视而不见、听而不闻的态度,调控好情绪,增强自信心,从容去面对,才能充分发挥出自己的真实水平,甚至超水平地发挥。另外,在考试临近时,考生要放松自己,在考前的1～3天内不要进行大量的复习或练习,而应该适度地进行一些自己喜欢的娱乐活动,做少量的简单习题,树立自信心,增强自我效能感。

未来的人才竞争也包括心理素质的竞争。因此,我们越是面对重要的考试,越要能够轻松应对,学会举重若轻,才能够在激烈的竞争中立于不败之地。

二、毕业生中常见的心理障碍及其调节

近年来,我国每年都有将近400万中职毕业生,他们面临着就业、升学等方面的压力,加之他们正处于特殊的年龄阶段,一些中职毕业生表现出较多的心理问题,出现较严重的心理障碍。通过自我调适、认知调节、行为调节等可以帮助毕业生客观地分析现实和自我的矛盾,分析各种心理问题产生的原因和对策,从而帮助他们保持稳定而积极的心态,顺利度过求职择业阶段。

当今,中职生就业形势严峻,加之一些中职生期望值的虚高、择业面的狭窄,用人条件

第九章 毕业生应聘技巧和心理调适

的盲目攀高等综合原因,抬高了中职生就业的门槛。另外,中职学校现行教育模式与市场经济不合拍也在一定程度上加剧了就业难度,使中职学校毕业生面临很大压力。通过对毕业生就业前的情况调查,发现中职学校毕业生存在较多的心理问题,有较严重的心理障碍。

1. 常见的心理障碍

心理障碍是指个体一切不健康的心理现象和倾向,它是由心理压力和心理承受能力相互作用,使个体失去了应有的心理平衡的结果。心理障碍的表现形式多种多样,对个体的发展影响程度有轻有重,毕业生在择业过程中表现出来的心理障碍多属于适应性的轻度心理障碍,具有情境性和暂时性,随着客观条件的变化和时间的变迁,这些心理障碍多数会自动消失。归纳调查结果,毕业生择业时常见的心理障碍主要有以下几种:

(1)**焦虑**。焦虑是毕业生最常见、最普遍的一种情绪反应,多数由于挫折或内心矛盾冲突所致,表现形式有恐惧、不安、忧心忡忡及某些生理反应。焦虑作为一种普遍的情绪反应,为毕业生或常人所共有,属于正常的心理反应。适度的焦虑,可产生一定的压力,并积极诱导为某种行为反应的内在动力。但过度的焦虑,则严重影响毕业生的正常择业活动,甚至导致心理障碍或身心疾病。

毕业生产生的焦虑情绪的具体原因多种多样,但归结起来,主要是由于事业前景的不可预测或者说内心深处的茫然无助感所致。具体说,是否找到适合自己专业特长的,有较好工作环境的单位;父母、亲人对自己的职业选择是否理解和支持;职业选择,事关重大,能否看准选好;另外,对自己在学校中的地位、影响、能力、性格、人际关系、身体健康状况的认识,择业机遇的把握等都有可能成为导致焦虑反应的直接原因。

过分的焦虑,增加了毕业生的精神负担,使他们烦躁紧张,心神不宁,萎靡不振;学习上则得过且过,穷于应付,反应迟钝;生活中意志消沉,长吁短叹,食不知味,卧不安席;有些毕业生在屡遭挫折后,可能产生恐惧感,谈"择业"便心理紧张。

急躁是毕业生焦虑心理的一种特殊表现,是一种不良心境。急躁时,缺乏自我调控能力,过于急躁,容易产生过激行为,扩大事态,结果事与愿违。急躁心理严重影响正常的学习、生活、交往和择业,并在行为选择后又追悔莫及,造成忧心烦躁的恶性循环,令人无所适从。

(2)**自卑**。自卑也是一种常见的心理现象,表现为对自己的能力估计过低,看不起自己,是一种消极有害的心理状态。自卑心理在很多毕业生身上存在并影响他们的择业。有的毕业生成绩平平,自觉身上少光环,择业时不敢大胆推荐自己;有的毕业生自以为身高偏矮,貌不惊人,"丑媳妇怕见公婆",怕用人单位以"貌"取人,缺少勇气,不敢竞争;有的毕业生自知德、才、学识、脾气性格等方面有缺点,怕用人单位轻看自己,也回避竞争,结果"不战自败"。

知识点2　自我调节

自卑是缺乏自信心的表现，常和依赖、怯懦交织在一起，使部分毕业生悲观失望，忧郁孤僻，不思进取，而且有碍毕业生聪明才智的正常发挥。过度自卑会让毕业生精神不振，失望孤寂，心灵扭曲，甚至产生强迫性行为障碍。

（3）**怯懦**。中职生大多数是从学校门到学校门，发展较为顺利，未经历多少挫折，所以，往往只想成功，害怕失败，害怕挫折，胆小怕事。在面试谈话时，面红耳赤，手足无措，局促不安，千言万语，不知从何说起，语无伦次，言语支吾吞吐，极不自然，即使在准备"充分"的情况下，也容易由于过分紧张，忘记"台词"，无所适从，更怕说错话，影响形象。

毕业生在第一次"双向"会谈时，由于缺乏经验，心里紧张可以理解，但如果过分紧张和胆怯，谨小慎微，却会影响正常水平的发挥，不利于择业。

（4）**自负**。自负心理在中职毕业生身上反映较为突出。部分毕业生受传统观念影响，认为考上大学即登"龙门"，身价倍增，就应该得到优厚待遇，在这种心理支配下，不少毕业生在求职过程中，总显出洋洋自得、自负自傲的神情。自以为什么都懂，什么都会，面试时，海阔天空，夸夸其谈，给用人单位留下浮躁、不踏实的印象，用人单位则用"鱼太大了，我们的塘子养不下"而拒之门外。

在自负心理的支配下，许多毕业生的择业观不符合社会发展的实际，他们自以为是"天之骄子"，在家娇生惯养，往往自命不凡，却眼高手低，看重安定舒适的生活，却怕吃苦，讲实惠，不愿到基层和第一线工作，更不愿到边疆和艰苦地区工作，结果四处碰壁、受挫。

（5）**冷漠**。冷漠是一种个体对挫折环境的自我逃避式的退缩心理反应，带有一定的自我保护或自我防御性质。在毕业生中普遍存在，当毕业生在择业中遭受挫折而无能为力时，往往表现出不思进取，情绪低落，情感淡漠，沮丧失落，意志麻木等心态。事实上，"冷漠"只是表面的现象，掩盖着个体深层次的痛苦、孤寂和无助，并有强烈的压抑感，冷漠情绪既不利于毕业生的身心健康发展，也不利于他们的求职择业，应在实际生活、学习中克服这种消极情绪反应。

（6）**问题行为**。问题行为是指违背社会行为规范的不良行为。毕业生由于主体需要得不到满足或遭受较大的挫折后，放松对自我的约束，容易发生各种各样的问题行为，如逃课、损坏公物、对抗、报复、迁怒于人、拒绝交往、不良交往、嗜赌、嗜烟、嗜酒等。问题行为的存在，不仅会影响择业，更容易导致毕业生走向违法乱纪的道路，所以应予以重视。

（7）**躯体化症状**。躯体化症状是由于心理压力和生活方式而导致的异常的心理反应。毕业生由于心理矛盾冲突较为激烈，挫折体验多，心理常处于较高的应激水平，因此容易导致某些躯体化症状，如头痛、头昏、心动过速、消化紊乱、心慌、尿频、饮食障碍或睡眠障碍等。出现此类情况，应及时予以排除，否则会危及学生的身心健康。

针对毕业生存在的以上七种常见心理障碍，通过心理调适可以帮助毕业生客观地分析现

第九章 毕业生应聘技巧和心理调适

实和自我的矛盾，分析各种心理问题产生的原因和对策，从而帮助他们保持稳定而积极的心态，以便总结经验，克服困难，如愿择业。因此，引导毕业生积极有效地进行心理调适是十分必要的。

2. 毕业生心理压力的调适

（1）**毕业生自我调适的自觉性**。人的心理活动总是处于"不平衡→平衡→新的不平衡→新的平衡"的螺旋式发展过程中，毕业生的心理活动也不例外。毕业生必须认识到产生各种心理冲突是心理运动的必然结果，应该正确对待，既不要惊慌失措，也不要被动消极，而应通过积极的自我调控，去改善自己的心境。同时还必须认识到：漫漫人生路，既在不断地变迁，也在不断地适应。为了更好地适应环境，个体有必要在知识、能力、修养、心态等各个方面调节自己，提高自己，不断增强自我对环境的适应能力。

在求职择业过程中，提高自我调适的自觉性，做好择业的心理准备，以一种良好的心态面对择业。

（2）**用认知调节法进行心理调适**。毕业生在择业中表现出的各种心理问题或心理障碍与他们的择业观、价值观、人生观、世界观有直接联系。因此针对毕业生产生的各种具体的心理问题，分析原因，然后有针对性地进行任职因素的引导和调节，如调节适当的择业观，正确认识自我，确立适当的期望值，认清就业形势，主动参与竞争，正确对待挫折，树立正确的人生观和价值观等。通过增加新的认知因素，或者修改原有的认知因素，使失去平衡的心态达到新的平衡，从而形成比较健康而稳定的情绪。

（3）**用行为调节法进行心理调适**。行为调节法，是在意志努力参与的情况下，通过有意识地调节人的行为而达到调节心理状态的一种调节方法。

自我调节的具体方法是多种多样的，毕业生应根据自身的发展及环境的需要选择适合自己需要的调适方法，如情感转移法、合理宣泄法、松弛练习法、广交朋友法等。还有自我静思法、自我慰藉法、自我暗示法、幽默疗法等，可根据不同情况选用。

（4）**建构良好的社会支持系统**。导致毕业生择业心理问题的因素多种多样，因此，毕业生在进行自我调适的同时，建构良好的社会支持系统，营造良好的就业环境，无疑有利于毕业生健康择业心态的形成。也是对毕业生择业心理障碍进行社会调适的有力措施。

首先，社会要努力为毕业生提供良好的择业环境。包括尽可能地创造更多的择业、就业机会，尽快地完善毕业生就业市场和人事制度，建立公正、平等的竞争机制等。

其次，学校应大力加强就业指导工作。学校作为毕业生就业制度改革的主体，要对学生加强就业政策引导。广泛深入地宣传就业制度改革的方向、步骤和内容；介绍当前就业政策、供求形势；并强化对毕业生的理想教育，引导毕业生面对现实，实事求是选择职业；并在就

知识点2　自我调节

业指导下，增强竞争意识和竞争能力，尽可能地预防和抵制不良心理问题的产生和发展。

最后，学校应针对毕业生异常择业心态，开展心理咨询服务工作。 指导毕业生掌握必要的心理知识、心理诊断和心理调节的方法和技术，如对不良行为的矫正法，对不良情绪的疏导法等，引导毕业生积极有效地进行心理调节；要建立学生心理卫生档案，有针对性地积极排除择业期间出现的种种心理障碍和心理疾病；有目的地进行心理锻炼，指导和帮助毕业生形成健康的择业心态，保证求职择业的顺利进行。

"困难，困难，困在家里就难；出路，出路，走出去就有路。"可以相信，家长、学校和亲友积极主动关心毕业生择业期间的心理状况，帮助他们树立正确的择业观，缓解毕业生内在的心理压力，毕业生将以积极、健康的心态顺利度过求职择业阶段。

（5）心理调节压力的十步。 当你面对压力时，学会下面这招"十步一杀"，也许可以变压力为动力，消压力于无形。

❶ 精神超越——价值观和人生定位。

自我的人生价值和角色定位、人生主要目标的设定，简单地说就是：你准备做一个什么样的人，你的人生准备达成哪些目标。这些看似与具体压力无关的东西其实对我们的影响却是十分巨大的，对很多压力的反思最后往往都要归结到这个方面。卡耐基说过："我非常相信，这是获得心理平静的最大秘密之一——要有正确的价值观念。而我也相信，只要我们能定出一种个人的标准来——就是和我们的生活比起来，什么样的事情才值得的标准，我们的忧虑有50%可以立刻消除。"

❷ 心态调整——以积极乐观的心态拥抱压力。

法国作家雨果曾说过："思想可以使天堂变成地狱，也可以使地狱变成天堂。"

我们要认识到危机即是转机，遇到困难，产生压力，一方面可能是自己的能力不足，因此整个问题处理过程，就成为增强自己能力、发展成长的重要机会；另一方面也可能是环境或他人的因素，则可以理性沟通解决。如果无法解决，也可宽恕一切，尽量以正向乐观的态度去面对每一件事。如同有人研究所谓乐观系数，也就是说，一个人常保持正向乐观的心，处理问题时，他就会比一般人多出20%的机会得到满意的结果。因此正向乐观的态度不仅会平息由压力带来的紊乱情绪，也较能使问题导向正面的结果。

请与同学们讨论一下压力的利与弊。

❸ 理性反思——自我反省和压力日记。

理性反思，积极进行自我对话和反省。对于一个积极进取的人而言，面对压力时可以自问："如果没做成又如何？"这样的想法并非找借口，而是一种有效疏解压力的方式。但如果本身个性较容易趋向于逃避，则应该要求自己以较积极的态度面对压力，告诉自己，适度的压力能够帮助自我成长。

同时，记压力日记也是一种简单有效的理性反思方法。它可以帮助你确定是什么刺激引起了压力，通过检查你的日记，你可以发现你是怎么应对压力的。

第九章　毕业生应聘技巧和心理调适

❹ 建立平衡——留出休整的空间，不要把工作上的压力带回家。

我们要主动管理自己的情绪，注重业余生活，不要把工作上的压力带回家。留出休整的空间与他人共享时光，交谈、倾诉、阅读、冥想、听音乐、处理家务、参与体力劳动都是获得内心安宁的绝好方式，选择适宜的运动，锻炼忍耐力、灵敏度或体力……持之以恒地交替应用你喜爱的方式并建立理性的习惯，逐渐体会它对你身心的裨益。

❺ 时间管理——关键是不要让你的安排左右你，你要自己安排你的事。

工作压力的产生往往与时间的紧张感相生相伴，总是觉得很多事情十分紧迫，时间不够用。解决这种紧迫感的有效方法是时间管理，关键是不要让你的安排左右你，你要自己安排自己的事。在进行时间安排时，应权衡各种事情的优先顺序，要学会"弹钢琴"。对工作要有前瞻能力，把重要但不一定紧急的事放到首位，防患于未然，如果总是在"忙于救火"，那将使我们的工作永远处于被动之中。

❻ 加强沟通——不要试图一个人把所有压力承担下来。

平时要积极改善人际关系，特别是要加强与上级、同事及下属的沟通。随时切记，压力过大时要寻求主管的协助，不要试图一个人就把所有压力承担下来。同时在压力到来时，还可采取主动寻求心理援助，如与家人朋友倾诉交流、进行心理咨询等方式来积极应对。

❼ 提升能力——疏解压力最直接有效的方法是设法提升自身的能力。

既然压力的来源是自身对事物的不熟悉、不确定感，或是对于目标的达成感到力不从心所致，那么，疏解压力最直接有效的方法，便是去了解、掌握状况，并且设法提升自身的能力。通过自学、参加培训等途径，一旦"会了""熟了""清楚了"，压力自然就会减低、消除，可见压力并不是一件可怕的事。逃避之所以不能疏解压力，则是因为本身的能力并未提升，使得既有的压力依旧存在，强度也未减弱。

❽ 活在今天——集中你所有的智慧、热忱，把今天的工作做得尽善尽美。

压力，其实都有一个相同的特质，就是突出表现在对明天和将来的焦虑和担心。而要应对压力，我们首要做的事情不是去观望遥远的将来，而是去做手边清晰之事，因为为明日做好准备的最佳办法就是集中你所有的智慧、热忱，把今天的工作做得尽善尽美。

❾ 生理调节——保持健康，学会放松。

另外一个管理压力的方法是集中控制一些生理变化，如逐步放松肌肉、深呼吸、加强锻炼、保证充足完整的睡眠，保持健康和营养。通过保持你的健康，你可以增加精力和耐力，帮助你与压力引起的疲劳做斗争。

❿ 日常减压——经常调整自己的状态。

知识点2　自我调节

你知道吗

十种减压小妙招

以下是帮助你在日常生活中减轻压力的10种具体方法,简单方便,经常运用可以起到很好的效果:

（1）早睡早起。在你的家人醒来前一小时起床,做好一天的准备工作。

（2）与你的家人和同事共同分享工作的快乐。

（3）一天中要多休息,从而使头脑清醒,呼吸通畅。

（4）利用空闲时间锻炼身体。

（5）不要急切地、过多地表现自己。

（6）提醒自己任何事不可能都是尽善尽美的。

（7）学会说"不"。

（8）生活中的顾虑不要太多。

（9）偶尔可听音乐放松自己。

（10）培养豁达的心胸。

（6）通过诗歌与音乐调节心理压力。通过音乐陶冶心情,克服心理障碍,在养生与治疗中取得效果。这里就唐代伟大诗人白居易的诗篇中的有关内容做简单介绍,如果有兴趣,希望你也能通过音乐陶冶心情,增进健康。

白居易在《听弹古〈渌水〉》一诗中写道:"闻君古《渌水》,使我心和平。欲识慢流意,为听疏泛声。西窗竹阴下,竟日有馀清。"一曲《渌水》使他心平气和,整天都有好心情。在另一首《听幽兰》中写着:"琴中古曲是幽兰,为我殷勤更弄看。欲得身心俱静好,自弹不及听人弹。"说明幽兰使他身心安静、良好,同时他还深有体会地说"自弹不及听人弹"。可见以音乐来使人放松、安静,自然以聆听为最好方式。在白居易的诗中,不仅可以看到以音乐"平心"的生动描写,更值得注意的是,在他的诗中,还可以看到音乐对人的强烈移情作用。在《琵琶行》中有,"座中泣下谁最多,江洲司马青衫湿"的诗句,可见诗人在音乐的感动下,情感上的剧烈反应。诗人在《五弦琴》一诗中有"十指无定音,颠倒宫商羽。坐客闻此声,形神若无主",说明那些坐客的心理、行为已经随着音乐而引起变化,这就是音乐心理行为治疗的原理所在,也是音乐治疗实施中所追求的移情效果。诗人在另外一首《五弦弹》中写有:"五弦并奏君试听,凄凄切切复铮铮,铁击珊瑚一两曲,冰泻玉盘千万声。

第九章 毕业生应聘技巧和心理调适

铁声杀,冰声赛。声声入耳肤血惨,寒气中人肌骨酸。曲终声尽欲半日,四坐相对愁无言。"在这里,对音乐产生的心理反应强烈,已经引起肤、血、肌、骨等组织的生理变化,是音乐引起生理变化的确切记录。

每章一练

1. 面试时,在自我介绍的内容上要注意哪几点?
2. 如何调节考试给学生带来的压力和焦虑?
3. 调节心理压力的十步包括哪些?谈谈你准备怎样做。
4. 举例说明在求职时机智回答问题所取得的良好效果。

参考文献

［1］赵文静，詹荣菊.普通话口语交际［M］.大连：大连理工大学出版社，2017.

［2］秦存钢，曹大为，于亚楠.普通话口语教程［M］.北京：高等教育出版社，2018.

［3］邓天杰.普通话口语教程［M］.北京：清华大学出版社，2011.

［4］河南省职业技术教育教学研究室.普通话口语训练［M］北京：电子工业出版社，2013.

［5］程邦海.普通话口语教程［M］.武汉：武汉大学出版社，2016.

［6］常晋，李洁.普通话口语训练教程［M］.北京：中国轻工业出版社，2020.

［7］徐梅.普通话口语训练教程［M］.北京：北京师范大学出版社，2011.

［8］苏彤.普通话口语交际［M］.武汉：武汉大学出版社，2011.

［9］孙和平.普通话口语交际［M］.北京：中国传媒大学出版社，2016.

［10］赵学斌，张文彩.普通话口语交际［M］.北京：北京邮电大学出版社，2017.

［11］殷遇骞.普通话口语交际［M］.北京：北京理工大学出版社，2016

［12］贾音.普通话口语交际［M］.长春：东北师范大学出版社，2018.

［13］马寅初.马寅初演讲集（第四集）［M］.上海：商务印书馆，1928.

［14］陈荣杰.案例式谈判学［M］.呼和浩特：内蒙古人民出版社，2000.

［15］李如海.面试案例［M］.北京：中国人民大学出版社，2012.

［16］李澍晔.谈判迂回术 攻下别人没攻下的客户［J］.现代营销（精英版），2002（4）：42.

［17］林海峰，宫祥龙.论如何有效地与人沟通：赞美［J］.现代交际：新人力，2018（10）：96-96.